Armin Reller/Heike Holdinghausen

DER GESCHENKTE PLANET

Nach dem Öl beginnt die Zukunft

WESTEND

Mehr über unsere Autoren und Bücher:
www.westendverlag.de

Die Deutsche Nationalbibliothek verzeichnet diese
Publikation in der Deutschen Nationalbibliografie;
detaillierte bibliografische Daten sind im Internet über
http://dnb.d-nb.de abrufbar.

ISBN 978-3-86489-054-3
© Westend Verlag GmbH, Frankfurt/Main 2014
Satz: Publikations Atelier, Dreieich
Druck und Bindung: CPI – Clausen & Bosse, Leck
Printed in Germany

Inhalt

Vorwort

Geschenke haben es in sich: Sie bereiten Freude, aber man muss sie annehmen, so wie sie sind. So geht es auch dem Menschen mit dem geschenkten Planeten Erde. Sein Klima ermöglicht Leben, die Sonne liefert Energie und der Boden das Substrat für die Nahrungsmittelproduktion. Wir leben von der Photosynthese und sind Teil der großräumigen, vielmals erdumspannenden Stoffkreisläufe, die regenerieren, was das irdische Leben an Ressourcen erfordert. Ohne unser Dazutun haben sich vor unserem Auftreten auf der Erdenbühne riesige Vorräte fossiler Kohlenstoffverbindungen, Produkte einer überschwänglichen Photosyntheseaktivität, als Erdgas, Erdöl und Kohle angehäuft. Der Boden, die Geosphäre, hält weitere wertvolle und nützliche Geschenke bereit – mineralische Materialien und Metallerze. Es war eine lange, lehr- und entbehrungsreiche Zivilisations- und Kulturgeschichte nötig, mit Katastrophen und Blütezeiten, bis der Mensch die Fülle der planetarischen Geschenke erkannte. Das war möglich nicht zuletzt dank der globalisierten, hoch dynamischen Geld- und Warenwirtschaft.

Aber, wie gesagt, Geschenke machen nur dann Freude, wenn man sie akzeptiert, wie sie sind, und nicht, wie man sie sich erwünscht: Das Kinderlied *De Hansdampf im Schnäggeloch* sowie das Märchen *Der Fischer und seine Frau* berichten das schon lange. Bisher sind wir Menschen mit den geschenkten Ressourcen aus Biosphäre und Geosphäre weder sparsam noch weitsichtig oder gerecht umgegangen. Immerhin haben wir mit ihnen eine Technosphäre aufgebaut, die einem kleinen Teil der Erdbevölkerung Annehmlichkeiten wie Mobilität, Kommunikationsmittel, Gesundheitssysteme und Luxusprodukte beschert. Aber wir haben es verpasst, mit den Geschenken haushälterisch umzugehen –

doch für einen haushälterischen Umgang sind sie optimiert. Wir verschwenden den Kredit der fossilen Kohlenstofflager und belasten damit die lebensnotwendigen Stoff- und Energiekreisläufe, wir verteilen unwiederbringlich Unmengen nützlicher und oft seltener Metalle auf dem Erdball. Wir beeinträchtigen die Biodiversität und lassen gleichzeitig durch unsere enormen Produktionsaktivitäten die Diversität der Materialien explodieren.

Mit diesem Buch wollen wir aber kein Klagelied auf die aus der Balance geratene Erde anheben. Vielmehr möchten wir versuchen, die Geschenke des Planeten in ihrer raum-zeitlichen Nutzbarkeit besser kennenzulernen, um sie gegebenenfalls genießen zu können. Wir wollen von ihrem Werden und Gehen erzählen, indem wir sie in Stoffgeschichten gießen und ihre Bedeutung für unsere Gegenwart sowie für die nachfolgenden Generationen kritisch bewerten.

Ein Geschenk wollen wir nicht unerwähnt lassen, sondern uns herzlich dafür bedanken: die Geduld, Gründlichkeit und Energie, mit denen Rüdiger Grünhagen vom Westend Verlag die Entstehung dieses Buches begleitet hat.

Heike Holdinghausen und Armin Reller
im März 2014

1 Ein reich beschenkter Planet

Auf ihrer vorerst letzten Marsmission machte die US-Weltraum-
behörde NASA einen sensationellen Fund: Ihr Weltraumgefährt
»Curiosity« fand Spuren von Wasser. Ein Forscherteam lobte,
dies sei nicht nur wissenschaftlich interessant, das Wasser sei an
diesem ungewöhnlichen Ort auch eine bemerkenswerte Ressource.[1] Und das All bietet noch mehr. Anfang des Jahres 2013
rauschte der Asteroid 2012 DA14 an der Erde vorbei und faszi-
nierte viele Menschen. Das Unternehmen Deep Space Industries
teilte erfreut mit, wenn der Himmelskörper nur zu zehn Prozent
aus Eisen und Nickel bestünde, sei er zu aktuellen Marktpreisen
hundertdreißig Milliarden Dollar wert. Man plane einen Roh-
stoffabbau auf Asteroiden, allerdings erst ab 2020. Wer den Leit-
spruch »If you can dream it, you can be it« teilt, den laden die
Firmenchefs aus Virginia ein zu investieren (Achtung, Interessenten, in der Information für Investoren wird vor dem Risiko eines Totalverlusts gewarnt). Für ähnliche Projekte fanden sich
schon einmal prominente Geldgeber: Der Regisseur James Ca-
meron etwa, Google-Chef Larry Page oder der Hedgefondsma-
nager Ross Perot jr. stellten einen Teil ihrer Milliarden zur Verfügung, um die »fliegenden Geldbörsen« (*Handelsblatt*) zu
plündern. Während sie sich die Star-Wars-Spiele ihrer Kindheit
ins Erwachsenendasein gerettet haben – ein durchaus sympathi-
scher Zug –, richten andere den Blick besorgt nach unten. »Die
Grenzen des Wachstums rücken näher«, ist die Einleitung des
neuesten Berichts des Club of Rome überschrieben. Die Zukunft
des Menschen im Zeitalter schwindender Ressourcen – sie erscheint düster in der Warnschrift der honorigen Vereinigung
von Wissenschaftlern aus aller Welt.

Deep Space Industries und der Club of Rome bilden so etwas wie die Pole möglicher Reaktionen auf die großen Umweltprobleme unserer Zeit: auf den Klimawandel und die absehbare Knappheit essentieller Ressourcen, auf die steigende Zahl von Menschen und auf die Ausbreitung des westlichen Konsum- und Lebensstils auf den Rest der Welt. Da sind eine große Sorglosigkeit und grenzenlose Technologiegläubigkeit auf der einen Seite, gepaart mit der Überzeugung, bisher habe die Menschheit noch für jedes Problem den richtigen Ingenieur hervorgebracht. Dem gegenüber steht ein tiefer Pessimismus, der bisweilen in – wissenschaftlich wohl begründeten – Weltuntergangszenarien mündet. Wer Recht hat? Die Wahrheit liegt nicht, wie sonst meistens, dazwischen, sondern ganz woanders. Die Produktions- und Konsumweisen der Industriestaaten lassen sich weder regional auf Dauer noch global kurzfristig weiterführen – und trotzdem: Für ein gutes Leben für alle reicht es auf der Erde durchaus. Sie ist ein unendlich reich beschenkter Planet.

Zunächst einmal hat sie sich eine äußerst günstige Flugbahn ausgesucht; sie umkreist die Sonne in genau dem richtigen Abstand, fern genug, um nicht zu verbrennen, nah genug, um von ihr eine ungeheure Energiemenge zu empfangen. Die Sonne stellt fünftausendmal mehr Energie zur Verfügung, als die Menschheit derzeit benötigt. Zudem verfügt der Blaue Planet über riesige (wenn auch nicht unerschöpfliche) Vorräte an Wasser. So unwahrscheinlich günstig ist die Temperaturverteilung auf der Erdoberfläche, dass das Wasser in seinen drei charakteristischen Aggregatzuständen Dampf, Flüssigkeit und Eis vorkommt. All diese Bedingungen sind sozusagen ein Geschenk des Himmels oder der kosmischen Konstellationen und bieten die physikalischen Randbedingungen für den lebensnotwendigen Wasserkreislauf. Aber auch die sechs grundlegenden chemisch-stofflichen Elemente, die den Pflanzen, Tieren und Menschen das Leben ermöglichen, wandern unablässig in gewaltigen Kreisläufen durch Atmosphäre, Geosphäre, Biosphäre und Teile der von uns Menschen aufgebauten Technosphäre: Sauerstoff, Kohlenstoff, Wasserstoff, Stickstoff, Phosphor und Schwefel. Sie sind, in großen oder geringsten Mengen, notwendig für die Photosynthese, diese geniale Erfindung der Pflanzen, Bakterien und Algen, mit der sie sich die Lichtenergie der Sonne nutzbar machen. Sie vermögen das Sonnenlicht, die solare Strahlungsenergie, in stofflich gebundene chemische Energie, also in Biomasse umzuwandeln und können sie somit speichern. Die aus Licht, Wasser und den Elementen entstandenen Strukturen von Zucker, Eiweiß und Fett wiederum bieten Nahrung für Tiere und Menschen.

Wir leben bekanntlich nicht vom Brot allein: Die Nutzung von Metallen und Mineralien prägt die menschliche Kultur seit Jahrtausenden. Diese Geschenke lagern als Schätze im Boden, tief im Inneren der Erde oder an ihrer Oberfläche. Einige Metalle wie Eisen gibt es nicht nur in großen Lagerstätten auf allen Kontinenten, sie durchziehen unsere gesamte Lebenswelt. Als essentielles Spurenelement spielt Eisen eine vitale Rolle im Stoffwechsel fast aller Lebewesen. Pflanzen benötigen Eisen, um zusammen mit dem Magnesium enthaltenden Chlorophyll, dem Blattgrün, bestimmte Teilprozesse der Photosynthese zu katalysieren. Ein Mangel an Eisen stört die Blutbildung bei Mensch und Tier, darum muss es notwendig mit der Nahrung aufgenommen werden. Als Material kennen und verarbeiten Menschen das harte Metall seit rund viertausendzweihundert Jahren, es gab der Eisenzeit seinen Namen. In Form von Korrosionsprodukten, also Rost, trägt es seit Menschengedenken – beginnend mit den wunderschönen Höhlenmalereien des Neolithikums – als Farbpigment in den (Erd-)Farbtönen Ocker, Siena und Umbra vielerorts zur Verschönerung unserer Lebenswelt bei. Heute werden jährlich rund drei Milliarden Tonnen Eisenerz gefördert und zu Werkzeugen, Stahlträgern und tausenden von weiteren eisenbasierten Produkten verarbeitet.

Aber unser Planet Erde bietet noch ganz andere mineralische Präsente: Da ist zum Beispiel das silberweiße, weiche Gallium, eine Entdeckung des neugierigen 19. Jahrhunderts; nur geringe Mengen gibt es in der Erdkruste. Es existieren keine wirtschaftlich auszubeutenden Lagerstätten, nur als »Beiwerk«, als Kuppel-produkt in Bauxit- beziehungsweise Aluminium-, Zink- und Kup-fererzen taucht das Metall auf. Nicht einmal hundert Tonnen werden jährlich gewonnen. Wirtschaftlich bedeutsam ist Gal-lium erst, seitdem es auf energieeffiziente Weise unsere Woh-nungen und Büros erhellt: als Bestandteil von LED-Leuchten. Ge-witzte Anwendungen haben wir uns für das Element überlegt – wie wir es aber für unsere Nachkommen erhalten wollen, wissen wir noch nicht. Deutschland, das sich gerne »Recyclingweltmeister« nennt, steht noch ganz am Anfang, wenn es gilt, effiziente Struk-turen aufzubauen, um einmal verwertetes Gallium erneu(er)t zu benutzen.

Dabei ist das doch das Wunderbare an Metallen: Sie sind un-endlich oft wiederzuverwerten. Mit dem Kupfer, aus dem sich ein geschickter Handwerker vor achttausend Jahren eine Axt schmiedete, könnte ein Elektrotechniker heute problemlos hun-derte von Leiterplatten für Mobiltelefone bestücken. Es wäre in-teressant zu wissen, was unseren Nachfahren in weiteren acht-tausend Jahren zu Kupfer oder Gallium einfällt. Wir sind allerdings dabei, deren Möglichkeiten enge Grenzen zu setzen. Am Ende ihrer Lebens- und Nutzungsdauer verbrennen wir Computer, Smartphones und Leuchten oder wir verteilen sie als Schrott in meist winzigen Mengen auf dem Planeten. Die wert-vollen Bestandteile darin verlieren wir dabei aus den Augen – und warnen zugleich vor drohenden Rohstoffknappheiten. Ge-dankenlos, ohne dass wir genügend über die Konsequenzen wüssten, gewinnen wir Metalle, setzen sie frei oder verbinden sie zu neuen Werkstoffen. Nachdem wir beispielsweise reines Gallium gewonnen haben, verbinden wir es mit Arsen, Phosphor oder Indium, um es in LED-Leuchten einzusetzen. Wir setzen den Stoff in Bewegung, machen ihn »mobil«. Diese Mobilisie-rung von Ressourcen gilt es im Blick zu behalten (das betrifft nicht nur Metalle, sondern ganz massiv auch unsere fruchtbaren Böden). Ein Mangel an Ressourcen besteht auf der Erde wahr-lich nicht. Wir verwenden sie nur falsch.

Als Inbegriff eines verderblichen, schwindenden Rohstoffs gilt das Erdöl. Dutzende von Büchern, die eine Welt »im Ölrausch« oder »Geschichten von Gier, Krieg, Macht und Geld« beschreiben, zeugen vom traurigen Schicksal dieser wertvollen Ressource. Nicht Geld, vielmehr Erdöl bewegt die Welt. Die Folgen sind verheerend: Autos und Lastwagen nehmen mit ihren Verbrennungsmotoren den Bewohnern der Städte buchstäblich die Luft zum Atmen, weil Feinstaub und Ruß die Luft verdrecken. Zudem ist der Verkehr mit seinem hohen Ausstoß von Treibhausgasen einer der großen Treiber des Klimawandels. Und in Kunststoff verwandelt, verschmutzt Öl die Landschaft und vor allem die Ozeane und belastet deren Metabolismen inzwischen in bedrohlichem Ausmaß – einmal benutzt, landen Plastiktüten oder -flaschen in ihren Strudeln und lassen sich erst in Jahrhunderten abbauen.

Öl liefert aber auch die Unmengen an Energie für die hochproduktive industrielle Landwirtschaft mit ihrem immensen Bedarf an Düngern, Pflanzenschutzmitteln und Maschinen. Trotz der »Grünen Revolution« des vergangenen Jahrhunderts müssen fast eine Milliarde Menschen auf der Erde hungern, weil ihnen nicht genügend Nahrungsmittel zur Verfügung stehen. Die Geschichte der öl- und eiweißreichen Rapspflanze zeigt, warum: Wir benutzen fruchtbare Böden, Wasser, Dünger und viel Energie, nur um die Ernte an Tiere zu verfüttern oder in Automotoren zu verbrennen.

Es sind bisher nicht unbedingt Erfolgsgeschichten, sondern vielmehr Dramen, die von Eisen und Gallium, von Erdöl und Raps zu erzählen sind. Doch welch mannigfaltigen Stoff für ganz andere, wunderbare Geschichten bieten sie! Erdöl nämlich ist nichts anderes als während Millionen von Jahren photosynthetisch gesammelte und fossil gespeicherte Sonnenenergie. Das kunterbunte Stoffgemisch lässt sich in sinnvolle Produkte verwandeln und ist als Rohstoff nur schwer zu ersetzen, etwa für Medikamente, Düngemittel oder auch Kunststoffe. Letztere können, sofern intelligent produziert und in Stoffströmen klug gemanagt, erneut verwertet werden. Kunststoffartikel müssen keine Wegwerfprodukte sein, auch sie können so produziert werden, dass sie lange halten und neu genutzt werden können; auch mineralischer Dünger wird erst dann ein Problem, wenn er im Übermaß auf sowieso schon gute Böden gebracht wird, um diesem ein paar mehr Tonnen Getreide abzutrotzen. Auf ausgelaugten Böden etwa in vielen Regionen Afrikas wäre ein bisschen mehr davon durchaus sinnvoll.

Es ist bezeichnend, dass wir mit den Produkten aus Erdöl so gedankenlos umgehen und sie für nur kurze Nutzungsdauern konzipieren, während wir für den in der Geschichte schon immer knappen, nur mühsam zu erringenden Rohstoff Holz viel selbstverständlicher lange Gebrauchsketten entwickelt haben – die erfolgreiche Geschichte des Altpapiers erzählt davon. Bis auf die vergangenen zweihundert Jahre war Holz immer eine der wesentlichen Energiequellen, so wie auch die Produktion vieler Alltagsgegenstände auf pflanzlicher Basis erfolgte. Die »Bioökonomie« ist also keine neue Erfindung profithungriger Chemie- und Biotechnologiekonzerne, sondern war bis auf eine kurze Ausnahme in der Menschheitsgeschichte Alltag.

Die Petrochemie hat viele erfolgreiche Konzepte daraus verdrängt, die wir nun wiederentdecken müssen – oder können: Der grandiose, heute nur noch selten genutzte Lein liefert Öl für die Ernährung und Fasern für Textilien. Mit dem Klima in Mitteleuropa kommt die himmelblaue Blume blendend zurecht und stellt nur geringe Anforderungen an den Boden, auf dem sie wächst. Mit der Basisressource Lein lassen sich sinnvolle, regionale Wirtschaftskreisläufe aufbauen – vorausgesetzt, die Rahmenbedingungen stimmen.

Die gesamte Biosphäre funktioniert in Kreisläufen. Jeder Gärtner weiß, dass er die verblühten Pflanzen als Kompost wieder in seinen Boden einbringen muss, will er dessen Fruchtbarkeit erhalten. Es ist eine historische Einmaligkeit, dass unsere hauptsächliche Rohstoffquelle derzeit vor allem aus Material besteht, das vor Millionen von Jahren aus den Kreisläufen von Kohlenstoff oder Stickstoff entfernt und in Senken gespeichert wurde. Metalle konnten der Erdkruste nur unter größten Mühen abgerungen werden, entsprechend umsichtig gingen die Menschen früher mit ihnen um. Gerätschaften, Werkzeuge, Waffen wurden immer und immer wieder repariert. Noch heute ist Schmidt (in vielen Varianten) der zweithäufigste Nachname in Deutschland. Kein Wunder, fast in jedem noch so kleinen Ort wohnte ein Schmied, der sich auf die Reparatur von Gegenständen aus Metallen verstand. Erst seit uns fossile Energien dabei helfen, Erze und Mineralien in großen Mengen auch aus unzugänglichsten Tiefen zu gewinnen und zu bearbeiten, haben wir diesen selbstverständlichen, nachhaltigen Umgang mit ihnen vergessen und glauben heute, was kaputt sei, müsse durch Neues ersetzt werden. Dabei sollten uns gerade diese Mengen zu Umsicht anregen: Seit Beginn der Industrialisierung plündern wir den Planeten in historisch unbekanntem Ausmaß.

1873 beschrieb der italienische Geologe Antonio Stoppani, es gäbe eine neue »Macht, die es an Kraft und Universalität mit den großen Gewalten der Natur« aufnehmen könne: den Menschen. Er sah nach dem Holozän, der Wärmeperiode der vergangenen zehntausend Jahre, Anfang des 18. Jahrhunderts mit Beginn der Industrialisierung ein neues Erdzeitalter heraufziehen, das Anthropozän.[2] Dieser Begriff ist gerade schwer in Mode; so treffend er ist, darf er aber nicht den Blick darauf verstellen, dass Menschen schon immer das Gesicht der Erde mitgeprägt haben. Die Landschaften Europas, mögen sie noch so urtümlich erscheinen, sind durch Jahrtausende lange landwirtschaftliche Nutzung gestaltet worden, und auch die nordamerikanische Prärie ist durch Brandrodung entstanden, nur waren die europäischen Siedler nicht in der Lage, diese Bewirtschaftung und Kulturtechnik der Einheimischen zu erkennen. Der Mensch ist kein Eindringling, er gehört zur Natur. Das Ausmaß des anthropogenen Eingriffs in den Planeten aber ist neu.

Der Chemiker Paul J. Crutzen, der den Begriff Anthropozän am Anfang des 21. Jahrhunderts wieder ins Gespräch brachte, nennt als Begründung für die neue Qualität unter anderem die menschlichen Treibhausgasemissionen, die die chemische Zusammensetzung der Atmosphäre schon verändert haben und noch weiter dramatisch verändern; ferner würden inzwischen dreißig bis fünfzig Prozent der Erdoberfläche von Menschen genutzt und umgestaltet; die steigende Weltbevölkerung mit voraussichtlichen knapp zehn Milliarden Menschen mitsamt ihrem Vieh in der Mitte des 21. Jahrhunderts würde gigantische Mengen an Ressourcen verbrauchen, ersichtlich schon jetzt am rasanten Verschwinden der Regenwälder und der Fischbestände; sowie die Unmengen an Phosphat- und Stickstoffdünger, die den in irdischen Ökosystemen gespeicherten Stickstoff längst überträfen. In seinem kurzen Text, in dem er die Idee des Anthropozän skizziert, ist sich Crutzen der daraus folgenden Lehre gar nicht sicher. Vielleicht würde, mutmaßt er, auch ein international abgestimmtes Geo-Engineering notwendig, also großräumige technische Maßnahmen, um Probleme wie den Klimawandel in den Griff zu bekommen. Das hieße aber, den gewaltigen kulturellen und ideengeschichtlichen Umbruch zu unterschätzen, den das Anthropozän bedeutet. Der Glaube an Fortschritt umfasst zwar immer auch die Entwicklung neuer Technologien, die neue Verarbeitung und Anwendung der vielfältigen Stoffe, die uns umgeben. Doch das fossile Zeitalter hat gezeigt: Dieser Fokus ist zu eng! Alleine wird es Ingenieuren, Biologen, Chemikern und Physikern nicht gelingen, Lösungen für die Probleme des 21. Jahrhunderts zu finden.

Ein Fortschrittsglaube (wo kämen wir ohne ihn hin?), der in die Zukunft führt, weiß nicht nur um den technischen Erfindergeist des Menschen, sondern auch um seine Fähigkeit zur Selbstorganisation. Menschen haben es immer wieder geschafft, begrenzte Ressourcen gemeinsam so zu nutzen, dass sie erhalten blieben. Darum ist die Geschichte der Allmende nicht tragisch, wie es die Anhänger von Garrett Hardins These von der »Tragik der Allmende« vermuten, sondern in vielen Fällen vorbildlich. Bauern haben Wälder nach selbstbestimmten und streng kontrollierten Bedingungen dauerhaft gemeinschaftlich als Viehweide und Holzlieferant genutzt; und Fischer regelten so die Nutzung von Fischbeständen in Seen und Flüssen. Diese Fähigkeit des Menschen zu Selbsterhalt und Selbstorganisation gilt es zu aktivieren und zu nutzen, um neue, bessere Geschichten der Stoffe zu erfinden; Geschichten, die um die Verwundbarkeit des Planeten wissen.

Wer die Geschichte von Aufklärung und Industrialisierung als Geschichte der Zerstörung und Ausbeutung erzählt, gewichtet einen ihrer wesentlichen Bestandteile zu gering: Auch Demokratie und Emanzipation der Bürger gehören dazu. Um künftig nicht nur neun, zehn Milliarden Menschen ein gutes Leben zu ermöglichen, sondern auch ihren Kindern und Enkeln, brauchen wir die Bedürfnisse, aber auch das Wissen und die Erfahrung möglichst vieler. Es gibt ja schon erste Antworten auf die Herausforderungen unserer Zeit: Von den Ingenieuren der Recyclingunternehmen, von Schneiderinnen, die Kleidung aus fair und ökologisch produzierten Stoffen herstellen, aber auch von der wirksamen Umweltgesetzgebung der Europäischen Union und von Schulen, in denen Schüler Altpapier sammeln. Sie alle arbeiten an resilienten Technologien oder Verhaltensweisen.

Wir können unsere Lebensweise nur schrittweise, nur in Suchbewegungen ändern, Irrtum immer eingeschlossen. Dazu brauchen wir rückholbare Techniken und Verfahren. Die Atomenergie ist allein deshalb ein Auslaufmodell, weil ihre Abfallprodukte die Menschheit in alle Ewigkeit belasten. Ein vollständiger »Ausstieg« ist deshalb schon gar nicht mehr möglich, nur noch ein Ausstieg aus der neuen Produktion von strahlendem Müll. Wir brauchen Gesetzgebungs- und Förderstrukturen, die es Unternehmen möglich machen, Technologien zu erproben – und sie auch wieder aufzugeben, wenn sie nicht wie erwartet Probleme lösen. Das lehrt die Erfahrung der Biokraftstoffe.

Die Transformation unserer fossilen Industriegesellschaft in eine Wirtschaft, die die Wege der Stoffe kennt, achtet und sie in kaskadenartigen Nutzungsweisen, idealerweise in Kreisläufen organisiert, stellt uns vor gewaltige Aufgaben. Sie zwingt uns, bewährte Techniken und Lebensstile vergangener, auf nachwachsenden Rohstoffen beruhender Wirtschaftsweisen zu regenerieren.

Genauso wichtig ist es, ganz neue Technologien und Verhaltensweisen zu entwickeln. Diese grundlegende Transformation, die Energie- und Rohstoffwende wird nur dann gelingen, wenn die Möglichkeit zur individuellen und gemeinsamen Teilhabe an Entscheidungen über Produkte, Technologien und Technologieentwicklungen, aber auch an Infrastrukturprojekten gewährleistet ist. Das setzt Wissen und Kenntnisse über die stofflichen Grundlagen unseres Alltags voraus. Der wiederum wird geprägt von unzähligen Stoffen, deren Geschichten wir kaum überblicken. Immer komplexer werden die Gegenstände und Gebrauchsgüter, die wir nutzen und die uns umgeben: Handys und Lampen, die aus Dutzenden von Metallen bestehen; Kleidung aus Fasern, die aus den Kohlenstoffverbindungen des Erdöls gesponnen wurden; und künftig vielleicht Schaumstoffmatratzen aus Zucker, den Bakterien produzieren. All diese Dinge haben wir täglich in den Fingern und vor Augen, aber die Geschichte ihrer Stoffe bleibt uns trotzdem oft verborgen. Doch es ist wichtig, sie zu kennen, um ihr und damit auch unser Schicksal mitschreiben zu können.

Darum geht es in dem Transformationsprozess, der uns und den nächsten zwei, drei Generationen – also unseren Kindern und Enkeln – unweigerlich bevorsteht: Einfluss darauf zu nehmen, wie die Stoffe gewonnen und nutzbringend in unserer Obhut bewahrt werden. Letztlich sind es nicht Sonne und Wind, sondern Bildung und Demokratie, die die wichtigsten Ressourcen der anstehenden Transformationen darstellen. Um wirklich neue, interessante und spannende Stoffgeschichten auszudenken, auf Durchführbarkeit zu prüfen und dann Kapitel um Kapitel zu realisieren, brauchen wir nicht zu den Sternen greifen, zu Asteroiden oder dem Mars. Es gibt für uns genug zu tun, wenn wir die Nutzung der Geschenke dieses Planeten in Raum und Zeit mit Bedacht planen wollen; dazu müssen wir nicht nur präzise beschreiben, wo welche Ressourcen wie vorkommen, sondern auch, wie wir sie verteilen und wohin wir sie bewegen.[3] Es gilt also, eine angemessene Ressourcengeographie zu erstellen, als Teil einer Ressourcenstrategie, die auch in Zukunft tragfähig ist. Das könnte bedeuten, den Aufbau professioneller Recyclingstrukturen in Westafrika zu fördern, dort, wo Industrie- und Schwellenländer zurzeit ihren giftigen Elektronikschrott abladen und ihn buchstäblich den Händen von (Kinder-)Arbeitern überlassen; oder ein Schulbuch über den bisher unbeachteten, unabsichtlich Schaden nach sich ziehenden Lebensweg einer Plastiktüte zu schreiben – das wären lohnende Rohstoffprojekte für die Millionen von Larry Page.

2 Öl – »Dallas« kommt nicht wieder

Auf den Wirtschaftsseiten der Zeitungen, in den Pressemitteilungen der Unternehmen oder in Studien ihrer Lobbyverbände ist gerade eine ganz neue Energiewende zu beobachten: Seit zwei, drei Jahren wird die Renaissance des Erdöls ausgerufen. Während ein Forschungszentrum der Bundeswehr noch 2010 die Folgen des Förderhöchststandes »Peak Oil« analysierte und forderte, die Sicherheitspolitik Deutschlands müsse sich auf ein Ende der wichtigsten Energieressource einstellen, drängen nun neue Töne in den Vordergrund. Es gebe kein »Problem knapper Reserven mehr«, analysierte etwa der Bundesnachrichtendienst im Herbst 2013 und folgerte, nun werde der Ausstoß des Klimagases Kohlendioxid zunehmen und die Umwelt weiter belasten. »Der Verteilungskampf wird darum gehen, wer künftig wie viel CO_2 emittieren darf«, zitierte die Nachrichtenagentur Reuters den deutschen Auslandsgeheimdienst.[1] Die Mineralölwirtschaft kommt argumentativ aus der Defensive. Der Mineralölwirtschaftsverband MWV publizierte im Herbst 2013 eine Studie des Deutschen Zentrums für Luft- und Raumfahrt zu der Frage, »was das Auto von morgen antreibt«.[2] Ergebnis: Bis ins Jahr 2040 würden Benzin und Diesel als Energieträger in Verbrennungsmotoren als Rückgrat für einen überwältigenden Teil aller Autos erhalten bleiben. Die Industriegewerkschaft Bergbau, Chemie, Energie veröffentlichte ebenfalls zusammen mit dem MWV die gemeinsame Erklärung »Für eine nachhaltige Entwicklung des Industriestandorts Deutschland«. Zufrieden stellen sie darin fest, entgegen landläufiger Meinung bleibe Mineralöl noch für Jahrzehnte in Deutschland ein zentraler Energieträger.[3]

Gleichzeitig überprüfen Explorationsunternehmen die heimischen Vorkommen daraufhin, ob sie wirtschaftlich zu bergen sind – auch wenn die Reserven global gesehen winzig sind: Gerade einmal 55 Millionen Tonnen vermutet die Bundesanstalt für Geowissenschaften und Rohstoffe in Deutschland, in Österreich schätzt sie Reserven und Ressourcen auf insgesamt 17 Millionen Tonnen (und die Schweiz geht ganz leer aus). Weltweit soll die Erde mehr als eine halbe Billion Tonnen bergen. In Deutschland sind die Vorkommen dort konzentriert, wo vor über 250 Millionen Jahren das warme, flache Zechsteinmeer an seine Ufer schwappte. Es erstreckte sich von Großbritannien und Skandinavien bis nach Mitteleuropa und bot beste Bedingungen für die Entstehung von Erdöl und Erdgas. Unter Mecklenburg-Vorpommern, Brandenburg und Westpolen liegt daher genügend »schwarzes Gold«, um das Interesse mittelständischer Ölförderunternehmen zu wecken. 2016 oder 2017 wollen sie damit beginnen, etwa in der brandenburgischen Lausitz Öl zu fördern. Weil Öl nicht Bestandteil der Stromerzeugung sei, behindere es auch keinesfalls die Energiewende, sondern sei für die Mobilität der Menschen ganz einfach unverzichtbar, verkündet der Geschäftsführer der Central European Petroleum GmbH mit Sitz in Kanada und Berlin und lädt Journalisten bereitwillig zu seinen Ölerkundungstouren in die ostdeutsche Provinz ein.

Bislang gilt der Peak der deutschen Ölförderung schon 1968 als erreicht, die bestehenden Türme und Plattformen, etwa in Lütow auf der Ostseeinsel Usedom oder im Nationalpark Schleswig-Holsteinisches Wattenmeer, können mit zwei bis drei Prozent den deutschen Verbrauch nur noch geringfügig abdecken. Die strategischen Gewinne in der Auseinandersetzung zwischen den Vertretern und Profiteuren der fossilen Energie und denen der erneuerbaren Energien sind aber nicht zu unterschätzen. Zwar ist der Zeitpunkt von Peak Oil seit je her ausgesprochen umstritten, fast jeder Experte nannte und nennt je nach Rechenmethode eine andere Jahreszahl. Das liegt auch an der äußerst unsicheren Datengrundlage: Die Bergbaubehörden der Welt unterteilen Bodenschätze in Ressourcen und Reserven. Als Reserven bezeichnen sie nachgewiesene, mit heutiger Technik und zu heutigen Preisen förderbare Rohstoffe. Nun aber kommt Spekulation ins Spiel: Ressourcen nämlich sind »nachgewiesene, aber derzeit technisch und/oder wirtschaftlich nicht gewinnbare sowie nicht nachgewiesene, aber geologisch mögliche, künftig gewinnbare Energierohstoffmengen«.[4] In der Kurzfassung: Könnte sein, dass da was liegt. Abgesehen davon gehen gerade die OPEC-Staaten, die weltweit über das meiste Öl verfügen, nicht gerade transparent mit ihren Daten um. So kann sich also jeder aussuchen, was er möchte: Die Energy Watch Group, ein internationales Netzwerk aus Parlamentariern und Wissenschaftlern, nahm 2008 an, der Förderhöchststand sei schon überschritten. Die Internationale Energieagentur sah ihn 2010 erst im Jahre 2035 kommen.[5]

Doch ganz egal, wie lange die Experten der Ära der billigen Energie noch geben: Ein Ende des Öls ist in all die verschiedenen Szenarien eingerechnet; die Existenz von Peak Oil an sich leugnen ernsthaft nur noch Prinzen aus Saudi-Arabien. Wer derzeit geboren wird, für den wird als Erwachsener allzeit verfügbares, bezahlbares Erdöl also keine Selbstverständlichkeit mehr sein. In einem Beitrag für die *taz* formulierte der Journalist Manfred Kriener 2008, in Bezug auf Erdöl »breite sich das Aroma der Endlichkeit aus«. Der Schmierstoff der Weltwirtschaft bekam damit etwas alarmierend Gestriges, die Notwendigkeit von Alternativen lag auf der Hand. Diese Übereinkunft, Erdöl als knappe Ressource zu betrachten, ist bislang ein wichtiger, wenn nicht gar der wichtigste politische Treiber der Rohstoffwende gewesen – hin zu erneuerbaren Energien, nachwachsenden Rohstoffen und effizienteren Produktionstechniken. Politisch mündete das weltweit in finanziell gut ausgestattete Forschungsprogramme für den Einsatz erneuerbarer und nachwachsender Rohstoffe. 2,4 Milliarden Euro Fördergelder für einen Zeitraum von sechs Jahren sah die »Nationale Forschungsstrategie Bioökonomie« der schwarz-gelben Bundesregierung 2010 vor. Das entsprechende Programm »National Bioeconomy Blueprint« der USA ist ebenfalls milliardenschwer und Brasilien ist vor allem im Bereich Biokraftstoffe ein Vorreiter.

Doch ausgehend von Nord- und Südamerika schiebt sich mittlerweile die Überzeugung in die Debatte, dass es so schnell mit fossilem Öl vielleicht doch nicht vorbei sein könne. Für eine Rohstoffwende bliebe demnach mehr Zeit als gedacht. Die Hoffnungen liegen dabei auf sogenannten »unkonventionellen Erdölvorkommen«. Unkonventionell ist dabei keine chemische oder geologische Definition, sondern beschreibt Öl, das nicht leicht und flüssig aus dem Bohrloch sprudelt wie etwa in Saudi-Arabien oder Norwegen. Unkonventionelles Öl, das ist zum einen Schieferöl, Schwerstöl und Bitumen (oder Ölsand); aber auch schwer erreichbare Lagerstätten, etwa in der Tiefsee oder der Arktis, werden als unkonventionell bezeichnet. Die Bundesanstalt für Geowissenschaften und Rohstoffe geht davon aus, dass von insgesamt noch vorhandenen 585 Milliarden Tonnen Erdöl 258 Milliarden Tonnen als Ölsande, Schwerstöl oder Schieferöl vorliegen. Auf Letzterem beruht der derzeitige Ölboom in den Vereinigten Staaten, der die Debatte über fossile Energien in den vergangenen Jahren so sehr verändert hat. 387 Millionen Tonnen Rohöl haben die Vereinigten Staaten 2012 gefördert, 2011 waren es 346 Millionen Tonnen und 2006 307 Millionen Tonnen. Damit rücken die USA mit einem Anteil von inzwischen 9,3 Prozent an der Weltjahresproduktion langsam an die beiden führenden Nationen Russland und Saudi-Arabien heran. China hat Nordamerika bereits als größten Ölimporteur der Welt abgelöst, weil die US-Eigenproduktion so stark angestiegen ist.

Gewonnen werden Schieferöl und -gas vor allem mit einer Technologie, die zwar schon lange bekannt ist, aber noch nie so intensiv angewendet wurde wie derzeit: Fracking. Weil Öl und Gas üblicherweise leichter sind als das Wasser im Untergrund, wandern sie so lange durch Gesteinsporen und -risse nach oben, bis sie auf undurchlässige Schichten treffen. Dort bilden sie unterirdische Lagerstätten. Werden diese angebohrt, steigen Öl und Gas zunächst von alleine nach oben und können bei abnehmendem Druck abgepumpt werden. So funktioniert Ölförderung in den großen Feldern, zum Beispiel in Saudi-Arabien oder im Irak. Schieferöl hingegen befindet sich in nicht ausreichend durchlässigen Speichergesteinen und strömt bei einer Bohrung deshalb nicht einfach heraus. Schiefergas, Tight Gas oder Kohleflözgas gehören ebenfalls in diese Kategorie. Teilweise über mehrere Quadratkilometer im Gestein verteilt, braucht man zur Förderung dieser Vorkommen daher aufwändige und teure Technik. Um das Öl vom Speichergestein zu lösen, wird es erschüttert, dann wird mit hohem Druck Wasser und Sand in das Gestein gepresst. Durch die entstehenden Risse kann das Öl entweichen und abgesaugt werden. Bislang sind dazu zahlreiche, zum Teil giftige Chemikalien nötig, um etwa die Gesteinsrisse frei von Bakterien zu halten. Außerdem stehen die künstlichen Erschütterungen im Verdacht, Erdbeben auszulösen. Im dicht besiedelten Europa haben deshalb etwa Frankreich und Deutschland beschlossen, vorerst auf Fracking zu verzichten.

Weitere große unkonventionelle Erdölreserven finden sich in der Nachbarschaft der Vereinigten Staaten: Im Boden Kanadas liegen Schwerstöle und Bitumen, ein Gemisch verschiedener Kohlenwasserstoffe, das Asphalt ähnelt und dort in Form von Ölsanden vorliegt. Während Schwerstöl viel langsamer fließt als gewöhnliches Erdöl, sind Ölsande bei Umgebungstemperatur gar nicht fließfähig. 170,8 Milliarden Barrel an Vorräten werden in Kanada insgesamt vermutet. Damit verfügt das Land nach Saudi-Arabien und Venezuela über die drittgrößten Erdölvorkommen der Welt. Allerdings lässt sich der Reichtum unter den borealen Wäldern des Nordens nur mit hohem Einsatz von Landschaft, Energie und Wasser ausbeuten. Die Ölsande werden in der Regel im Tagebau gewonnen – dort verwandeln sich nordische Wälder anschließend in eine teils vergiftete Mondlandschaft. Die indigenen Bewohner der Region, die »First Nations«, kämpfen bislang vergeblich gegen den Teersandabbau in ihrer Heimat, der Wild, Fische und Wasser verseucht oder vernichtet. So geht beispielsweise der Bestand an Karibus, dem Rentier Nordamerikas, drastisch zurück.

Auch Schwerstöl, mit einer ähnlichen Dichte ebenso schwer wie Wasser (gewöhnliches Erdöl ist leichter), findet sich in Ka-

nada; noch größere Mengen liegen im Osten Venezuelas, im Ori-
noko-Gürtel. Im Grunde beruht die gesamte Wirtschaft des südamerikanischen Landes auf diesem Ölreichtum: Beispielsweise
hängen mehr als 95 Prozent der Exporte Venezuelas am »schwarzen Gold«.[6] Benzin muss das Land trotzdem importieren, weil es
nicht über genügend eigene Raffinerien verfügt, um Öl zu verarbeiten. Zugleich zählt Transparency International Venezuela zu
den zehn korruptesten Ländern der Welt. Das Land, in dem bis zu
seinem Tod im Jahr 2013 Hugo Chávez herrschte, steht im Bann
des Ressourcenfluchs. Dieser Begriff bezeichnet den Zusammenhang zwischen reichen Bodenschätzen und schlechter Regierung:
Der Reichtum an Rohstoffen bringt Geld nur in die Kassen weniger, die ihre Privilegien teils mit Gewalt verteidigen. Der Aufbau
nachhaltiger wirtschaftlicher Strukturen wird so verhindert.

An der Erschließung des venezolanischen Schwerstöls ist auch
Russlands Staatskonzern Gazprom beteiligt – genau wie am Wett-
rennen um die Ölschätze der Arktis. Russland, Europa und Ame-
rika, sie alle blicken begehrlich nach Norden. Rund 13 Prozent
aller unentdeckten Ölvorkommen sowie 30 Prozent der unentdeckten Gasvorkommen schätzt der US-amerikanische Geologische Dienst USGS (United States Geological Survey) dort. Es geht
um Milliarden von Dollar. Die Arktis ist ein besonders sensibler
Naturraum, weil sich die dort lebenden Pflanzen und Tiere in Millionen von Jahren an seine extremen Bedingungen angepasst haben. Extreme Kälte, kurze Vegetationsperioden und Lichtmangel
halten nur wenige Pionierpflanzen aus: Flechten, Moose, Gräser
und Kräuter. Auch wenige spezialisierte Säugetiere wie Eisbär,
Rentier, Walross, Walarten wie Narwale, Belugas und Grönland-
wale sowie vergleichsweise viele Vögel und zahlreiche Fische
kommen mit diesen Verhältnissen zurecht. Doch die Lebenskunst
von Elfenbeinmöwe und Krabbentaucher, von Lachs, Kabeljau,
Seelachs, Heilbutt, Schellfisch und Königskrabbe wird ihnen nun
zum Verhängnis. Ändert sich ihre sehr spezielle Heimat nämlich
grundlegend, haben sie als Art kaum Überlebenschancen. Das Zusammenspiel von Tieren und Pflanzen ist störanfällig. So sind

winzige Wassertiere wie der Ruderkrebs – das Zooplankton – von der Algenblüte entlang der Eiskante abhängig, sie stellt eine wichtige Nahrungsgrundlage dar. Die Krebschen wiederum bilden die Hauptspeise vieler Fische. Wird ein Glied in dieser Nahrungskette beschädigt, geraten alle in Gefahr. Dies gilt es zu beachten, wenn entlang der Küstenregionen Russlands, Grönlands, Norwegens, der USA oder Kanadas – also der Staaten, die das arktische Eismeer umschließen – Bohrplattformen installiert werden.

Als im Jahr 2010 Mensch und Technik auf der Ölbohrplattform Deepwater Horizon im Golf von Mexiko versagten, blieb das offene Bohrloch im angenehm warmen Wasser der südlichen Gefilde für Monate außer Kontrolle. Die britische Betreiberfirma BP musste hilflos zusehen, wie Millionen Liter Erdöl ins Meer flossen – und feilschte anschließend um Straf- und Entschädigungszahlungen. Die Bedingungen in der Arktis sind ungleich schwieriger, die Folgen eines Unfalls noch dramatischer. Es ist ein Treppenwitz der Geschichte: Die Industrie- und Schwellenländer tauen mit ihren Treibhausgasemissionen die Arktis auf, und diese gibt ihnen zum Dank ihre Schätze frei. Um etwa fünf Grad Celsius ist die Temperatur dort in den vergangenen hundert Jahren gestiegen. Nach einer Studie des Alfred-Wegener-Instituts für Polar- und Meeresforschung erwärmt sich das Tiefenwasser der Grönlandsee zehnmal schneller als die Weltmeere im Durchschnitt. Das ewige Eis auf dem Meer schmilzt, der Permafrostboden zu Lande taut. Mikroorganismen beginnen, gefrorene Pflanzenreste abzubauen und setzen dabei das äußerst klimaschädliche Methan, aber auch Kohlendioxid, Stickoxide und Phosphat frei. Je mehr fossile Energieträger wir benutzen, desto mehr verstärkt sich dieser Prozess. Es gehört zu den Unwägbarkeiten der Erderwärmung, dass wir nicht wissen, wie diese Nährstoffzufuhr sich lokal und global auswirken wird.

Genau wie die Arktis und die kanadischen Wälder ist die Tiefsee nur in Sonntagsreden und in den Präambeln internationaler Verträge gut geschützt. In der Realität sind zahlreiche Projekte im Golf von Mexiko und vor den Küsten Westafrikas und Brasiliens geplant. Bis zu 5000 Meter, teilweise bis zu 7000 Meter tief wollen die Firmen bohren. Die Risiken solcher Förderanlagen sind 2010 im Golf von Mexiko überdeutlich geworden. Es ist aufschlussreich, sich mit Geologen aus der Ölbranche über diesen Unfall zu unterhalten. Die »Erdwissenschaftler« (für die die Erdölindustrie ein naheliegender Arbeitgeber ist) befassen sich in ihrer Ausbildung intensiv mit der Geschichte unseres Planeten. Sie bekommen einen weiten Blick auf das Geschehen und denken nicht in Zeiträumen von tausenden, sondern von Millionen von Jahren. Die Geschichte des Menschen erscheint in ihren Dimensionen von Neoproterozoikum und Mesoproterozoikum, in denen sich zum Beispiel die Erdölvorkommen gebildet haben, wie ein Wimpernschlag. Diese Sichtweise mündet dann etwa in der Einschätzung eines deutschen Geologen, der seit Jahrzehnten weltweit nach Öl sucht, das im Golf von Mexiko ausgetretene Öl schade ja nicht der Natur an sich. Diese habe sich in den vergangenen Jahrmillionen ganz gut an den Naturstoff Öl gewöhnt und gelernt, mit ihm umzugehen. Die verschiedensten Bakterien hätten sich auf den Abbau des Stoffgemischs spezialisiert, Störungen – verklebte Vögel, tote Fische – seien immer nur vorübergehend. Zu einer »Katastrophe« werde ein Leck im Bohrloch nur im Blick der Menschen, die in ihrer Existenz bedroht würden, etwa als Fischer oder Hoteliers. Natürlich gelte es ihre – kurzfristigen – Interessen zu berücksichtigen, so der Geologe, schließlich seien sie legitim. Wer aber ein gültiges Urteil über den Vorfall fällen wolle, der möge bedenken, dass er eben nur in dieser kurzfristigen Perspektive eine Katastrophe sei.

Abgesehen davon, dass die Meinung eines verklebten Kormorans dazu einmal interessant wäre – schöner kann man ein Denken nicht zum Ausdruck bringen, das die Herausforderungen des Anthropozäns noch nicht verstanden hat. Der Mensch ist längst kein leichtgewichtiger und nur zeitweiliger Gast auf der Erde mehr, dessen Spuren im Sand schnell wieder vom Wüstenwind verweht und verwischt sein werden. Vielleicht ist es für einen Geologen schwieriger als für andere Berufsgruppen zu akzeptieren, dass mit dem Anthropozän ein neues Zeitalter angebrochen ist und dass mit den Möglichkeiten von Milliarden hochtechnisierter Menschen auch neue Verantwortlichkeiten entstanden sind. Im Laufe der Erdgeschichte war es sicher üblich, dass immer mal wieder Erdöl aus der Erdkruste austrat; absolut neu hingegen ist, dass weltweit systematisch natürliche, für die Biosphäre aber trotzdem giftige Kohlenwasserstoffe aus der Tiefe an die Erdoberfläche befördert und mobilisiert werden. Rohöl, hellgelb oder auch schwarz, ist schließlich ein Stoffgemisch aus mindestens 500 Bestandteilen; es besteht aus verschiedenen Kohlenwasserstoffen, aus Naphthensäuren, Phenolen, Harzen, Aldehyden, organischen Schwefelverbindungen, auch geringe Mengen Nickel, Kobalt, Blei, Arsen und Chrom sind enthalten.

Umweltpolitiker und -aktivisten haben heute vor allem die Klimawirkungen der Ölverbrennung im Blick, wenn sie einen »Stoffwechsel« fordern. Doch auch die Auswirkungen der Ölförderung vor Ort sind beträchtlich. Vor allem Staatskonzerne wie der größte Ölförderer der Welt, Saudi Aramco aus Saudi-Arabien, oder PEMEX aus Mexiko und die mehrheitlich in öffentlicher Hand befindliche Rosneft in Russland, nehmen kaum Rücksicht auf Natur und Bevölkerung in den Förderregionen. Oft sind sie in Ländern ohne eine freie Presse und Zivilgesellschaft beheimatet, mit entsprechenden Folgen. Traurige Berühmtheit haben etwa die löchrigen Pipelines in Russland erlangt, die eine schmutzige Spur durchs Land ziehen.

Die Bundesrepublik ist als Mahner hier allerdings nicht sehr glaubwürdig. Um an die vorhandenen Braunkohlereserven zu gelangen, ist ihr kein Opfer zu groß. Während sie rund 98 Prozent ihres Erdölkonsums durch Importe decken muss, besitzt sie reichhaltige eigene Braunkohlevorkommen: Mit einem Potential von rund 78 Milliarden Tonnen verfügt sie nach Russland und Australien über die weltweit drittgrößten Bestände des Klimakillers. Noch immer werden in den großen Tagebaugebieten Brandenburgs und Nordrhein-Westfalens Dörfer ausgelöscht und ganze Landschaften abgebaggert, um an Kohle zu gelangen. Die Aufforderung aus Deutschland etwa an Ecuador, seine Erdölvorkommen doch zum Schutz des Regenwaldes im Boden zu belassen, klingt vor diesem Hintergrund äußerst doppelzüngig. Unglaubwürdig sind solche Forderungen aber vor allem angesichts des immensen Verbrauchs fossiler Energien in Deutschland – an dem eine ganz breite Koalition aus Wirtschaft und Politik auch unverdrossen festhält. Mit dem Argument, der Industriestandort Deutschland müsse erhalten werden, haben Sozial- und Christdemokraten die Energiewende in Deutschland vorerst politisch ausgebremst. Es gibt keinen Wirtschaftskongress, auf dem Industrievertreter nicht die Wettbewerbsnachteile beklagen, die sie durch das Öl- und Gaswunder der USA erleiden.

Doch ist dort wirklich das »Dallas« der Achtziger zurückgekehrt? Natürlich nicht. Mahner wie die Energy Watch Group und selbst die Protagonisten des angeblichen Ölbooms sehen bereits Anzeichen für das absehbare Ende des Hypes in den USA: So bekannte der Chef des niederländischen Ölkonzerns Shell im Oktober 2013, die Schiefergas- und Schieferölförderung sei für seinen Konzern »ganz eindeutig nicht so erfolgreich wie gedacht«[7]. Die US-Rohstoffbehörde USGS fügt in eine Analyse über die arktischen Energierohstoffe nüchtern ein, die Resultate würden ohne Bezug zu den Kosten von Entwicklung und Exploration vorgestellt, die in der untersuchten Region vielerorts erheblich sein würden.[8] Die Internationale Energieagentur, die sowohl Vorräte als auch Verbrauch fossiler Energien bisher eher zu positiv eingeschätzt hat, konstatiert in ihrem letzten Energieausblick 2013, die Welt befinde sich nicht an der Schwelle einer neuen Zeit des Ölüberflusses. Ein stetig steigender Ölpreis, der 2035 bei 128 Dollar pro Barrel liegen werde, werde die Entwicklung Erneuerbarer Energien unterstützen.[9] Und auch die Bundesanstalt für Geowissenschaften und Rohstoffe (BGR), ebenfalls keine begeisterte Lobbyistin erneuerbarer Energien, stellt in ihrem letzten Energiegutachten nüchtern fest, angesichts der langen Zeiträume, die für eine Umstellung auf dem Energiesektor erforderlich sind, sei die rechtzeitige Entwicklung alternativer Energiesysteme notwendig: »Die zunehmende Nutzung nicht-konventioneller Erdölvorkommen führt langfristig nicht zu einem Paradigmenwechsel.«[10]

Der Boom in den USA folgt denn auch sehr genau der Logik von Peak Oil. Die Ausbeute von Lagerstätten, die bislang nicht im Visier der Manager lagen, lohnt ja nur deswegen, weil kein neues, leicht zu gewinnendes Öl mehr entdeckt wird. In einem Lehrbuch über Erdöl und Erdgas von 1995 ist zu lesen, solche Lagerstätten stellten eine Zukunftsreserve dar, die erst dann genutzt werden könne, wenn die Preise die Grenze von 50 Dollar pro Barrel (also pro Fass mit einem Fassungsvermögen von rund 159 Litern) überschreite.[11] Rund zwanzig Jahre später ist das längst eingetreten, der Ölpreis liegt stabil bei 100 Dollar pro Barrel. Dieser extrem hohe Ölpreis (der Verbraucher über die Heiz- und Mobilitätskosten übrigens viel stärker belastet als der viel diskutierte Strompreis) macht es rentabel, sogenannte unkonventionelle Lagerstätten zu erschließen, also Schieferöl oder Teersande. Auch Öl in der Tiefsee, bislang in unerreichbaren Tiefen unter dem Meeresgrund gelagert, wandelt sich auf einmal von der theoretischen Ressource zur tatsächlich verfügbaren Reserve. So wurden beispielsweise in Brasilien laut Internationaler Energieagentur in den vergangenen zehn Jahren mehr sogenannte »supergiant fields« entdeckt als in jedem anderen Land. Diese Felder enthalten jeweils mehr als fünf Milliarden Barrel Öl und liegen allesamt in der Tiefsee. Allerdings warnt die IEA in ihrem »World Energy Outlook« auch, die Aussichten des südamerikanischen Landes als Energieproduzent hingen wesentlich davon ab, ob das Investitionsniveau hoch gehalten werden könne.

Wie viel Erdöl verfügbar ist, bleibt eben immer eine Frage des Preises. Die unkonventionellen Vorkommen werden das billige Öl nicht zurückbringen, weil sich ihre Förderung nur bei hohen Preisen lohnt. Das stetige Lamento nach angeblich notwendiger billiger Energie ist kurzsichtig, so wie das kurzfristige Angebot an billigem Öl und Gas – beispielsweise der Fracking-Boom in den Vereinigten Staaten – einer Wirtschaft eher schadet, weil so die Suche nach alternativen Technologien und Verhaltensweisen als weniger dringlich erscheint, als sie wirklich ist. Die »Renaissance des Erdöls«, die Wirtschaftsverbände, einzelne Gewerkschaften und andere Lobbygruppen ausrufen, ist daher nur hohle Rhetorik, der verzweifelte Versuch, einen Rohstoffgebrauch von gestern salonfähig zu halten. Diese Rhetorik dient auch dazu, um Restriktionen abzuwehren, etwa strengere CO_2-Grenzwerte für die Automobilindustrie. Die europäische Öffentlichkeit, die Regierungen und die Wirtschaft sollten darauf nicht hereinfallen und schneller reagieren. Denn eines steht fest: Erdöl wird langfristig teurer. Unternehmen, die Produktion und Vertrieb ihrer Waren nicht an dieser Erkenntnis ausrichten, werden auf Dauer nicht wettbewerbsfähig sein.

Was schade ist: Umweltpolitiker finden es seit einiger Zeit chic, als Industriepolitiker aufzutreten. Der Sozialdemokrat und neue Energie- und Wirtschaftsminister Sigmar Gabriel gefiel sich während seiner Zeit als Umweltminister in dieser Rolle; und der grüne Europaabgeordnete Reinhard Bütikofer saß dem Industrieausschuss des vergangenen EU-Parlamentes vor. Andersherum wird aber kein Schuh draus: Für das Wirtschaftsministerium ist der Begriff »Umwelt« noch immer gleichbedeutend mit »überflüssiger Bürokratie« und »Wettbewerbsnachteil«. Dabei würden Wirtschaftspolitiker den Unternehmen ihrer Länder einen Gefallen erweisen, wenn sie die Industrie durch entsprechendes Fordern und Fördern zu energie- und ressourcensparendem Verhalten zwängen, zumal sich – die eingangs erwähnte Äußerung etwa des Bundesnachrichtendienstes zeigt es – der Ressourcenbegriff in Zukunft wandeln wird.

So ist längst bekannt, dass auch die Fähigkeit der Erde, Schadstoffe aufzunehmen, eine begrenzte Ressource ist. Die sogenannte »Wachstumsenquete« des Bundestages wies auf die Bedeutung dieser »Deponiefunktion« unseres Planeten hin: Viele der ökologischen Grenzen, deren Überschreitung für uns gefährlich werden kann, beziehen sich primär auf ebendiese Deponiefunktion. Beispiele seien die Aufnahmefähigkeit der Troposphäre für Treibhausgase oder die Übersättigung von Böden mit Stickstoff, formulierten die Abgeordneten in ihrem Abschlussbericht.[12] Der Klimawandel zeigt, dass die Senke für Treibhausgase erschöpft, ausgereizt, gefüllt ist und nicht mehr zur Verfügung steht. Bei der letzten Klimakonferenz in Warschau im November 2013 haben sich die Regierungen der Welt auf keine konkreten Handlungsmaximen, sondern wieder nur auf vage Formulierungen geeinigt. Umweltverbände und Wissenschaftler sehen es inzwischen schon als Erfolg an, dass die Verhandlungen überhaupt noch stattfinden. Wenn die internationale Klimapolitik ohne Fortschritte bleibe, dann sei es umso wichtiger, Alternativen zum Öl zu entwickeln. Dabei wird es in Deutschland vor allem auf drei Bereiche ankommen: Verkehr, Landwirtschaft und chemische Industrie. Für den Strommarkt spielt Erdöl hierzulande nur eine untergeordnete Rolle; dieses eigene, sehr komplexe Thema soll deswegen hier außen vor bleiben.

Vier Milliarden Tonnen Erdöl verbraucht die Welt derzeit jährlich. Weil sich die Konjunktur in den USA und den anderen OECD-Ländern erhole, rechnet die IEA 2014 mit einem Rekordverbrauch von rund viereinhalb Milliarden Tonnen – mehr als zwölf Millionen Tonnen pro Tag. Die steigende Nachfrage werde vor allem von den energieintensiven verarbeitenden Gewerben und der petrochemischen Industrie in diesen Ländern vorangetrieben.[13] Deutschland bringt es laut der BGR auf 111 Millionen Tonnen und liegt damit auf Platz acht der Liste der größten Mineralölverbraucher. Die Vereinigten Staaten übrigens verbrennen die gewaltige Menge von 814 Millionen Tonnen und belegen damit Platz eins. Mit einem Anteil von rund 33 Prozent ist Erdöl in Deutschland immer noch der wichtigste Primärenergieträger. Knapp über die Hälfte des Erdöls wird verbraucht, um Personen und Güter zu befördern; der Rest findet als Heizöl, als Rohstoff für die chemische Industrie oder als Flugbenzin Verwendung.

Verkehr und chemische Industrie sind bereits Gegenstand intensiver ressourcen- und klimapolitischer Debatten. Die schwarzgelbe Bundesregierung etwa hatte sich in ihrem Energiekonzept von 2010 vorgenommen, den Energieverbrauch im Verkehr bis zum Jahr 2050 um 40 Prozent zu reduzieren, gemessen am Referenzjahr 2005. Möglich machen sollten das neue Energieträger in

Verbrennungsmotoren – etwa Biokraftstoffe – sowie der Einstieg in die Elektromobilität. Das ist allerdings anspruchsvoller als angenommen. Kraftstoffe aus Pflanzen haben sich wegen schlechter Energiebilanzen größtenteils als Irrweg erwiesen, und Autoindustrie und -fahrer fremdeln arg mit Entwicklung und Kauf von Elektroautos. Hier müssen nicht nur große Anstrengungen in Bezug auf die Batterietechnologien unternommen, sondern auch ganz neue Infrastrukturen aufgebaut und Verkehrskonzepte entwickelt werden. Norwegen ist bezogen auf die Neuzulassungen von Elektrowagen einer der erfolgreichsten Staaten weltweit. Das Land bezieht auch einen großen Anteil seiner Energie aus umweltfreundlicher Wasserkraft – die für den Betrieb von Wasserkraftwerken günstige Topographie macht das möglich. Gelungen ist diese Wende mit Steuererleichterungen für Elektroautos; außerdem genießen ihre Fahrer Privilegien, dürfen auf Busspuren am Stau in Oslo vorbeifahren oder besondere Parkplätze benutzen. Finanziert wird das ganze vom Verkauf des Nordseeöls – vor allem nach Europa. Die Umstellung des Automobilverkehrs auf Elektroautos ist Teil der Energiewende; sobald Strom vor allem mittels Sonne, Wind und Wasserkraft erzeugt wird, sind die leisen Flitzer sinnvoll – und können in intelligenten Verkehrskonzepten sogar eine Funktion als Energiespeicher wahrnehmen.

Auch die chemische Industrie mit den ihr nachgeordneten Branchen (Kunststoff-, Pharma- und Düngemittelbranche) hat noch einen weiten Weg vor sich – obwohl zurzeit verschiedene Konzepte gleichzeitig verfolgt werden, um die Rohstoffbasis der Zukunft zu sichern. Am meisten Aufmerksamkeit erfährt die Substitution von Erdöl durch Pflanzen. Die im Erdöl enthaltenen Kohlenwasserstoffe – also Verbindungen aus den Elementen Kohlenstoff und Wasserstoff – lassen sich zu immer neuen Stoffen mit nutzbringenden Funktionen zusammenfügen. Auf dieser praktischen Eigenschaft basiert die chemische Industrie, und daraus ergibt sich die breite Angebotspalette der Branche: von Benzin und Dieselkraftstoffen bis zu Heizöl und Schmierstoffen, von verschiedenen Kunststoffen und Düngern auf Stickstoffbasis bis hin zu Medikamenten und Farben. Aus Ethen, das zur Stoffgruppe der Alkene gehört, lässt sich zum Beispiel Polyethylen (PE) herstellen, ein stabiler Kunststoff, der ideal geeignet ist für Verpackungen oder Spielzeuge. Weder Wasser noch Säuren oder Laugen können ihm viel anhaben, darum baut er sich in der Umwelt aber auch schlecht ab – und treibt, klein gemahlen, als gefährlicher Plastikmüll in Flüssen und Meeren. Polyester (PET), in den dreißiger Jahren des letzten Jahrhunderts von dem US-amerikanischen Chemiker Wallace Hume Carothers entdeckt, lässt sich zu feinen Fäden hoher Festigkeit ziehen und ist als die Kunststofffaser für die Nylonstrumpfhose weltberühmt geworden; aber auch Getränkeflaschen lassen sich aus der Faser schmelzen. Als Ersatz für diese Verbindungen stehen Stärke, Zucker oder Cellulose von Pflanzen bereit. (Mehr dazu im Kapitel »Weizen – von Kern und Korn«). Auch diese Kohlenstoffverbindungen lassen sich mittels chemischer Prozesse zu Kunststoffen verarbeiten. Allerdings befinden sich Biokunststoffe noch in kleinen Marktnischen: Auf weltweit 1,4 Millionen Tonnen beziffert die Branchenorganisation European Bioplastics den Markt (Stand 2012) und rechnet bis 2017 mit einem Anstieg auf sechs Millionen Tonnen. Zum Vergleich: Laut dem Jahresbericht der Industrievereinigung PlasticsEurope wurden 2012 weltweit 241 Millionen Tonnen Kunststoff auf Mineralölbasis hergestellt.

Auf ganz alte Traditionen greift die Industrie mit dem Erdölsubstitut Steinkohle zurück: Die Nationalsozialisten benutzten im Zweiten Weltkrieg die »Fischer-Tropsch-Synthese«, um Kohle zu verflüssigen und als Kraftstoff zu gebrauchen. Heute nutzt zwar nur noch Südafrika dieses teure, wasser- und energieaufwändige Verfahren, in China, den USA und auch in der Mongolei sind allerdings neue Anlagen geplant. Dort ist im Rahmen der deutschmongolischen Rohstoffpartnerschaft eine Anlage, die der deutsche Konzern ThyssenKrupp bauen und der mongolische Staat betreiben will, vorgesehen. Zwar ist die chemische Nutzung von Kohle nach 1945 außer Mode geraten und ihre Wiederbelebung wäre unter Gesichtspunkten des Klima- und Umweltschutzes nahezu absurd. Doch Kohle gibt es in Mengen, und bei steigenden Erdölpreisen könnte die Technik wieder ins Visier der Unternehmen geraten.

Neben der Substitution von Erdöl ist auch die Nutzung von Kunststoffen in Kaskaden, also in Stufen, ein Weg zu mehr Rohstoffeffizienz. Als Kind der Konsumgesellschaft ist dem Öl auf diesem Gebiet bislang weit weniger Achtsamkeit entgegengebracht worden als etwa dem Holz mit seinem umfangreichen Papierrecycling. Nach Angaben des Umweltbundesamtes wurden im Jahre 2011 die etwa fünfeinhalb Millionen Tonnen eingesammelte Kunststoffabfälle zu 99 Prozent, also nahezu vollständig verwertet. Doch der Begriff »Verwertung« ist mit Vorsicht zu genießen, denn damit ist nicht nur ein hochwertiges, werkstoffliches Recycling gemeint, sondern auch die »energetische Nutzung«. Dabei werden die alten Tüten, Plastikflaschen und Käseschachteln schlicht in Müllverbrennungsanlagen verbrannt und erzeugen durchaus Energie. Während aber ein gutes Kohlekraftwerk einen Wirkungsgrad von etwa vierzig Prozent erreicht, setzt eine gute Müllverbrennungsanlage die eingesetzten Rohstoffe nur zu rund zwölf Prozent in Energie um. Etwas besser sieht die Bilanz aus, wenn gereinigte Kunststoffabfälle als Ersatz für fossile Brennstoffe etwa in Zementwerken mitverbrannt werden. Aber dann müssen sie zuvor eine Kunststoffaufbereitungsanlage passiert haben und dort von Speise- oder Waschmittelresten befreit worden sein.

Werkstofflich genutzt, also im umgangssprachlichen Sinne recycelt, wurde nicht einmal die Hälfte der fünfeinhalb Millionen Tonnen Kunststoff. Denn das ist durchaus aufwändig: Die Abfälle müssen in die verschiedenen Kunststofffraktionen getrennt werden, denn diese verfügen über unterschiedliche Eigenschaften. Die einen schmelzen bei niedrigeren Temperaturen, die anderen bei höheren; einige lassen sich verflüssigen und in Formen spritzen, andere eher pressen. Für eine effektive Verwertung ist es also wichtig, dass die Kunststoffe möglichst leicht voneinander zu trennen sind. Allerdings machen sich auch die Hersteller von Verpackungen häufig diese unterschiedlichen Eigenschaften der

Plastiksorten zunutze; die einen lassen keine Luft oder Aromen durch, die anderen lassen sich gut biegen oder sind billiger. Moderne Aufbereitungsanlagen trennen die verschiedenen Stoffe beispielsweise, indem sie die Verpackungen durch einen Luftstrom schicken. Die leichten fliegen nach oben weg, die anderen sinken zu Boden. Sind die Kunststoffe aber verbunden, verweigern sie sich dieser Sortiermethode – und werden verbrannt. Metalle wiederum können gegebenenfalls gut mit Magneten entfernt, die Reste der verpackten Lebensmittel, Waschmittel oder Haarshampoos abgewaschen werden. Mülltrennen zu Hause ist also sinnvoll, ausgespült werden müssen Joghurtbecher und Ketchupflaschen aber nicht. Das macht die Recyclinganlage mit ihren geschlossenen Wasserkreisläufen effizienter.

Aus den gereinigten und sortierten Abfällen können dann, in verschiedenen Arbeitsschritten, Granulate hergestellt werden; kleine Kunststoffkügelchen, die nicht mehr als Müll gelten, sondern als sekundärer Rohstoff. So werden Verpackungen zu Pflanztöpfen, Farbeimern oder Rohren. Bislang haben die Kunststoffrecycler allerdings noch mit zahlreichen Widrigkeiten zu kämpfen. So dürfen ihre Granulate aus Verpackungen aus Gründen des Verbraucherschutzes nicht wieder als Lebensmittelverpackungen verwendet werden – einem der großen Einsatzgebiete für Kunststoffe. Dabei betonen die Hersteller, technisch sei es möglich, entsprechende Sekundärmaterialien anzubieten. Aber auch die Hersteller von Kunststoffprodukten machen nicht mit. So achten sie bei der Konstruktion häufig nicht darauf, dass sich die Verpackungen oder Spielzeuge leicht recyceln lassen, oder sie lassen die Möglichkeiten von aufbereitetem Kunststoffgranulat außen vor. Der Manager eines großen deutschen Produzenten von Waschmaschinen, Kühlschränken und Geschirrspülern bedauerte einmal den geringen Einsatz von Sekundärkunststoffen in seinem Betrieb und begründete ihn damit, dass sie in dem »erforderlichen« Reinweiß leider nicht zu erhalten seien. Soll Rohstoffeffizienz auch für Erdöl nicht nur ein leeres Wort bleiben, dann müssen die Betriebe die Fabrikation, die Nutzung und die Nachnutzung ihrer Produkte neu denken, zu Stoffgeschichten und bestenfalls zu Stoffkreisläufen komponieren – nicht das Marketing oder Konsumgewohnheiten dürfen den Designprozess bestimmen, sondern der mehrfache Rohstoffeinsatz. Warum sollten Kunden, die beim Kauf hochpreisiger Produkte auf den Strom- und Wasserverbrauch sowie die Langlebigkeit achten, nicht auch für eine bunte Waschmaschine aus Recyclingkunststoff zu gewinnen sein?

Wenn wir den Millionen Jahre alten Rohstoff Erdöl wenigstens einigermaßen sinnvoll – und so lange wie möglich – nutzen wollen, müssen wir seinen Gebrauch gewissenhafter planen. Dies gilt für die chemische Industrie, aber mehr noch für die industrielle Landwirtschaft. Ausgerechnet sie ist nämlich das größte Sorgenkind des »Stoffwechsels«, und außerdem ist ihre Abhängigkeit vom Erdöl noch gar nicht im Bewusstsein der Akteure. Im Gegenteil, als Produzentin der nachwachsenden Rohstoffe soll sie die Erdölsubstitute zur Verfügung stellen. Doch die produktive und globalisierte Landwirtschaft der westlichen Industriestaaten kommt ohne fossile Energien gar nicht aus. Saat- und Erntemaschinen verbrauchen Diesel, Dünger und Pflanzenschutzmittel sind Produkte aus den Fabriken der chemischen, petrobasierten Industrie. Transport und Verarbeitung der Agrarprodukte verbrauchen weitere, bislang fossile Energie. Wenn das Weiße Haus in seinem »National Bioeconomy Blueprint« die amerikanischen Landwirte als die »produktivsten weltweit« lobt, so beschreibt es sie als einen Teil von, nicht als Alternative zu einer petrobasierten Wirtschaft. Wie schwierig es ist, zukunftsfähige Alternativen zu entwickeln, zeigt die Geschichte der Biokraftstoffe, die Anfang des neuen Jahrhunderts als das große Erdölsubstitut im Automotor gehandelt wurden.

3 Raps – eine Pflanzenkarriere im Ölzeitalter

Dieses Buch soll von den reichen Geschenken handeln, die die Erde uns macht und die – klug verwendet – ein gutes Leben für alle ermöglichen. Und trotzdem fangen wir doch gleich wieder an zu meckern und zu nörgeln. Zwar handelt dieses Kapitel von einer Alternative zu fossilen Energien, doch ist sie nicht sinnvoll. Der Raps ist eine wunderbare Pflanze, vielseitiger Lieferant von Energie und Nahrungsmitteln, das lobten Landwirtschaftsautoren schon vor über zweihundert Jahren. Doch erzählt das Kohlgewächs auch die Geschichte eines weiträumigen politischen Versagens. Biokraftstoffe galten einst als Wundermittel, um Erdöl direkt zu ersetzen. Was einige von Anbeginn an in Frage stellten, wurde im Laufe der Zeit immer deutlicher: Ein sinnvoller Beitrag zur notwendigen Rohstoffwende ist das nicht. Weltweit versuchen Politiker nun händeringend, sinnvolle Rahmenbedingungen für Kraftstoffe aus Pflanzen zu schaffen. Bisher ist ihnen das nicht gelungen. Immerhin liefern sie viel Anschauungsmaterial darüber, wie wir die Rohstoffwende nicht anpacken dürfen. Ein Happy End wird die Rapsgeschichte wohl nicht haben, aber wir können viel aus ihr lernen. Das ist immerhin etwas.

Dickflüssig, goldglänzend, nussig im Geschmack und dank seiner ungesättigten Fettsäuren sehr gesund: Rapsöl ist heute in den deutschen Küchen das mit Abstand beliebteste Speiseöl, noch vor Sonnenblumen- und Olivenöl. Damit hat es eine ganz erstaunliche Karriere gemacht: Noch vor vierzig Jahren war das Öl aus Rapssamen ungenießbar. Die Pflanze wurde aus allen möglichen Gründen angebaut, aber nicht, um sie zu essen. Zusammen mit der Zuckerrübe gilt der Raps als die erste Industriepflanze Europas. Auch heute noch werden rund dreißig Prozent des hierzulande hergestellten Öls für Kraftstoffe oder als Grundlage für chemische Produkte wie Hautcreme oder Schmierstoffe verwendet. Auf derzeit rund 1,4 Millionen der insgesamt etwa zwölf Millionen Hektar Ackerland bauen Landwirte die Pflanze an und ernten daraus fünf Millionen Tonnen Rapssamen. Rund dreißig Prozent der Ernte fließen in die energetische oder stoffliche Nutzung.

Raps wächst zwar auf dem Acker, eine Getreideart ist er aber nicht. Wer in seinem Garten schon einmal einen Brokkoli hat sprießen lassen und nach dem Sommerurlaub nicht von grünen Röschen, sondern von hellgelben Blüten begrüßt wurde, der erkennt die Ähnlichkeit sofort: Raps gehört, wie Brokkoli, Kohlrabi oder Stilmus zur Gattung der Kohlpflanzen. Im Frühsommer färben die leuchtenden Blüten von Brassica napus weite Teile der deutschen Landschaft in ein kräftiges Gelb. Die Geschichte der Rapspflanze liegt weitgehend im Dunkeln, doch ihre Eltern sind bekannt: Raps ist eine – wahrscheinlich zufällige – Kreuzung zwischen Rübsen und Wildkohl, zwei Kohlarten, die wild vor allem im Mittelmeerraum und entlang der Atlantikküsten mit ihrem wintermilden Klima vorkommen. In steinzeitlichen Siedlungen im Alpenvorland haben Archäologen zwar Rübsensamen gefunden, aber nichts deutet darauf hin, dass die damaligen Bewohner die Pflanzen systematisch anbauten und nutzten. Vielmehr scheinen sie die Samen der Pflanze, die wohl als Unkraut in Gärten oder auf Äckern wuchs, gesammelt zu haben. Vielleicht wurden die ölreichen Körner im Brot mitgebacken, so wie es heute mit Leinsamen geschieht, mutmaßt die Biologin Udelgard Körber-Grohne.[1]

Als Ölpflanzen zu Speisezwecken dienten in Mitteleuropa traditionell Lein und Mohn; vor allem der doppelt nutzbare Lein, dessen Fasern sich nämlich auch zu Leinenstoffen verspinnen lassen, gilt als eine der ältesten Früchte der Ackerbaukultur, die bis heute noch angebaut werden (siehe das nächste Kapitel). Wann die Europäer begannen, systematisch Raps anzubauen, ist schwer zu sagen. Lange Zeit wurden sowohl der robuste Rübsen als auch der ergiebigere, aber anspruchsvollere Raps als »Rübsamen« bezeichnet. Welche Pflanze in alten Agrar- oder Handelsstatistiken und Landwirtschaftsbüchern also gemeint ist, ist nicht mehr auszumachen. Zwar sind die eng verwandten Kohlarten sich sehr ähnlich, aber eben nicht gleich. Urkundlich belegt ist der Anbau von Raps sicher in den Niederlanden im 17. Jahrhundert. Das neu eingedeichte Kulturland im Norden Hollands war mit seinen fruchtbaren Böden und verhältnismäßig warmen Wintern ideal geeignet für einen ausgedehnten Anbau. Von dort aus wanderte die Kohlpflanze an den Küsten entlang langsam weiter und wurde auf den guten Marschböden an Nord- und Ostsee kultiviert. Raps ist nicht so genügsam wie seine wilden Eltern, er verlangt lockeren, gut gedüngten und nahrhaften Boden und genießt ein mildes Klima und Sonne im Frühjahr, während Rübsen auch mit sandigen Böden und hohen, rauen Lagen auskommt. Dafür produziert Raps aber auch mehr des praktischen, dickflüssigen und zähen Öls, das so hervorragend geeignet ist als Wagenschmiere oder Brennstoff, zur Lederbearbeitung und als Waschmittel für Wolle.

Trotzdem führte der Raps nur ein Randdasein in Gärten und auf einzelnen Feldern. In der Regel wuchsen dort Weizen, Gerste oder Roggen, die in eine Dreifelderwirtschaft eingebunden waren: Die Bauern bauten abwechselnd Sommer- und Wintergetreide an, dann ließen sie sie brach liegen. In einigen Regionen gab es Ausnahmen davon, etwa im thüringischen Waid-Gebiet, das sich auf Färberpflanzen spezialisiert hatte; auf die kommen wir noch zu sprechen. Der Nutzen der Rapspflanze war noch begrenzt, denn als Nahrungsmittel war sie nicht geeignet. Das Öl, das die »Ölschläger« den kleinen, schwarzen und aromatisch duftenden Samenkörnern mit viel Mühe abgewannen, enthielt eine Fettsäure namens Erucasäure. Sie verlieh dem Rapsöl seine guten Schmierstoffeigenschaften. Allerdings ließ sie es auch schnell ranzig werden, gab ihm einen unangenehmen Geschmack und schädigte zudem, in großen Mengen genossen, das Herz. Auch Rinder und Schweine waren von diesem Futter nur mäßig begeistert: Neben der Erucasäure sorgten Enzyme – sogenannte Glucosinolate – für Schärfe, und bei übermäßiger Fütterung für Bauchgrimmen. Nur in Zeiten der Not landete Rapsöl daher auf dem Teller oder im Trog.

Die Anbaufläche für Raps schwankte und war, anders als etwa der Getreideanbau, stark von politischen, ökonomischen und technologischen Einflüssen abhängig. So wurden im 19. Jahrhundert teilweise immerhin bis zu 380 000 Hektar Raps angebaut; vor allem in Norddeutschland leuchteten viele Felder gelb.[2] An der Küste herrschte traditionell ein Mangel an Brennholz, den das holzige und harte Rapsstroh lindern half. Wer es sich leisten konnte, beleuchtete seine gute Stube mit Öllampen. Wegen der Übernutzung der nordischen Walbestände wurde deren Brennstoff, der Tran, aber immer teurer. Die Alternative war Rapsöl, das zudem heller brannte und dabei weniger stank. Raps war aber nur so lange erste Wahl, bis Petroleum, das schwarze Gold aus der Erde, ihm seinerseits den Rang ablief. Nun ging es stetig auf und ab. Die Anbaufläche schrumpfte und betrug 1913 nur noch 30 000 Hektar. Während der beiden Weltkriege sorgten der hohe Energiebedarf und die gestörten Handelsbeziehungen für einen kurzzeitigen Anstieg; 1950 lag die Anbaufläche schließlich bei 50 000 Hektar, um fünf Jahre später bei mickrigen 12 000 Hektar zu enden – so groß ist heute etwa der Staatswald von Karlsruhe. Bauern sahen in dem Kohl, der den Boden mit seinen tief ausgreifenden Wurzeln auflockert und durchlüftet, höchstens noch eine willkommene Abwechslung in der Fruchtfolge des immer intensiver betriebenen Getreideanbaus. Doch so recht fand sich im rasant fortschreitenden Erdölzeitalter keine Verwendung für das Rapsöl.

Bis Richard Keith Downey auf der Bildfläche erschien. Der kanadische Agrarwissenschaftler, geboren 1927 in Saskatchewan, befasste sich schon als junger Mann mit der Rapspflanze. In einigen Exemplaren der deutschen Sommerrapssorte Lino fand Downey so gut wie keine Erucasäure. Aus ihnen züchtete er eine Sorte, die den ungeliebten Bestandteil nicht mehr enthielt: den »0-Raps«. Betrug der Anteil an Erucasäure an einem Samen der Winterrapssorte »Gießen« 1964 noch 54 Prozent, war er 1972 mit nur noch 0,3 Prozent fast verschwunden. Der Anteil an gesunden Öl-

und Linolsäuren hingegen stieg von 9,4 Prozent auf 52 Prozent beziehungsweise verdoppelte sich von 12,8 auf 25 Prozent.[3] In Downeys Heimatland ist dieser Raps heute als »Canola« berühmt, die Abkürzung für »Canadian Oil«. Dort schoss der Rapsanbau nach dieser Innovation in die Höhe, zudem bald darauf auch der Erfindung der »00-Sorte« – die Doppelnull – folgte, die auch keine Glucosinolate mehr enthielt und somit als Tierfutter taugte. Daraufhin nahm in Deutschland die Anbaufläche ebenfalls stetig zu. Den Durchbruch verschaffte dem umgezüchteten Raps in den neunziger Jahren wiederum eine politische Entscheidung: Die schwarz-gelbe Regierungskoalition unter dem Kanzler Helmut Kohl beschloss, Dieselöl aus Pflanzen von der Steuer zu befreien. Damit schlug Deutschland, wie ganz Europa, einen anderen Weg ein als die USA und Brasilien. Während Europa vor allem Ölpflanzen wie Raps, Öl- und Kokospalmen sowie Sojabohnen nutzt, um daraus Biodiesel herzustellen, setzen die USA und Brasilien auf zuckerhaltige Pflanzen und produzieren aus Mais, Weizen oder Zuckerrohr Ethanol, um es Benzin beizumischen oder es ganz zu ersetzen.

Zwar war schon lange bekannt, dass sich Raps in einen Dieselkraftstoff verwandeln lässt. Technisch ist das nicht besonders anspruchsvoll: Rapsöl besteht – grob betrachtet – aus Fettsäuren und Glyzerin. Letzteres wird im Herstellungsprozess abgespalten und durch Methanol ersetzt. Im Ergebnis erhält man Rapsmethylester (RME), den Kraftstoff, und Rohglycerin, das Ausgangsstoff für chemische und pharmazeutische Produkte ist. Den Weg von der Pflanze zum Kraftstoff kann der Besucher eines Herstellers übrigens riechen: In der Halle, in der das Rapsöl gepresst und von den eiweißreichen Feststoffen, dem Rapsschrot, getrennt wird, duftet es angenehm, ein bisschen nach Vanille. Eine Halle weiter, in der die Glyzerinmoleküle durch Methanol ersetzt werden (im Fachjargon heißt das »Umesterung«), stinkt es. Ein angenehmes Aroma muss ein Kraftstoff an der Tankstelle (leider) auch nicht haben, um erfolgreich zu sein; technischen Ansprüchen muss er genügen und so billig wie möglich sein. Und das war der Pflanzendiesel durch die Steuerbefreiung plötzlich, dank der beschlossenen Subvention wurde er wettbewerbsfähig. Zahlreiche Speditionen begannen, ihre Laster auf Rapsbetrieb umzustellen.

Und in dem Pflanzentreibstoff schien noch mehr zu stecken: Die Grünen, die Union, die SPD, der Bauernverband, die EU-Kommission – eine sehr breite Koalition hielt die Förderung von Biodiesel und Ethanol (also Benzin auf Basis von Zuckern) für eine sinnvolle Idee. Während ihrer Regierungszeit im Bund um die Jahrtausendwende machten die Grünen Biokraftstoffe zu einem Bestandteil ihres Konzepts »4 mal 25 Prozent«: Bis 2020 sollten jeweils ein Viertel des Stroms, der Wärme, der Treibstoffe sowie bestimmter Grundstoffe für die chemische Industrie mit nachwachsenden Rohstoffen erzeugt werden. »Die deutschen Bauern haben jetzt die Chance, marktwirtschaftlich zu handeln, sich an der Nachfrage zu orientieren und ihre Betriebe umzustellen. In Deutschland können wir die Anbaufläche für nachwachsende Rohstoffe verdoppeln, ohne Probleme mit der Nahrungsmittelproduktion zu bekommen. Hier sehe ich große Chancen für Wachstum und Arbeitsplätze«, sagte die damalige grüne Landwirtschaftsministerin Renate Künast in einem Interview mit der Tageszeitung *Die Welt*.[4] Wie sehr sich doch die Ideen gleichen: In einem Ratgeber für die preußischen Landwirte heißt es Ende des 18. Jahrhunderts: »Die Kultur der Ölgewächse ist für Ökonomen überaus nützlich; indem durch die Anwendung der Ölkuchen bei Fütterung und Mast des Viehes, sowohl Milch, als auch Butter und Talg sehr vermehrt wird; ebenso auch Honig und Wachs, da die Bienen solche Pflanzen sehr besuchen. Durch ausgebreitete Ölkultur könnte auch viel Geld, für Öl zum Fabriken- und Manufakturbedarf gewonnen werden, so dass dadurch einer Landwirtschaft viele Vorteile zuwüchsen«, schreibt Georg Heinrich Borowski 1789.[5] Der Bauer erhalte nicht nur einen Ölkuchen, der ein gedeihliches Futter für Milchkühe sei, sondern auch noch Teer und Wagenschmiere.

Anfang des 21. Jahrhunderts galt der Anbau von Energiepflanzen als der letzte Schrei, um viele Probleme auf einmal zu lösen:

die Abhängigkeit der Landwirte von den niedrigen Lebensmittelpreisen, die wegen des Klimawandels notwendige Förderung der erneuerbaren Energien, das absehbare Ende der Erdölvorräte sowie die Schaffung lokaler Wirtschaftskreisläufe in strukturschwachen ländlichen Gebieten. Zwar hatte etwa das Umweltbundesamt schon früh vor Agrarkraftstoffen gewarnt: Es stünden nicht ausreichend Ackerflächen zur Verfügung, der Einsatz von Düngemitteln sei zu hoch und die Energiebilanz vieler in Frage kommender Pflanzen schlecht.[6] Doch letztlich war die heftig für den Biosprit kämpfende Bauernlobby stärker und die Einwände der Umweltschützer blieben ungehört. Der Markt boomte. Verkauften die Hersteller im Jahr 2000 noch nicht einmal 500 000 Tonnen Biodiesel, waren es 2004 schon 1,18 Millionen und 2005 beinahe zwei Millionen Tonnen. Allerdings wurde der Branche ihr Erfolg bald zum Verhängnis: Der SPD-Finanzminister Peer Steinbrück richtete seinen Blick auf die glänzenden Geschäfte, die nicht besteuert wurden, und änderte diesen Zustand. Ab 2007 wurde die Kohl'sche Steuerbefreiung unter großem Protest aufgehoben. Im selben Jahr erreichte der Absatz mit 3,32 Millionen Tonnen Biodiesel seinen Höchststand.

Um die Branche vor dem völligen Zusammenbruch zu retten, beschloss die Politik ein anderes Förderinstrument: die Beimischungsquote. Ab 2009 zwang sie die Mineralölkonzerne dazu, Diesel und Benzin aus Erdöl mit bestimmten Anteilen an Pflanzentreibstoff anzureichern. Damit wurde ein unheilvoller Mechanismus in Gang gesetzt: Je mehr fossiler Kraftstoff verbraucht wurde, desto mehr Pflanzensprit wurde benötigt, zumal die Beimischungsquoten stetig ansteigen sollten. Der Protest gegen die Pflanzen im Tank wurde immer lauter. Biosprit wurde als Konkurrent zu Nahrungsmitteln erkannt; seine positive Klimabilanz erschien zunehmend zweifelhaft. Als Reaktion erließen Europäische Union und Bundesregierung zahlreiche Gesetze – und revidierten sie wieder –, um die negativen Folgen des Biosprits einzudämmen. Die Folge: eine deutlich geschrumpfte und zutiefst verunsicherte Branche, die sich ständig wechselnden Regularien ausgesetzt sieht und deswegen kaum noch Kredite erhält. 219 Ölmühlen gab es 2004. In den folgenden Jahren stieg ihre Zahl stark an, 2008 hatte sie sich mit 601 beinahe verdreifacht. Immer mehr Rapssaat wurde verarbeitet, fast eine Million Tonnen in 2007. Dann ging es bergab: 2012 nutzten 245 Ölmühlen noch 266 000 Tonnen Raps, davon konzentrierten sich 44 Mühlen ausschließlich auf Speiseöl.[7]

Alles steuerte im Sinkflug abwärts: die Produktionskapazitäten, die Zahl der Hersteller und Arbeitsplätze in der Branche, der Absatz. Derzeit verkaufen die Biodieselproduzenten wieder etwa so viel Kraftstoff wie 2006. Die Zapfsäulen für Biodiesel sind abgebaut, verkauft werden Ölpflanzen für den Tank fast ausschließlich als Beimischung. Was da genau aus dem Tankstutzen gluckert, ist allerdings schwer ermittelbar. Die Union zur Förderung von Öl- und Proteinpflanzen (abgekürzt mit dem schönen Namen Ufop) nahm im Juni 2013 Proben von Dieselkraftstoff an sechzig Tankstellen und untersuchte den Biodieselanteil darin auf seine Inhaltsstoffe. Ergebnis: 53 Prozent Raps, 25 Prozent Palmöl und jeweils 11 Prozent Soja- und Kokosöl. Nun muss jegliche verwendete Biomasse im Tank aus »nachhaltigem Anbau« stammen, das schreibt die Europäische Union vor. Trotzdem ist das Ergebnis heikel, denn es verweist auf das Grundproblem von Biokraftstoffen: die mit ihnen verbundene Landnutzung.

Drei wesentliche Verwendungsmöglichkeiten gibt es für Ackerfrüchte wie Getreide oder Ölpflanzen: Sie können als Nahrung für Menschen, als Tierfutter oder als Industrierohstoff zur Erzeugung von Energie oder Produkten verwendet werden. Bei steigender Weltbevölkerung und wachsendem Wohlstand in den Schwellenländern mit entsprechenden Änderungen im Konsum- und Ernährungsverhalten sind in den vergangenen Jahren die Grenzen überdeutlich geworden, die fruchtbares Ackerland dem Konsum setzt: Ein Hektar kann pro Vegetationsperiode nur ein Mal bebaut und geerntet werden. Laut dem Bundesministerium für Landwirtschaft und Verbraucher werden in Deutschland rund 63,6 Prozent der gesamten Getreideernte an Tiere verfüttert. 23 Prozent dienen direkt der menschlichen Ernährung, 13,4 Prozent industriellen Anwendungen.[8] Bei den Ölsaaten ist dieser Trend noch deutlicher: Rund siebzig Prozent der Ölfrüchte gehen in die Futtermittelproduktion, Soja wird sogar in noch größerem Maßstab verfüttert. Ölfrüchte, aber auch Weizen- oder Maiskörner werden dabei mehrfach genutzt: Das Öl oder Ethanol aus Bohnen oder Samen dient der menschlichen Ernährung (oder der Herstellung von Biosprit), der eiweißreiche Rest, der Ölkuchen beziehungsweise die sogenannte »Schlempe«, wird als Nahrung für Schweine, Hühner und für Rinder verwendet. Biospritherstellung und Massentierhaltung mit einer hohen Nachfrage an Tierfutter gehen also Hand in Hand. Mais wird allerdings auch direkt verfüttert, hier stehen Tiere demnach in unmittelbarer Konkurrenz zum Tank. In den USA etwa – zugleich größter Fleischkonsument und größter Mais-Ethanol-Hersteller der Welt – verschieben sich seit Jahren die jeweils verbrauchten Mengen zugunsten des Sprits, auch wenn zurzeit die Benzinproduktion bei rund vierzig Prozent stagniert; Erdöl wurde wegen der neuen Fördertechniken billiger, Mais wegen der hohen Nachfrage teurer.[9] Nur ein kleiner Teil der weltweiten Ernte wird direkt verzehrt, vor allem in Mittelamerika und Afrika.

Nun dienen zwar Tiere auch der menschlichen Ernährung. Doch muss auch berücksichtigt werden (und da gibt es verschiedene Berechnungen), wie viele Kilogramm Getreide nötig sind, um etwa ein Kilogramm Rindfleisch zu erzeugen. Laut dem Weltagrarbericht[10] werden sieben Kalorien aus Pflanzen benötigt, um eine Kalorie Rindfleisch herzustellen. Fast 85 Prozent der verwendeten Energie gehen also verloren. Der Agrarökonom Alois Heißenhuber von der Universität Freising-Weihenstephan beschreibt dieses Dilemma mit einem eindrücklichen Schaubild: Auf einem hundert Quadratmeter großen Stück Land lässt sich so viel Getreide erzeugen, dass es pro Tag für 178 Gramm Brot reicht, oder für 56 Gramm Fleisch, oder für eine 800 Meter lange Autofahrt mit Bioethanol. Der Wissenschaftler rechnet vor: Wenn wir in Deutschland den Empfehlungen der Deutschen Gesellschaft für

Ernährung folgen und nicht mehr als 300 bis 600 Gramm Fleisch in der Woche essen, würden wir sofort vier Millionen der rund siebzehn Millionen Hektar landwirtschaftlich genutzter Fläche freisetzen. Das würde den hohen »Druck auf die Fläche« deutlich mindern.

Von den ethischen und gesundheitlichen Dramen einmal ganz abgesehen: industrielle Massentierhaltung ist ineffizient. Bei einer Milliarde hungernder Menschen, der Begrenztheit fruchtbaren Ackerlandes und einem absehbaren Ende fossiler Energiereserven ist dieser Vorwurf der Ineffizienz für die industrielle Fleischerzeugung vernichtend. Das gilt für Biokraftstoffe ebenso, auch wenn wir es hier mit ganz anderen Mengenverhältnissen zu tun haben. Der absurd hohe Fleischkonsum der Industrieländer und sein Anstieg in den Schwellenländern verbrauchen derzeit die meisten Ackerflächen und gehören damit zu den vordringlichsten Problemen. Aber auch die Produktion von Pflanzendiesel und -ethanol sind keine effiziente Form der Landnutzung. Um Biomasse für Kraftstoffe zu erzeugen, sind große Mengen fossiler Rohstoffe nötig: Düngemittel, etwa Stickstoff, sowie viele chemische Schädlingsbekämpfungsmittel werden auf Basis von Erdöl hergestellt. Zudem müssen Felder gepflügt, geeggt und abgeerntet werden. All das kostet Energie, die in die ökonomische und ökologische Bilanz der Kraftstoffe mit eingerechnet werden muss. Wettbewerbsfähig wären Rapsdiesel und Weizensprit daher nirgends, wenn sie nicht staatlich subventioniert würden. Unter anderem liegt das daran, dass die Preise für Agrarrohstoffe eng an den Ölpreis gekoppelt sind. Der ist in den vergangenen fünfzehn Jahren stetig, ab 2005 sogar stark gestiegen – in dem irren Jahr 2008 zeitweise auf 150 Dollar pro Barrel. Inzwischen pendelt er um die 100 Dollar. Ein Problem für die Menschen in vielen Schwellenländern: Die Preise für Weizen, die in den neunziger Jahren Tiefstwerte erreicht hatten, zogen ebenfalls an.

Auch beim Klimaschutz gibt es keine Automatismen: Die Vorstellung, Biokraftstoffe seien CO_2-neutral, weil ja nur das Kohlendioxid freigesetzt werde, das die Pflanze während ihres Wachstums aufgenommen habe, greift zu kurz. Sie missachtet die Energie, die, wie oben beschrieben, zur Herstellung des Sprits aufgewendet werden muss, und die ist zum Teil erheblich. So weist allenfalls Ethanol aus brasilianischem Zuckerrohr eine positive Kohlendioxidbilanz auf. Dieselkraftstoff aus Raps hingegen spart zwar auf den ersten Blick ebenfalls CO_2 ein. Doch berechnet man die Tatsache ein, dass der Anbau von Raps für Kraftstoffe dazu führt, dass nun andere Flächen benötigt werden, um darauf Lebens- oder Futtermittel anzubauen, sieht die Rechnung ganz anders aus. Wenn solche sogenannten »indirekten Landnutzungseffekte« (englisch: »Indirect land use change«, Iluc) berücksichtigt werden, ist die CO_2-Bilanz von Raps sogar schlechter als die von Erdöl. Das ist brisant, denn subventioniert wird laut EU-Nachhaltigkeitsrichtlinie nur solcher Agrarsprit, der mindestens 35 Prozent weniger Kohlendioxid ausstößt als konventioneller; 2017 wird diese Zahl sogar auf 50 Prozent steigen. Würden Rapsdiesel also Iluc-Faktoren aufgebrummt, würde er die Nachhaltigkeitskriterien der EU nicht mehr erfüllen und sang- und klanglos vom Markt verschwinden.

Die ersten neun Monate des Jahres 2013 hindurch zitterte die deutsche Biokraftstoffindustrie deshalb vor Angst, weil das EU-Parlament ernsthaft erwog, nicht nur die Beimischungsquoten für Biosprit zu senken, sondern auch Faktoren für die indirekte Landnutzung einzuführen. Wieder einmal waren die Parlamentarier in Brüssel einer intensiven Lobbyarbeit ausgesetzt: sowohl von der Industrie, die ihren Untergang beschwor, als auch von Umwelt- und Entwicklungsorganisationen, die heftig für die Faktoren trommelten. Nun ist es ausgesprochen schwierig, Iluc-Faktoren zu berechnen; es gibt seriöse Wissenschaftler, denen die Daten so wertvoll erscheinen wie ein Blick in den Kaffeesatz. Sie haben gute Argumente. Je nachdem, welches Rechenmodell angewendet wird und welche Daten eingespeist werden, kommen ganz unterschiedliche Ergebnisse heraus. So stößt zum Beispiel Biodiesel in einigen Berechnungen 200 Prozent weniger Kohlendioxid aus als fossiler Diesel, in anderen sind es 1 700 Prozent mehr.[11]

Das EU-Parlament war sich schließlich so uneinig darüber, wie mit der Biokraftstoffförderung künftig umzugehen ist, dass es die Entscheidung im Herbst 2013 darüber erst einmal verschob. Nun wird weiter nach dem richtigen Weg gesucht – aus der Förderung heraus. Denn die grundsätzliche Aussage derjenigen, die Iluc-Faktoren auf die Kohlendioxidbilanzen anrechnen wollen, ist weniger strittig: Die Nebenwirkungen des Pflanzensprits sind zu groß. Es sind keine aufwändig modellierten Berechnungen notwendig, um zu erkennen, dass es um jeden verbrannten Liter Diesel aus indonesischem Palmöl schade ist. In Indonesien wurden mittlerweile auf einer Fläche von 12,2 Millionen Hektar Plantagen mit Ölpalmen angelegt, 90 Prozent davon in ökologisch wertvollen Torfmoorgebieten.[12] Nicht nur der Anstieg der Treibhausgasemissionen in Indonesien ist problematisch, sondern auch die Zerstörung von artenreichem Regenwald. Der Inselstaat verfügt über riesige Waldgebiete, mit denen er schonungslos umgeht. Zwar darf Palmöl von Plantagen, für die Regenwald gerodet und Moore zerstört wurden, laut Nachhaltigkeitsverordnung nicht mehr in den Tank. Doch mehren die Pflanzenkraftstoffe die Nachfrage nach dem energiereichen Pflanzenöl und somit den Druck auf die sensiblen Flächen. Ähnliches lässt sich in Brasilien beobachten, einem weiteren wichtigen und unersetzbaren Gebiet für Artenreichtum und die Speicherung von Kohlendioxid.

David Laborde vom amerikanischen Umweltforschungsinstitut IFPRI beschreibt beispielhaft, wie sich die Handelsströme von Ölsaaten durch die vermehrte Nutzung von Biodiesel in Europa geändert haben: »In der EU produzierter Raps-Biodiesel besteht längst nicht mehr ausschließlich aus Raps, der in der EU angebaut wurde. Vergangenes Jahr haben wir 20 Prozent der verarbeiteten Menge importiert, zudem noch eine bedeutende Menge an Rapsöl. Der importierte Raps kam aus der Ukraine und aus Australien, ein wenig zudem aus Kanada. Der Raps aus der Ukraine war zuvor in die Türkei verkauft worden, der aus Australien nach Indien. Die Türkei hat den Raps durch Sojaöl ersetzt, Indien durch Palmöl – die beide auch noch billiger waren als Raps.«[13] In einer globalisierten Landwirtschaft wirkt auch nationale Politik immer global. Wenn eine Regierung neue Verwendungen für einen Agrarrohstoff ersinnt und diese dann intensiv fördert, kann sie die Art der Kulturen auf den Äckern, Handelsbeziehungen und Preise kräftig durcheinanderwirbeln – das hat die Biokraftstoffpolitik der EU und Nordamerikas in den vergangenen Jahren gezeigt. Bei den Politikern herrscht darüber jetzt große Ratlosigkeit. Mit vielen Milliarden Euro haben sie eine Branche geschaffen, die gegenwärtig um ihr Überleben kämpft. Ach, stöhnte der Geschäftsführer eines mittelständischen Biodieselherstellers kurz vor der vorerst letzten Gesetzgebungsvolte im Europaparlament, er könne ja mit wirklich jeder Regulierung leben, nur sollten die Politiker sie nicht alle halben Jahre wieder ändern. Er hat viel Geld in seine Anlage investiert, Arbeitsplätze geschaffen und geglaubt, sich eine Zukunft aufzubauen. Nun verfolgt er fassungslos, wie Beimischungsquoten erhöht und wieder abgesenkt werden, wie Nachhaltigkeitskriterien eingeführt und verändert und sein Produkt schließlich ganz vom Markt verdrängt werden sollen.

Eine Branche, die mittels öffentlicher Subventionen geschaffen wurde, ist abhängig vom Staat – und von der öffentlichen Meinung. Die hat sich in den vergangenen Jahren gegen Biokraftstoffe gewendet. Umwelt- und Entwicklungsverbände haben ein großartiges Thema gefunden, in ihrem Jargon: ein »kampagnenfähiges«. Zwar wirkt sich der hohe Fleischkonsum in den reichen Ländern deutlich negativer auf die Umwelt und die Ernährungssituation in den armen Ländern aus. Doch Vorschriften über ihr Essverhalten lassen sich die Verbraucher nicht gerne machen, das hat die Partei der Grünen vor der Bundestagswahl im Herbst 2013 bitter erfahren, als sie einen fleischfreien »Veggie-Day« forderte. Neben viel Häme und Auftritten in Satiresendungen brachte dieser Vorstoß den Grünen ein miserables Wahlergebnis ein (das natürlich auch andere Ursachen hatte). So taucht das Thema Fleisch zwar auch bei den NGOs immer wieder auf, aber ihre Leidenschaft legen sie doch in die Biokraftstoffe und verzerren dadurch die Relevanz der beiden »Problemfälle«.

Ein weiteres Problem: Es existieren Produktionskapazitäten für Biokraftstoffe, die nicht mehr gewollt werden; viel privates und öffentliches Geld wurde investiert in eine Technologie, die keine Zukunft hat und die die Probleme nicht löst, aufgrund derer sie gefördert wird. Ein Ausstiegsmodell ist nicht in Sicht. Die Internationale Energieagentur geht davon aus, dass sich der weltweite Verbrauch von Biokraftstoffen in den nächsten zwanzig Jahren verdreifachen wird. Einen buchstäblich rettenden Strohhalm sehen viele Politiker in Brüssel und Berlin derzeit in Kraftstoffen aus Abfällen (etwa Ernterückstände oder verdorbene Nahrungsmittel) beziehungsweise aus Holz oder Algen. Fördermittel wollen sie nun vor allem einsetzen, um auf dieser Rohstoffbasis Treibstoffe der zweiten oder dritten Generation zu entwickeln. Dabei drohen sie jedoch die gleichen Fehler zu begehen wie einst beim Rapsdiesel und Weizenethanol, eine wirklich tragische Wiederholung. Wenn die fehlgeleitete Biokraftstoffpolitik zu etwas taugt, dann zum Exempel, wie wir die Rohstoffwende weg von Öl und Kohle *nicht* gestalten dürfen. Wir ziehen daher sechs Lehren aus der Rapsgeschichte:

1) *Äcker sind nicht nur für Lebensmittel da.* Das waren sie nie. Vor der Entdeckung von Öl und Kohle haben ganz selbstverständlich auch Pflanzen Energie und Rohstoffe geliefert. Das in der aufgeheizten Biokraftstoffdiskussion verwendete Schlagwort »Teller statt Tank« ist daher nicht unbedingt sinnvoll. In einer postfossilen Bioökonomie werden Pflanzen als Rohstoffe ganz selbstverständlich einen größeren Platz einnehmen müssen. Klar ist aber auch:

2) *Das Konsummodell des fossilen Zeitalters lässt sich nicht auf eine nachhaltige, also zukunftsfähige Bioökonomie übertragen.* Eine solche Wirtschaft verwendet nämlich nicht mehr Energie, als die Sonne der Erde zur Verfügung stellt; sie nutzt nur so viele Pflanzen, wie Boden und Wasser daraus produzieren können, ohne auf gespeicherte Sonnenenergie (in Form von Kohle oder Öl) zurückzugreifen. Autos werden also mit der derzeit verfügbaren Energie von Sonne und Wind angetrieben – oder gar nicht. Für Produkte

wie einmal genutzte Plastiktüten oder Wegwerfgeschirr werden wir nicht genügend Rohstoffe besitzen. Und ja, liebe Fußballfans und Kirmesbesucher, ein Leben ohne Bratwurst (für ein Euro fünfzig) wird möglich sein müssen.

3) *In einer globalisierten Welt wirkt auch Landwirtschaftspolitik global.* Jeder Eingriff in die heimischen Märkte wird sich auf weit entfernte Regionen auswirken. Die dortigen Bedingungen aber kann die hiesige Politik dann nicht mehr mitgestalten, das zeigt das Beispiel Indonesien. Die Nachfrage nach Pflanzenölen durch Biokraftstoffe hat die Plantagen dort ausgeweitet. Die EU ist aber nicht in der Lage, das Land zu einer nachhaltigen Produktion zu bewegen. Es gilt also künftig, diese globale Perspektive in ihren räumlich-zeitlichen Kontexten im Gesetzgebungsprozess von Anfang an in den Blick zu nehmen und die staatlichen und nichtstaatlichen Organisationen der Entwicklungszusammenarbeit intensiv zu beteiligen.

4) *Politik sollte Ziele setzen, diese aber technikoffen fördern.* Die Autokonzerne brauchen strikte Vorgaben, bis wann sie den Kohlendioxidausstoß ihrer Fahrzeuge auf einen bestimmten Wert senken müssen. Der Klimawandel macht das unabdingbar, zudem wird so die Konkurrenzfähigkeit der Industrie erhöht. Auf welche Weise die Autokonzerne diese Ziele erreichen, bleibt ihnen aber freigestellt, ob durch extrem verbrauchsarme Motoren oder Elektroantriebe. Selbstverständlich benötigen sie dafür einen entsprechenden Rahmen: Mit batteriebetriebenen Fahrzeugen in einem Energiesystem, das auf Kohle setzt, erreicht man die Klimaziele beispielsweise nicht. Die Rohstoffwende benötigt sowohl komplexe politische Steuerung als auch die innovativen Kräfte des Marktes. Darum ist es auch kein Ausweg, den Mineralölkonzernen nun statt Rapsöl Reststoffe und Algensprit in die Öltanks zu füllen: Auch sie sind nur begrenzt verfügbar. Längst klagen Komposthersteller, ihnen fehlte Holz zur Durchlüftung ihrer Anlagen, weil es zunehmend verbrannt werde. Stroh ist eben kein Abfall, sondern sorgt auf dem Acker für neuen Humus. Und die großen Müllmengen unserer Konsumgesellschaft können wir uns, siehe Punkt 2, sowieso nicht länger leisten.

5) Irren wird auch künftig menschlich bleiben, *darum müssen politische Entscheidungen rückholbar sein.* Die Produktion von Biokraftstoffen wird nur noch deshalb aufrechterhalten, weil sonst Milliardeninvestitionen in Produktionsanlagen pulverisiert würden und die Bauernlobby gut organisiert für diesen neuen, zusätzlichen Absatzmarkt trommelt. Es sind daher Mechanismen nötig, um einmal getroffene Entscheidungen korrigieren zu können, wenn sie sich als Irrweg erweisen. Die Institutionen der Europäischen Union sind dafür gut geeignet: Die Entscheidungsprozesse zwischen Kommission, Rat und Parlament sind so komplex, dass sie zahlreiche Positionen und Einflussgruppen berücksichtigen können. (Das Prozedere geht aber leider auf Kosten der Verständlichkeit und Nachvollziehbarkeit, ein Grund für den oft unbegründet schlechten Ruf der EU-Institutionen.) Der durch die Regierungen der Mitgliedsländer gebildete Rat ist dabei allerdings das Gremium, das fast immer die nationalen Interessen der großen Staaten Deutschland, Frankreich und Großbritannien durchsetzt. Leider sieht es derzeit nicht so aus, als würde seine Rolle gegenüber Kommission und vor allem Parlament geschwächt. EU-Richtlinien werden jedoch turnusmäßig geprüft und gegebenenfalls überarbeitet, dieses Verfahren wäre auf jeden Fall vorbildhaft auch für den deutschen Gesetzgeber. Was »rückholbar« im Falle einer neuen und politisch gewollten Technologie bedeutet, müssen wir wohl noch herausfinden. Möglicherweise eine Art Fondsmodell, in das öffentlich geförderte Unternehmen einzahlen und aus dem sie dann entschädigt werden, wenn sich eine Technologie als nicht sinnvoll erwiesen hat. Wenn es einen ökonomischen Ausweg für die Kraftstoffbranche gäbe – Diesel aus Raps wäre wohl bald kein Thema mehr.

6) *Um bestimmte Ziele zu erreichen, muss die Politik über Systemgrenzen hinweg denken.* Beispiel Klimaschutz im Verkehr: Mit ungeheurem bürokratischem und wissenschaftlichem Aufwand wird um jedes Gramm CO_2 gekämpft, das Autos weniger ausstoßen. Ein schlichtes Tempolimit würde hier viel mehr bewirken; erstens, weil langsame Fahrer in der Regel weniger Sprit verbrau-

chen, zweitens, weil Geschwindigkeitsbegrenzungen zu einer Ab-
rüstung der Autoflotte mit insgesamt geringeren Emissionen führen könnten. Der Sachverständigenrat für Umweltfragen – ein
Gremium, das die Bundesregierung berät – fordert seit langem
Geschwindigkeitsbegrenzungen von 120 Stundenkilometern auf
der Autobahn und 30 Stundenkilometern in der Stadt. Die Wissenschaftler des Gremiums argumentieren, je mehr Leistung ein
Motor erbringen müsse, desto schwerer falle die Senkung der
CO_2-Emissionen. Jochen Flasbarth, Staatssekretär im Bundesumweltministerium und ehemals Chef des Umweltbundesamtes,
brachte es auf den Punkt: »Ein Abrüstungsprogramm hin zu effizienten, schicken Leichtbauautos ist nötig.«[14] Der chronisch unterfi-
nanzierte öffentliche Nahverkehr und das gefährliche Dasein von
Fahrradfahrern auf den Straßen wären ein eigenes Kapitel wert,
wenn es darum geht, den Verkehr insgesamt umwelt- und men-
schenfreundlicher zu machen. Hier sind die Hebel, mit denen sich
wirklich etwas bewegen lässt.

Wenn sich das Kapitel Dieselkraftstoff aus der Rapsgeschichte
verabschieden würde, dürfte seine Anbaufläche wohl wieder sinken. Als Lieferant eines wohlschmeckenden Speiseöls hat sich
Raps allerdings einen festen Platz auf deutschen Äckern erobert.
Und seine guten Eigenschaften als Schmiermittel und Grundstoff
für Waschmittel werden auch weitererzählt.

Unter Landwirten ist der Raps derzeit übrigens auch ein viel
diskutiertes Thema: Das US-Agrarunternehmen Pioneer, einer
der ganz Großen der Branche, hat zusammen mit dem Chemiekonzern Bayer eine Rapspflanze entwickelt, die resistent gegen
ein Pflanzengift ist. Pflanzen mit dieser Eigenschaft tauchen in
der öffentlichen Diskussion meist auf, weil sie durch gentechnische Methoden erzeugt wurden: Sie tragen Gene eines Bakteriums in sich, das sie widerstandsfähig gegen Unkrautvernich-
tungsmittel macht. Der »Clearfield-Raps« der Chemieriesen aber
wurde nicht mit gentechnischen Methoden erzeugt. Weltweit
werden schon einige dieser Pflanzen angebaut, neben Raps auch
Soja, Sonnenblumen, Weizen und Reis. Ihr Erbgut wird mittels

der sogenannten »Mutagenese« verändert: Es wird einer Chemikalie ausgesetzt, die Mutationen bewirkt. Zwar lässt sich schlecht steuern, welche Mutation genau auftritt – die Züchter müssen folglich viele Samen keimen lassen, um zu erkennen, welche die erwünschten Eigenschaften nun wirklich tragen. Dafür unterliegen sie mit dieser Methode nicht der strengen Gentechnik-Gesetzgebung, zum Beispiel gibt es weder Vorschriften zur »Koexistenz« – zum Beispiel bestimmte Abstandsregeln für Rapsäcker mit der Resistenzeigenschaft zu solchen, die sie nicht tragen – noch muss das Saatgut besonders gekennzeichnet werden. Außerdem ist Clearfield-Raps nicht dem Misstrauen der Verbraucher oder dem Protest von Gentechnikkritikern ausgesetzt, weil er sich jenseits der scharfen Konfliktlinien der Gen-Debatten befindet.

Die Bauern könnten die Sorte also unbehelligt anbauen, doch halten sie sich bislang zurück. Rapssamen sind nämlich besonders zähe Gesellen; bis zu zehn Jahre lang können sie keimfähig im Boden bleiben und jedes Jahr gehen einige auf. Das gilt für Felder, auf denen Raps angebaut wurde, aber auch für Nachbaräcker oder für Samen, die während der Ernte vom Anhänger fallen. Sie können sich überall in der Landschaft verteilen und sich unter Umständen mit anderen Rapspflanzen kreuzen. Es hat sich gezeigt, dass diese Pflanzen gegen die gängigen Unkrautgifte häufig resistent sind – die konventionellen Landwirte züchten sich also selber kaum zu bekämpfende Unkräuter. »Dort, wo eine unkontrollierte Ausbreitung der Clearfield-Eigenschaft nicht ausgeschlossen werden kann, lehnen wir das System ab«, raten daher die Landwirtschaftskammern und -ämter der wichtigsten Agrar-Bundesländer den Bauern.[15] Pflanzen sollten keine Resistenzen gegen Gifte angezüchtet werden – egal mit welcher Methode, denn das ist der Eintritt in einen Teufelskreis aus Pestiziden und Insektiziden, die nicht mehr wirken, was neue Gifte und neue Resistenzen erfordert, und so weiter …

Bei gentechnisch veränderten Pflanzen hat sich – obwohl sie kontrolliert und überwacht werden – gezeigt: Eine Ausbreitung von Pflanzen mit bestimmten Eigenschaften lässt sich nicht verhindern. Eine Rapspflanze ist zwar an ihren Standort gebunden, wandern kann der Raps aber dennoch, das hat er in den vergangenen Jahrhunderten eindrucksvoll bewiesen. Bislang teilt der Raps allerdings nur wenige Kapitel seiner langen Geschichte mit dem Menschen. Der himmelblau blühende Lein hingegen begleitet ihn seit tausenden von Jahren. Als die Jäger und Sammler der Steinzeit sich entschlossen, Äcker zu pflügen und Haustiere zu halten, kultivierten sie neben Getreide und Hülsenfrüchten auch die Faser- und Ölpflanze Lein. Er lieferte mit seinem schmackhaften Öl ein wertvolles Lebensmittel; seine Fasern kleideten die Menschen in Vorderasien und Europa. Trotzdem fand die vielfältige Geschichte des Leins vor gar nicht langer Zeit ein jähes Ende.

4 Lein – den Faden wieder aufnehmen

Das Ende des Leins in Deutschland war schaurig: »Im düstern Auge keine Träne, sie sitzen am Webstuhl und fletschen die Zähne: Deutschland, wir weben dein Leichentuch, wir weben hinein den dreifachen Fluch – Wir weben, wir weben!« So dichtete Heinrich Heine 1844. Er reagierte damit auf die entsetzliche Lage der schlesischen Weber, die gerade den Kampf gegen die modernen Baumwollfabriken in England verloren hatten und dies mit niedrigsten Löhnen, Hunger und Not büßen mussten. Sie waren dem globalen Standortwettbewerb nicht gewachsen, würde es heute lapidar heißen. Inzwischen ist die Textilindustrie aus Deutschland verschwunden, nur ein Affe erinnert vor der Tagesschau dann und wann an ihre Reste. Mit ihr verschwand eine Farbe von den heimischen Äckern: Blau. Jahrtausendelang hatte der Flachs oder Lein im Frühjahr mit seinen himmelblauen Blüten die Landschaft Europas geprägt. Sein lateinischer Name verrät, warum: »Linum usitatissimum« ist eine für die Menschen »überaus nützliche« Pflanze. Nützlich sind ihr ölreicher Samen und ihr bastreicher Stängel.

Im Laufe der Zeit haben die Menschen daher einerseits Öllein gezüchtet, der besonders viele Samen mit dem intensiv schmeckenden Fett bildet und sich auch für andere werkstoffliche Anwendungen eignet. So ist Leinöl, zusammen mit Korkmehl und Jutegewebe oder anderen Zutaten, der Grundstoff für Linoleum. Der natürliche Bodenbelag, der leicht antibakteriell wirkt, erlebt seit einigen Jahren eine Renaissance, nachdem der Markt dafür in den sechziger Jahren nach der Erfindung des PVCs zusammengebrochen war. Auch Farben lassen sich aus Öllein herstellen: In Temperafarben war es früher eines der möglichen Bindemittel.

Die Künstler mischten sich ihre Farben aus Pigmenten, rohem Eigelb und Leinöl – Ölfarben trocknen ohne Risse. Lange haltbar waren sie zwar nicht, doch brachten sie die Werke von Leonardo da Vinci, Tizian oder Peter Paul Rubens zum Leuchten. Mit einer Schicht aus Harzen wurden sie haltbar gemacht, werden aber mit der Zeit dunkler – eine Herausforderung für Restauratoren. Farben auf Basis von Leinöl fanden und finden aber auch prosaischer Verwendung: Sie bewahren Fenster oder andere Holzprodukte, die der Witterung ausgesetzt sind, vor dem verrotten. Leinöl ist ein natürliches Konservierungsmittel und schützt Holz für viele Jahre; aber auch Besitzer von Schiefermöbeln oder Wandverkleidungen aus Schiefer in Innenräumen schwören auf die Pflege des Steins mit Leinöl.

Neben dem Öllein züchteten die Menschen andererseits Faserlein, der weniger Samen, dafür mehr Bast in seinen Stängeln enthält. Der Bast klebt in Faserbündeln an einer Holzschicht. Aus diesen Fasern lassen sich, mit viel Aufwand, wunderbare Stoffe und praktische Gebrauchsgegenstände herstellen: Dämmstoffe, Seile und Netze, Formteile, Hemden und Kleider. Im Ägyptischen Museum auf der Berliner Museumsinsel ist ein Relief aus dem Grab der Hetepet in Memphis aus der Zeitperiode 2360 bis 2195 vor Christus ausgestellt. Es zeigt Bauern bei der Flachsernte. Auch eine Halskette etwas jüngeren Datums aus türkisfarbenen Perlen in Form von Leinsamenkapseln findet sich dort sowie rund 2 500 Jahre alte Leinsamenkapseln, die als Grabzugabe dienten und so konserviert wurden. Die Ägypter nutzten feine Leinentücher, um ihre Pharaonen nach deren Tod darin einzuwickeln, Reste dieser Binden sind erhalten. Lumpen, Stoffreste und Putzlappen waren lange Zeit sogar ein begehrtes Sammelobjekt. Ein »Hader« war nicht nur ein langer, zäher Streit, sondern auch alter Stoff. Bis Mitte des 19. Jahrhunderts war er praktisch der einzige Rohstoff zur Papierherstellung, bis das Holz seinen Platz einnahm. Alte Textilien aus Leinen, Hanf und Baumwolle, Spinnerei- und Seilereiabfällen wurden genutzt, um daraus in Papiermühlen Hadernpapier zu schöpfen. Das haltbare, dicke und strukturierte Papier wird noch heute für Briefmarken, Banknoten, Aktien, Landkarten, wertvolle Bücher oder besondere Dokumente verwendet.

Schon vor fünftausend bis siebentausend Jahren haben die ersten Menschen in Europa damit begonnen, systematisch Pflanzen anzubauen und ihre Wildformen zu domestizieren. Dabei nutzten sie bewährte Arten, mit denen schon die Hochkulturen im Fruchtbaren Halbmond im heutigen Syrien und Irak herumprobiert hatten: die Weizenarten Einkorn und Emmer sowie Gerste, um Kohlehydrate zu gewinnen, zur Eiweißversorgung Erbsen und Linsen – und für Fett und Fasern den Lein. Schon im vierten bis dritten Jahrtausend vor Christus war der Lein einer der hauptsächlichen Öllieferanten. Ob unsere Vorfahren zu dieser Zeit auch schon verstanden, Fasern zu gewinnen und sich daraus Kleidung herzustellen, hat bislang noch niemand herausgefunden, weil die längst wieder in ihre Bestandteile zerfallen wäre. Aber einzelne Funde deuten darauf hin: In der zehntausend Jahre alten anatolischen Bauernsiedlung Cayönü, einer bedeutenden Ausgrabungsstätte steinzeitlicher Siedlungskultur, und in der palästinischen Stadt Jericho haben sich Reste von Leinenstoffen erhalten, die über siebentausend Jahre alt sein müssen.[1] Belegt ist, dass die Menschen während der Jungsteinzeit vor rund viertausend Jahren Leinengarne kunstvoll zu Stoffen verarbeiteten. Damit ist der Lein in Europa die älteste kultivierte Faserpflanze. In nahezu allen steinzeitlichen und bronzezeitlichen Siedlungen wurden Stängel, Wurzeln und Häufchen ausgedroschener Samenkapseln des Flachses gefunden.[2] Pfahlbauern brachten die Pflanze vermutlich aus dem Mittelmeerraum über die Alpen ins Bodenseegebiet und verbreiteten sie dort. Sie verstanden es, dünne und gleichmäßige Garne zu spinnen und daraus Leinwände zu weben; aus gröberen Garnen fertigten sie Seile und Fischernetze. In der Bronzezeit, also etwa 1700 bis 800 vor Christus, leuchtete die blaue Blume schon in weiten Teilen Mitteleuropas und versorgte die Menschen mit Fett und Fasern.[3]

Leicht gibt sie ihren Reichtum allerdings nicht her. Zahlreiche Arbeitsschritte sind nötig, um aus Flachsstroh feine Stoffe herzustellen: Säen, Jäten, Raufen und Riffeln, Rösten, Darren, Brechen und Schwingen, Hecheln und Spinnen, Haspeln und Spulen, Bleichen, Schären und Weben.[4] Gesät wird im Frühjahr, so früh wie möglich, damit mehr Zeit zur Ernte bleibt – denn die hat es in sich. Besonders wohl fühlt sich der Flachs im maritimen Klima, daher liegen die Hauptanbaugebiete Europas heute in Nordfrankreich, Belgien und den Niederlanden. Der Bauer tut gut daran, dem Flachssamen ein sauberes Bett, also ein angemessenes Beet zu bereiten, denn die junge Pflanze lässt sich erst einmal Zeit mit dem Wachsen. Gegen sprießendes Unkraut hat sie keine Chance; sie wird überwuchert oder Unkräuter wachsen mit und geraten später in die Ernte hinein und verschlechtern die Qualität. Daher werden im konventionellen Flachsanbau die Äcker mit Totalherbiziden behandelt, die allen Konkurrenzpflanzen den Garaus machen. Wer dem Flachsfeld nicht mit Ackergiften zu Leibe rücken möchte, der muss immer wieder jäten; ein äußerst arbeitsintensives Geschäft. Verfügt der Flachs aber über genügend Licht, Luft und Wasser, so wächst er hurtig. Mehr als das braucht er auch nicht, um seine Höhe von etwa zwei Metern zu erreichen. Zwar mag er keine trockenen Sand- oder staunassen Tonböden, aber sonst ist er äußerst anspruchslos. Im Gegenteil: Auf Stickstoffdünger reagiert er mit heftigem Wachstum und schlappen Stängeln, aus dem sich keine gescheiten Fasern gewinnen lassen. In Zeiten überdüngter Flüsse und Böden macht ihn das zu einer überaus interessanten Kulturpflanze in einer wahren Bioökonomie, die sich von fossilen Grundlagen wirklich verabschiedet. Die Rohstoffbasis für Stickstoffdünger ist nun einmal Erdöl – eine pflanzenbasierte Wirtschaft mit hohem Einsatz fossiler Ressourcen ist eine Lebenslüge, der Flachs folglich nicht anhängt.

Nach rund hundert Tagen kann Flachs gerauft, also geerntet werden: Der Landwirt muss ihn mitsamt den Wurzeln aus der Erde rupfen und kann ihn nicht einfach abschneiden wie Getreide. Das ist notwendig, um möglichst alle der wertvollen Fasern zu erhalten. Früher war das die Arbeit von Kindern und Frauen, heute werden dazu spezielle Raufmaschinen benutzt. Um lange, hochwertige Fasern zu erhalten, die zu Stoffen versponnen werden können, bleibt das geerntete Flachsstroh in ordentlichen Bündeln auf dem Acker liegen und wird geröstet: In der »Röste« oder auch »Rotte« bewegen Sonne und Regen Pilze dazu, die Leimschicht zwischen Holz und Bast aufzulösen. Diese »Tauröste« hat für den Bauern den angenehmen Nebeneffekt, dass ein Gutteil der Nährstoffe der Pflanze ausgespült und an den Boden zurückgegeben werden. Zwei- bis dreimal müssen die Bündel gewendet werden. Der Vorgang erfordert viel Fachwissen und Achtsamkeit: Wird er zu früh unterbrochen, ist das Ergebnis eine minderwertige Faser. Bleibt der Flachs der Witterung zu lange ausgesetzt, verrottet er und wird im schlimmsten Falle unbrauchbar – der Bauer erleidet einen Totalverlust. Das kommt auch heute noch vor. 2012 etwa spielte das Wetter den Flachsfeldern in Frankreich übel mit: Sonne und Regen gab es immer zu genau dem falschen Zeitpunkt. Schließlich mussten die Landwirte das Ergebnis ihrer mühevollen Arbeit auf den Äckern verbrennen, es war zu nichts zu gebrauchen. Der Blog Bio-Leinen.de vermeldete frustriert, »die Nachfrage an qualitativ sehr hochwertigem, für feinste Garne geeigneten Langflachs aus kontrolliert biologischem Anbau ist aus der Kampagne 2012/2013 nicht zu bedienen«[5]. Im Jahr darauf wurden die Landwirte dafür mit einer besonders hochwertigen Ernte entschädigt. Alle vier bis fünf Jahre müssen Ökolandwirte mit einer Missernte rechnen, ihre konventionell produzierenden Kollegen, die mehr Möglichkeiten haben einzugreifen, etwa alle sieben Jahre. Schlechte Jahre für Bioflachs zum Beispiel in Schleswig-Holstein waren 1987, 1994, 2001 und 2012, berichtet der Blog.

Die Risiken der Tauröste können mit der sogenannten »Wasserröste« gemindert werden. Dafür werden die gerauften Stängel in Wasser gelegt, Bakterien übernehmen dann die Arbeit der Pilze auf dem Feld. Früher wurden dazu Flüsse, Bäche oder eigens angelegte, mit Wasser gefüllte Gruben benutzt. Allerdings birgt dieses Verfahren auch Nachteile: Die Sache stinkt nach Buttersäure und Schwefelwasserstoff. Im belgisch-französischen Grenzfluss Leie oder Lys wurde noch bis weit ins 20. Jahrhundert hinein die Wasserröste betrieben; die ausgewaschenen Pflanzenteile färbten den Fluss gelb und verliehen ihm den Beinamen »goldener Fluss«. Wasserorganismen allerdings reagieren auf die Reste der Röste ungefähr so empfindlich wie auf Gülle – daher ist die Technik in Europa heute in offenen Gewässern verboten. In China wird die Wasserröste heutzutage im industriellen Maßstab mit warmem Wasser praktiziert; sie verkürzt den Prozess enorm auf einige Stunden, hinterlässt aber giftige Abwässer. Wegen der notwendigen Abwasseraufbereitung ist dieser Vorgang in Europa kaum wirtschaftlich machbar und findet deswegen fast ausschließlich in Asien statt.

Nach der Röste muss das Stroh getrocknet (»gedarrt«) werden. Danach werden in zwei Arbeitsschritten die holzigen Teile vom Bast getrennt, zunächst durch Brechen, dann durch das Schwingen. Dazu wurden früher Brechmaschinen und Schwingböcke benutzt, die Hebelkräfte einsetzten. Diese schwere Arbeit wurde in der Regel von Männern verrichtet. Nach dem Schwingen waren schon Faserstränge sichtbar, die allerdings noch nicht fein und ordentlich genug waren, um gesponnen zu werden – erst mussten sie noch gehechelt werden: Sie wurden auf einer festmontierten Drahtbürste, der »Hechel«, immer wieder durch die Borsten gezogen. Dabei werden kurze, störende Fasern (der »Werg«) entfernt, die verbliebenen langen legen sich parallel. Nachdem der Flachs »durchgehechelt« wurde (eine Frauenarbeit, die meist gemeinschaftlich erledigt wurde und offenbar Zeit und Muße zum Gespräch ließ), war er bereit für Spindel oder Spinnrad. Spinnen bedeutet, die losen Faserbündel schraubenförmig zu einem endlosen, möglichst gleichmäßigen Faden zu drehen. Im nächsten Schritt wird dieser Faden mittels einer Haspel auf Länge gebracht; dabei galt es, sich möglichst nicht zu »verhaspeln«, also zu verzählen. Die Haspel ist ein Rad mit einer

Art Zählmechanismus, auf das der Faden gewickelt wird. Dabei gab es regionale Eigenheiten: Im Hunsrück zum Beispiel wurde das Garn auf eine Länge von 1,90 Meter gebracht, in Hessen waren es 2,19 Meter, in der Region Lippe gab es die »Lange Haspel« mit einer Länge von 2,02 Metern. Noch immer hatte das Garn seine natürliche silbergraue oder (flachs-)gelbe Farbe, die durch Bleichen und/oder Färben verändert werden konnte. Um aus dem nunmehr bunten, weißen oder naturfarbenen Garn einen Stoff zu produzieren, erstellte der Weber zunächst die Schären, die Längsfäden eines Gewebes, um schließlich jene festen, glänzenden Stoffe zu weben, die mit jedem Waschvorgang mehr Feuchtigkeit aufnehmen können. Das macht sie bestens geeignet, um daraus Sommerkleidung oder Geschirrhandtücher herzustellen. Gewebt wurde, »bis die Schwarte kracht« – Schwarte nannten die Weber ihre hölzerne Sitzbank, die der hohen Spannung der Garne ausgesetzt war.

Die umfangreichen Arbeitsschritte von der Pflanze bis zum Stoff waren einer der Gründe, warum Leinen Mitte des 19. Jahrhunderts nahezu vollständig von der Baumwolle verdrängt wurde. Dieses südliche Malvengewächs liefert seine äußerst dehnbaren Fasern in handlichen Kapseln. Ohne viel Aufhebens können sie sofort zu feinsten Garnen versponnen werden. Dagegen hatte der Flachs, der jahrhundertelang in der Alltagskleidung der Menschen die Rolle gespielt hatte, die heute die Baumwolle übernommen hat, keine Chance. Die Baumwolle wiederum wird zurzeit mehr und mehr durch Kunstfasern aus Erdöl ersetzt.

Im vorindustriellen Deutschland jedoch war die Garn- und Leinenherstellung das größte Gewerbe.[6] Es hatte sich eine kleingewerbliche und bäuerliche Produktion mit regionalen Schwerpunkten herausgebildet. Im Mittelalter waren Schlesien, Westfalen und Schwaben Zentren der Flachsverarbeitung. Im 14. Jahrhundert gründeten Bautzen, Zittau, Herrnhut und Luckau, ein Jahrhundert später Bielefeld, Konstanz, Ulm und Augsburg ihren Reichtum auf der Leinweberei. Die Herstellung von Stoffen war handwerklich organisiert; im Winter waren die Bauern damit befasst, die Flachsernte zu Garn zu verarbeiten. Dabei war die Spinnerei für die Magd auf dem Hof oft die einzige Möglichkeit, um neben Kost und Logis auch an Bargeld zu kommen. Sie erhielt einen Teil der Ernte, das sogenannte »Flachsdeputat«, das sie verspinnen und verkaufen konnte. Außerdem fertigten die Frauen ihre Aussteuer, Windeln, Laken, Bettwäsche, Tischdecken und Kleidung aus Leinen an.

Weißes, beigefarbenes und silbergraues Tuch stapelte sich in den Aussteuerschränken, denn bleichen ließ Lein sich gut, färben aber nicht. Farben gab es zwar reichlich: Mit der Färberhundskamille zum Beispiel ließen sich Stoffe gelb färben, mit Färberkrapp rosa, rot oder violett, mit Färberwau blau und grün und mit Färberwaid tiefblau (indigoblau). Doch nur der Waid vertrug sich richtig gut mit dem Lein. In Thüringen hatte sich die Landwirtschaft daher im 13. Jahrhundert auf den Anbau von Waid spezialisiert, Klima und Böden waren für den Kreuzblütler bestens geeignet. Die heutige Landeshauptstadt Erfurt gründete als eine der fünf thüringischen Waidstädte ihren Reichtum im späten Mittelalter auf dem Privileg des Waidhandels. In den umliegenden Dörfern stellten die Bauern faustgroße Waidbällchen her, die in den Manufakturen der Städte aufwändig zu indigoblauem Farbstoff verwandelt wurden. Der Niedergang des blühenden Gewerbes begann im 16. Jahrhundert und war zum Teil selbst verschuldet. Um mehr Waid zu erhalten, verzichteten die Bauern häufiger auf einen Fruchtwechsel und bauten nur noch diese Pflanze an. Schädlinge machten sich breit, die Ernten wurden zunehmend mager. Zudem machte der Dreißigjährige Krieg die Handelsstraßen unsicher, die Händler wurden auf den traditionellen Wegen nach Görlitz, Frankfurt am Main, Nürnberg oder Lübeck häufig überfallen und ausgeraubt. 1602 schließlich wurde in Holland mit der Gründung der Ostindien-Kompanie das Ende des Färberwaids endgültig eingeleitet. In Indien und anderen ostasiatischen Ländern verwendeten die Färber nämlich traditionell die Indigopflanze, um blaue Farbe zu gewinnen. Der tropische Hülsenfrüchtler enthielt mehr von der gelben Indigo-Vorstufe Indican als

Waid, der Farbstoff war dadurch preisgünstiger herzustellen. 1755 gab es nur noch fünf Waidhändler in Erfurt, nur noch wenige Bauern bauten die Pflanze an; damit teilt Waid sein Schicksal sowohl mit dem Lein als auch mit dem Hanf.

Ihren Ursprung hat die Hanfpflanze in Zentralasien und im Nordwesten Indiens. Schon vor zweitausend Jahren stellten die Chinesen ein überaus haltbares Papier aus Hanf her – eine Technik, die die Europäer erst tausendfünfhundert Jahre später von ihnen übernehmen sollten. Gutenberg zum Beispiel druckte seine Bibel auf Papier aus Hanf. Auch Taue, Zwirne, Netze und andere Textilien wurden aus Hanffasern gefertigt, und zwar in ähnlichen Arbeitsschritten wie beim Lein. Als Rauschmittel ist die unter hiesigen Bedingungen angebaute Faserpflanze übrigens nicht unbedingt geeignet, dazu taugt der indische Hanf. An bestimmten Pflanzenteilen schwitzt er einen Harz aus, der in Indien »Haschisch«, in Lateinamerika »Marihuana« genannt wird. Seine Wirkung ist den Menschen in Indien bis zum Iran seit etwa achthundert Jahren bekannt, seine Nebenwirkungen bei Missbrauch – Depressionen, Persönlichkeitsveränderungen, hingegen noch immer nicht allen. Damit der indische Hanf ausreichend Harz ausschwitzt, benötigt er ein warmes Klima, in Mitteleuropa also ein Gewächshaus. Von Bedeutung war Hanf hier jahrhundertelang aber sowieso als Lieferant seiner Fasern, bis er fast vollständig verdrängt wurde. Dieser Rohstoffwandel von Lein und Hanf zur Baumwolle ermöglichte und begleitete die industrielle Revolution, die Mitte des 18. Jahrhunderts in England ihren Ausgang nahm. Sie tat das, unter anderem, in den Spinn- und Webstuben der Bauernhäuser.

Die englische Textilindustrie hatte sich aufgrund der traditionell starken Schafhaltung im Lande vor allem auf die Produktion von Wollstoffen spezialisiert, daneben aber auch Flachs, Seide und Baumwolle verwendet. Die englischen Baumwollstoffe, die immer auch Leinen enthielten, konnten mit den Erzeugnissen aus Indien und dem Irak mit ihrer jahrtausendelangen Baumwolltradition allerdings nicht mithalten und fielen mengenmäßig kaum ins Gewicht. Ostindien-Gesellschaften importierten die feinen Tücher aus dem fernen Asien. Ein ganzer Strauß von Gründen jedoch änderte das grundlegend. In den neuenglischen Kolonien wurde Baumwolle mit Hilfe von Sklaven viel billiger angebaut als in den traditionellen Anbaugebieten Indiens oder Ägyptens und massenhaft nach England importiert – erst recht, als 1774 der Importzoll auf die Faser gestrichen wurde. Baumwolle war zudem effizienter zu verarbeiten und leichter zu färben als Leinen. Bald fanden Baumwollstoffe ihren Markt nicht nur in der wachsenden Bevölkerung Englands, sondern auch auf dem Kontinent. 1700 hatte die Baumwollindustrie Waren im Wert von einer Millionen Pfund verkauft, neunzig Jahre später waren es 22 Millionen Pfund und 1815 schließlich hatte die Baumwollindustrie die Wollweber an Bedeutung übertroffen. Kein Wunder, verfügte sie doch nicht nur über einen guten Rohstoff, sondern war auch ausgesprochen innovativ.

Die massenhafte Verarbeitung des Rohstoffs Baumwolle forderte die technische Kompetenz der damaligen Zeit heraus, und so jagte eine Erfindung die nächste, was diesen aufblühenden Industriezweig effizienter und produktiver machte: Lewis Pauls und John Wyatts Krempelmaschine aus den 1730er Jahren zum Beispiel, die einen Arbeitsschritt der Spinnerei vereinfachte, verdoppelte den Ausstoß von Stoff, sodass es oft zu Lieferengpässen der Garnhersteller kam. Darauf reagierte James Hargreaves mit seiner »Spinning Jenny«, einer Spinnmaschine, die vier bis acht Weber ersetzen konnte. Die Wasserspinnmaschine von Richard Arkwright schließlich war die erste Erfindung, die sich nicht mehr an Handwerker, sondern an Fabrikbesitzer richtete. Wasser- oder dampfbetrieben ermöglichte sie erstmals die Fabrikation von Baumwollgarnen ohne Leinenzusatz und leitete das Ende der Heimarbeit ein. Der später geadelte Schneidersohn erfand zahlreiche Maschinen und Techniken, um schneller Fäden und Garn herstellen zu können, und wurde dadurch selbst zu einem der ersten Textilgroßindustriellen. Die Konstruktion einer Webmaschine hingegen war schwieriger und gelang erst dem Engländer Richard Roberts Anfang des 19. Jahrhunderts; dann aber explodierte diese Industrie förmlich. Mit einem Maschinenwebstuhl konnte ein Jugendlicher das Fünfzehnfache eines Handwebers produzieren.

Diese Revolution strahlte bis weit in die unübersichtliche deutsche Kleinstaaterei aus, in der die Weber dem Wandel der Zeit nicht mehr gewachsen waren. Zwar versuchte man dort, eine heimische Rohstoffbasis zu halten – und bis Mitte des 19. Jahrhunderts nahm die Anbaufläche von Flachs sogar bis auf 250 000 Hektar zu. Damit konnte die Landwirtschaft die heimische Flachsindustrie mit Rohstoffen versorgen und sogar noch welche exportieren. Ihre Bedeutung für die Ökonomie in den deutschen Landen war immens. Im Königreich Hannover etwa konnte die Hälfte der Einwohner ihren Lebensunterhalt nur mithilfe von Flachsarbeiten bestreiten.[7] Übrigens wollten die Regierungen nicht nur Leinblumen auf ihren Äckern sehen, sondern förderten auch andere Textilrohstoffe, zum Beispiel Seide. König Friedrich der Große etwa führte einen steten Kampf mit den renitenten Bewohnern des Örtchens Nowawes nahe Potsdam, in dem er Maulbeerplantagen zur Seidenproduktion anlegen ließ. Doch die Nowaweser hielten davon nichts und nutzten die Bäumchen lieber als Brennholz. Der Luxusartikel Seide bewegte sich allerdings immer in Marktnischen, anders als die Massenware Lein. Ab 1850 nahm dann auch die Produktion von Leingarnen jährlich um 0,85 Prozent ab, die von Baumwollgarnen legte jährlich um 5,72 Prozent zu. So dauerte es nur knapp hundertfünfzig Jahre, bis das Malven- das Leingewächs und dessen industrielle Produktion in Fabriken die handwerkliche Heimarbeit verdrängt hatten.

Heute kämpft die Baumwolle mit Garnen aus Erdöl um Marktanteile. Polyacryl ist Basis für wollähnliche Fasern, Polyamid – verkauft als Nylon oder Perlon – gehört zu den ältesten nutzbaren Chemiefasern; aus Polyester lassen sich nicht nur Kleidungsstücke, sondern auch Trinkflaschen herstellen, logischerweise aus ihnen auch wieder Fasern; und Elastan findet unter seinen Handelsnamen Lycra oder Dorlastan weite Verbreitung. Inzwischen wird wesentlich mehr Kleidung aus Synthetikfasern hergestellt als aus Baumwolle, die Jahresproduktion beträgt zirka zwanzig Millionen Tonnen auf der Welt. Diese Entwicklungen in der Textilindustrie folgten ganz der Logik der industriellen Revolution und zogen sich durch das gesamte 20. Jahrhundert: Während ein Jahrhundert zuvor die Handweber mit ihrem Rohstoff, dem Flachs, der effizienteren Baumwollindustrie unterlagen, wich diese nun aus dem spät, aber nachhaltig industrialisierten Deutschland in Länder mit niedrigerem Lohnniveau aus und stellte auf effizientere Chemiefasern um. Die Herstellung von Textilien ist – trotz aller Rationalisierung – arbeitsintensiv und hatte im Hochlohnland Deutschland keine Überlebenschance. Heute verfügt Deutschland über keine eigenständige Textilindustrie im eigentlichen Sinne mehr. Zwar finden sich noch Design- und Marketingstandorte, hergestellt werden Garne, Stoffe und Kleider für den fünftgrößten Textilmarkt der Welt aber nur noch im Ausland, vor allem in China, der Türkei, Bangladesch und Indien.

Dass sich auch die großen Handelsketten mit den Bedingungen ihrer in ferne Niedriglohnländer ausgelagerten Produktion befassen müssen, ist eine relativ neue Entwicklung, den zahlreichen Skandalen wie Fabrikbränden und -einstürzen geschuldet, aber auch den Gift-Kampagnen von Umweltorganisationen. Lange Zeit haben die Kunden eher weniger darauf geachtet, woher die immer neuen bunten Kleider auf der Stange kamen. 2005 jedoch horchten viele Verbraucher auf. Zwischen der EU und China war ein Handelsstreit ausgebrochen; europäische Zollbeamte verplombten Container voller Hosen, Mäntel und Hemden und verboten ihre Entladung. In den Häfen stapelte sich die Kleidung, die Händler befürchteten leere Regale. EU-Mitgliedsstaaten, die noch über eine lebendige Textilindustrie verfügten, bestanden auf der strikten Einhaltung der Importquoten, Deutschland jedoch drängte auf die Öffnung des Marktes. Schließlich wurde ein Kompromiss gefunden (wie üblich mit einem Vorteil für Deutschland), die Waren durften die Häfen verlassen und die Geschäfte liefen weiter.

Und sie laufen gut: Kleidung und Schuhe im Wert von zwanzig Milliarden Euro haben die Deutschen 2012 insgesamt eingekauft. Die Branche ist stark konzentriert: Nach Schätzung der Commerzbank entfallen zirka neunzig Prozent der weltweiten Umsätze der deutschen Hersteller auf wenig mehr als auf hundert Unternehmen. Wir haben es also mit sehr vielen eher umsatzschwachen und einigen großen sehr umsatzstarken Unternehmen zu tun. Diese verantworten Design, Marketing, Vertrieb und Logistik, die Produktion haben sie ausgelagert. Dabei kaufen sie die Kleidung entweder gleich beim Hersteller in Fernost oder sie bedienen sich eines Instruments mit dem glanzvollen Namen »passive Lohnveredelung«. Das heißt, Waren werden von einem Staat mit einem hohen Lohnniveau in Gegenden mit niedrigeren Lohnkosten gebracht und dort weiterverarbeitet.[8]

Der Preis für derart billig hergestellte Kleidung ist hoch, und es zahlen ihn nicht nur die Näherinnen in den Fabriken Bangladeschs, die für dreißig Euro im Monat in instabilen Gebäuden mit mangelnden Sicherheitsstandards schuften. Den Preis zahlen auch die Verbraucher, die Kleidung kaufen müssen, über die die Verkäufer längst die Kontrolle verloren haben. Seit einigen Jahren unternimmt die Umweltorganisation Greenpeace den interessanten Versuch, mit Hilfe der Kunden Druck auf H & M, Adidas und Co aufzubauen. Die Konzerne sollen giftige Chemikalien aus der Produktion von Röcken, Windjacken und Sporthosen verbannen. Zu Beginn der sogenannten Detox-Kampagne leugneten die Unternehmen den Einsatz perfluorierter Kohlenwasserstoffe und anderer Substanzen, die sich in der Umwelt anreichern, kaum abbauen lassen und die bei Menschen Krebs auslösen oder Wassertiere unfruchtbar machen können. Sie verwiesen auf komplizierte Lieferketten und zahlreiche Zulieferbetriebe, die kaum zu überblicken und erst recht nicht zu kontrollieren seien. Inzwischen arbeiten jedoch zahlreiche Unternehmen an einem runden Tisch mit und haben sich verpflichtet, bis 2020 auf bestimmte, besonders schädliche Stoffe zu verzichten. Fortschritte gibt es nur langsam, die Konzerne tun sich schwer damit, auf ihre Zulieferer Einfluss zu nehmen. Die Zulieferbetriebe allerdings berichten ihrerseits von dem enormen Preisdruck, dem sie ausgesetzt seien. Jeder Cent zähle, und unter besseren sozialen und ökologischen Bedingungen ließen sich die Forderungen der westlichen Kleidungskonzerne nicht erfüllen. Damit liegt die Verantwortung wieder bei Letzteren.

Diese Form der internationalen Arbeitsteilung erscheint uns heute zwar völlig normal, nachhaltig ist sie aber (noch) nicht. Darum ist ihre Zukunft auch äußerst ungewiss. Der Anbau von Baumwolle und die Produktion von Synthetikfasern in derzeitigem Umfang verbrauchen enorm viele Ressourcen – Boden, Wasser, Dünger, Chemikalien – und produzieren ebenso viele Schadstoffe. Baumwolle aus konventionellem Anbau ist zudem zum überwiegenden Teil gentechnisch verändert und enthält ein Insektengift.[9] In der EU, in Nord- und in Südamerika begünstigt das strenge Patentrecht Chemiekonzerne und landwirtschaftliche Großbetriebe, wenn gentechnisch veränderte Pflanzen zum Einsatz kommen, und führt so zu einem schädlichen Verdrängungswettbewerb auf dem Land. Doch auch der konventionelle Baumwollanbau ohne Gentechnik hat hässliche Folgen: Er wird unter Einsatz von unzähligen Ackergiften sowie mit ineffizienten Bewässerungsmethoden betrieben und führt zu versalzenen und vergifteten Böden; für die Anbauregionen sind die Folgen katastrophal.

Es ist erstaunlich: Textil- und Handelskonzerne reagieren höchst flexibel und effektiv auf jeden Modeschrei, erweisen sich auf der Herstellungsseite aber als kaum reformierbar. Ständig sind sie auf der Suche nach noch billigeren Produktionsstandorten. Inzwischen sinken die Importe aus China; aufgrund steigender Löhne wird das Riesenreich zunehmend unattraktiv. Als Ersatz stehen Bangladesch, Vietnam und Kambodscha bereit, dort arbeiten die Frauen noch für ausreichend wenig Lohn. Die Bilder brennender und einstürzender Fabriken sind allerdings nicht gut fürs Geschäft, darum befassen sich viele Unternehmen inzwischen mit ihrer Corporate Social Responsibility und verfassen lange CSR-Berichte.

Einige wenige gehen einen anderen, einen besseren Weg. Der hessische Versandhändler Hess-Natur, wegen seiner Übernahme durch einen Finanzinvestor (neudeutsch: Heuschrecke) bei Öko-freunden unter Verruf geraten, hat sich auf einen alten, heimi-schen Rohstoff besonnen: Leinen. Im Rahmen des Projektes »Hes-sen-Leinen« bauen keine Handvoll Bauern in der Region Flachs an, dessen Abnahme Hess-Natur garantiert. Die Mengen sind winzig, der Anteil von Leinenfasern an der gesamten Kollektion beträgt gerade einmal drei Prozent. Der Aufwand hingegen für die etwa 12 000 Kilogramm Langfasern im Jahr ist riesig: Der in Hessen geerntete Flachs wird in einer Schwinge in Holland verar-beitet, denn hierzulande gibt es keine mehr, nachdem die letzte verbliebene in Schleswig-Holstein aufgeben musste. Zum He-cheln und Spinnen fahren die Fasern nach Ungarn, zu Stoffen werden sie in Italien gewebt, im Baltikum und Kroatien schließ-lich zu Blusen, Kleidern und Röcken geschneidert. Ein Teil der kleinen Ernte wird auf der Schwäbischen Alb zu Pullovern ver-strickt. Zunächst wurde das Projekt staatlich gefördert, inzwi-schen trägt der Öko-Versandhändler es selbst. Aus Überzeugung und mit einer gehörigen Portion Eigensinn, denn im Grunde ist das Unterfangen gescheitert. Ursprünglich sollte das Engagement nämlich nur den Anstoß für weitere Unternehmen geben, eben-falls Flachs aus Hessen nachzufragen, damit eine sich selbst tra-gende Entwicklung anzuregen und eine textile Wertschöpfungs-kette zu knüpfen. Doch diese Nachfrage blieb aus. Es ist schwer, eine einmal abgewanderte Industrie wiederzubeleben. Effiziente Maschinen zur Ernte und Verarbeitung fehlen und Innovationen lohnen nicht, weil der Markt zu klein ist.

Heute werden Flachsfasern aus Frankreich, Belgien und den Niederlanden nach Asien verkauft, dort zu hochwertigen Klei-dungsstücken verarbeitet und dann wieder in die europäischen und nordamerikanischen Märkte eingeführt. Die Qualität der Fa-sern aus der klimatisch begünstigten Atlantikregion ist so hoch, dass sie auch ohne Subventionen weltmarktfähig sind. Nur die Verarbeitung rechnet sich unter hiesigen Bedingungen nicht. Dennoch hat es in Deutschland zahlreiche Versuche gegeben, den Lein als Rohstoffpflanze neu zu etablieren. In den neunziger Jahren wurde untersucht, wie sich Flachs in die Fruchtfolge des ökologischen Landbaus integrieren lässt oder wie die Röste sicherer zu praktizieren ist, die EU gewährte Anbau- und Verarbeitungshilfen. Doch der Ausweg aus dem Teufelskreis von geringer Nachfrage und dem Fehlen einer innovationsstarken Industrie bei starkem Wettbewerb ist schwierig. Aber nicht unmöglich, daher sind erneute Anstrengungen unerlässlich.

Auf der Landkarte der pflanzenbasierten Ökonomie der Zukunft sind derzeit zwei Straßen eingezeichnet: die energetische Nutzung als Autobahn, Hightech-Anwendungen als Bundesstraße. Es ist ein klar erkennbarer dritter Weg nötig. Die Forschung richtet sich aktuell fast ausschließlich auf den Anbau von Energiepflanzen und die Erzeugung von Biogas oder Biokraftstoffen. Die maßgebliche, auf Initiative des Bundestages gegründete und vom Bundeslandwirtschaftsministerium finanzierte Fachagentur Nachwachsende Rohstoffe (FNR) etwa bietet dafür ein gutes Beispiel. Auf ihrer informativen Website – auf der sich übrigens kostenlos lustige und lehrreiche Büchlein für Kinder im Pixi-Format über Dämmstoffe, Farben oder Baumaterialien aus Pflanzen bestellen lassen – bietet sie Themenportale zur leichten Orientierung an: Von zehn Wahlmöglichkeiten befassen sich vier mit Energiethemen, zwei mit nachwachsenden Rohstoffen im Bereich Bau und drei im Bereich Chemie und Kunststoff, zudem wird über Arzneipflanzen informiert. In der nationalen und europäischen Förderpolitik schlägt dieser Ansatz besonders durch: Der steigende Verbrauch von Biokraftstoffen wird ebenso finanziell unterstützt wie die Verwandlung von Mais in Biogas oder die Verbrennung von Holzpellets zur Storm- und Wärmeerzeugung.

Neben der FNR befasst sich als weitere Institution der Bioökonomierat mit der Rohstoffwende. Das Gremium aus Wissenschaftlern und Unternehmern berät die Bundesregierung in Sachen Bioökonomie und versucht, die Öffentlichkeit für das Thema zu interessieren. Dabei präsentiert er dem Publikum gerne Winterreifen aus Löwenzahn-Latex, Kleider aus Milchprotein oder Cremes mit biotechnologisch hergestellten Enzymen.[10] Der Rat vertritt ein Konzept von Bioökonomie, in der etablierte Industrien (zum Beispiel der Chemie-, Pharmazie- oder Autobranche) auf einer gewandelten Rohstoffbasis weiter existieren. Das ist sicherlich ein Weg in die Zukunft, auch für weniger exotische Verfahren. So lassen sich etwa Flachs und Hanf wunderbar für verschiedene Formteile in Kraftfahrzeugen verwenden, zum Beispiel als Hutablage oder Innentürverkleidung. Die Fasern bilden dabei ein Vlies, das je nach Bedarf geformt und schließlich mit Kunststoff gefüllt wird. Traditionell benutzen die Zulieferbetriebe der Autohersteller dazu Glasfasern, doch die Pflanzen sind technisch genauso gut und warten mit einer deutlich besseren CO_2-Bilanz auf. Der Vorteil für die Faserproduzenten ist, dass sie sich mit diesem Verfahren in eine etablierte und erfolgreiche Industrie einklinken. Allerdings produzieren diese Industrien nach der Logik des Massenkonsums mit seinem Zwang zu stetem Wachstum. Teil dieser Logik ist es, dass die enormen Gewinne der Unternehmen auf die Kapitalmärkte fließen und dort in regelmäßigen Abständen durch Finanzkrisen vernichtet werden. »Ökos« wie Hess-Natur oder engagierte Einzelkämpfer, die in ihren winzigen Marktnischen zum Teil in Handarbeit Flachs zu Stoffen in Bioqualität verarbeiten, erscheinen in diesen Strukturen als Exoten ohne Lobby.

Nun sind Techniken und Maschinen des 19. Jahrhunderts keine Basis für eine wohlstandssichernde Bioökonomie des 21. Jahrhunderts; aber das Konzept des 20. Jahrhunderts, so billig wie möglich so viel wie möglich zu produzieren, ist es auch nicht. In der Logik der Industrialisierung fanden die Kleidungshersteller immer den effizientesten und preisgünstigsten Stoff, etwaige Kosten durch Umweltverschmutzung oder soziales Elend wurden (und werden) externalisiert. Diese Kosten sind beim an heimische

Verhältnisse angepassten und nachwachsenden Rohstoff Lein deutlich geringer als bei Baumwoll- oder Chemiefasern. Zudem bietet er die Chance einer nachhaltigen Entwicklung vor allem für Regionen, die nicht über »fossile« Industrien mit ihrer ungeheuer hohen Wertschöpfung verfügen.

Im ostdeutschen Bundesland Brandenburg zum Beispiel klammern sich viele Bewohner der Region Lausitz verzweifelt an den größten Arbeitgeber vor Ort: den Energiekonzern Vattenfall. Er fördert im Tagebau Braunkohle, verheizt sie schließlich im besonders klimaschädlichen Braunkohlekraftwerk und zerstört dabei gleichzeitig eine wunderbare Landschaft. Wenn Greenpeace oder der Bund für Umwelt und Naturschutz mal wieder in Brandenburgs Hauptstadt Potsdam oder in Berlin eine Studie mit den negativen Folgen dieser Art von Energieerzeugung vorstellen, antworten die Menschen vor Ort jedes Mal mit der schlichten Frage: »Habt ihr Alternativen?« In den Gegenden, die weit weg vom Berliner Speckgürtel liegen, leidet Brandenburg unter Abwanderung und Überalterung, gleichermaßen unter Arbeitsplatz- und Arbeitskräftemangel; die Infrastruktur, etwa Schulen, ärztliche Versorgung oder Kultureinrichtungen, bricht weg.

Damit teilt das Land das Schicksal vieler ländlicher Regionen, die fernab der städtischen Zentren liegen. Der österreichische Schuhfabrikant Heini Staudinger aus dem vergessenen Waldviertel zeigt, wie sich in einer solchen Region Wertschöpfungsketten aufbauen lassen. Seine »Gea«-Schuhe verkauft er inzwischen längst nicht mehr nur in der Region, sondern auch in Deutschland und der Schweiz. Der charismatische Überzeugungstäter produziert seine Schuhe nicht aufgrund der guten, sondern trotz der schlechten Rahmenbedingungen. Gesetzgeber, Behörden oder Financiers in Europa setzen auf großindustrielle Einheiten mit hoher Wertschöpfung, die sie dann (eher weniger als mehr) steuerlich abschöpfen, kontrollieren oder verwalten können. Das führt unter anderem zu einer hohen Abgabenbelastung von Arbeit, zu einer Forschungsförderung, die sich vor allem an Konzerne mit genügend Kapital zur Kofinanzierung und ausreichend Manpower richtet, und auf internationaler Ebene zum Postulat des Freihandels, weil der diesen Konzernen Absatzmärkte öffnet.

Nun sichern diese Strukturen den Wohlstand vieler. Vor allem in Zeiten ökonomischer Stabilität – wie sie derzeit in Deutschland herrschen – ist Kritik an diesen Strukturen nicht mehrheitsfähig. Hier sollte aber das Vorsorgeprinzip gelten, alles andere wäre kurzsichtig: Der Gesetzgeber tut gut daran, auf verschiedenen staatlichen Ebenen Bedingungen zu schaffen, um neben der kapitalintensiven Industrie auch eine andere Art des Wirtschaftens zu ermöglichen. Die erneuerbaren Energien konnten entgegen aller Erwartungen mit einer intelligenten und massiven Förderung auf dem deutschen Markt etabliert werden. Dezentrale Strukturen haben sich gebildet, kleine Anbieter stellen für die alten Energieriesen inzwischen eine ernsthafte Herausforderung dar. Ob die Große Koalition in Deutschland diesen Trend zugunsten von RWE und Mitstreitern stoppt, ist noch nicht ausgemacht, aber die vergangenen zehn Jahre haben gezeigt, was möglich ist.

Die traditionelle, stoffliche Nutzung von Pflanzen verdient eine ähnliche, angepasste Förderung. Zum Beispiel könnte die öffentliche Hand, vor allem die Kommunen, ihre Beschaffung auf regionale Textilhersteller konzentrieren und somit eine Nachfrage schaffen. Unternehmen im Besitz von Städten und Gemeinden, etwa Entsorgungsfirmen, Verkehrsbetriebe oder Krankenhäuser, benötigen Arbeitskleidung oder Bett- und Tischwäsche in großem Umfang. Existenzgründer, die heimische, nachwachsende Rohstoffe verarbeiten, könnten Zuschüsse für Lohnkosten erhalten oder einen erleichterten Zugang zu Krediten, um Maschinen anzuschaffen oder zu entwickeln. Die Kosten hierfür wären hoch – der Lohn aber ebenfalls: gute Arbeitsplätze vor Ort in abgehängten Regionen mit einer Wertschöpfung, die vielleicht im Vergleich niedrig ist, aber vor Ort bleibt; eine sichere Versorgung mit nachhaltig produzierten, an Böden und Klima angepassten Rohstoffen; und nicht zuletzt gesündere Produkte. Eine solche Förderung würde auf resiliente Strukturen setzen und in der Logik eines nachhaltigen Konsums agieren.

Das wütende Klagelied der Weber muss nicht das Ende des Leins in Deutschland sein. Es lohnt sich, diesen jahrtausendealten Rohstoff neu zu entdecken. Die Geschichten der blauen Blume stellen uns vor die Frage, welche Fäden wir aus der vorindustriellen Wirtschaftsform aufnehmen wollen und wie wir sie weiterspinnen könnten. Die Geschichte des Weizens hingegen ist in Europa ohne Unterbrechung mit der der Ackerbauern verknüpft – und erzählt sowohl von den großen Erfolgen als auch den katastrophalen Folgen der zweiten großen landwirtschaftlichen Revolution der Menschheit: der »Grünen Revolution«, die im 20. Jahrhundert die Erde umgestalten sollte.

5 Weizen – von Kern und Korn

Ist der Kern das Problem? »Zwei verhängnisvolle und in ihrer end-gültigen Wirkung noch nicht abzuschätzende wissenschaftliche Entdeckungen haben mein Leben gezeichnet«, schrieb 1979 der Chemiker Erwin Chargaff. »Erstens die Spaltung des Atoms, zwei-tens die Aufklärung der Chemie der Vererbung und deren darauf folgende Manipulation. In beiden Fällen handelt es sich um die Misshandlung eines Kerns: des Atomkerns, des Zellkerns. In bei-den Fällen habe ich das Gefühl, dass die Wissenschaft eine Schranke überschritten hat, die sie hätten scheuen sollen.«[1] Char-gaff, geboren 1905 im Czernowitz der Monarchie Österreich-Un-garn, gestorben 2002 in New York, war selbst zunächst ein neu-gieriger Biochemiker. Vom nationalsozialistischen Deutschland aus Europa vertrieben, forschte er an der New Yorker Columbia-Universität am Erbgut. Er entdeckte, dass die DNA jedes Lebewe-sens die jeweils gleiche Menge der Basen Adenin und Thymin so-wie Cytosin und Guanin besitzt, und formulierte die Regel, dass diese Basen stets paarweise auftreten müssen. Im Laufe seines Le-bens entwickelte sich der brillante Naturwissenschaftler zu ei-nem scharfzüngigen Kritiker seiner Zunft, der für Kollegen auch Spott übrighatte: Als er einmal seine jungen Kollegen James Wat-son und Francis Crick traf, nannte er sie anschließend »wissen-schaftliche Clowns«. Dabei sollten die beiden einmal den Nobel-preis für Medizin erhalten – weil sie erkannt hatten, dass die DNA als Doppelhelix aufgebaut ist, als eine in sich gezwirbelte Doppel-Strickleiter. Vorbereitet hatte ihre berühmte Entdeckung unter anderem die Basen-Regel Chargaffs. Das Verständnis der Desoxy-ribonukleinsäure (DNA) war bahnbrechend. In einem ungeheu-ren Wissenssprung wurde auf einmal verstanden, wie Bakterien,

Pflanzen, Tiere und Menschen Erbgut an ihre Nachkommen weiterreichen – zumindest in Ansätzen, denn so ganz verstanden ist
der komplexe Mechanismus immer noch nicht. Schließlich ist die
Säure nicht statisch, sondern verändert sich je nach den Einflüssen, die sie aus der Umwelt erhält.

Nicht nur die Struktur und Arbeitsweise des Erbgutes lässt
noch viele Fragen offen – auch die Frage, wie die Menschheit mit
ihren Erkenntnissen umgehen soll, ist zwar breit diskutiert, aber
nicht entschieden. Dabei wird das vorhandene Wissen schon umfänglich genutzt, und zwar in drei Bereichen: Die »rote Gentechnik« befasst sich mit dem Erbgut von Mensch und Tier und ist
Grundlage medizinischer Anwendungen. Dieser Bereich boomt.
Zwanzig Biotechnologiefirmen (inklusive Dienstleistern) wurden
2012 neu in Deutschland gegründet, davon allein sieben in der
Pharmabranche. Zirka ein Drittel der neuen Wirkstoffe, an denen
die »forschenden Pharmaunternehmen« arbeiten, basieren auf
gentechnischen Methoden. Dieses auch ethisch besondere Feld
mit den Diskussionen über Stammzellenforschung oder pränatale
Diagnostik wollen wir hier nicht behandeln. In der »weißen Gentechnik« geht es um industrielle Anwendungen mit biotechnologischen Verfahren, etwa bei der Herstellung von Waschmitteln
mittels Enzymen (siehe das Kapitel »Bakterien – die Zelle lebt«).
Beide Anwendungsbereiche sind in der Öffentlichkeit allgemein
akzeptiert. Die rote Gentechnologie schürt die Hoffnung vieler,
die weiße Gentechnik hingegen findet weitgehend unbemerkt
und unsichtbar in den geschlossenen Tanks der Unternehmen
statt und weckt daher kaum Emotionen.

Hier geht es uns um die Genetik der Pflanzen, um die »grüne
Gentechnik«. Kritiker und Befürworter stehen sich in Deutsch-
land seit Jahren gegenüber; dazwischen: vermintes Gelände.
»Gentechnikfreie Landwirtschaft auf der Kippe« überschrieb die
Arbeitsgemeinschaft bäuerliche Landwirtschaft (AbL) alarmiert
eine Pressemitteilung Anfang Januar 2014 und fordert ein »klares
›Nein‹ von der neuen Bundesregierung« zu der Zulassung einer
neuen gentechnisch veränderten Maissorte. Dieses Nein wäre ein

gutes Signal für die Bevölkerung sowie für die bäuerliche Landwirtschaft in Europa, findet die AbL. Sie ist Teil einer schlagkräftigen und vielgesichtigen Bewegung, die gentechnisch veränderte Pflanzen in den vergangenen Jahrzehnten weitgehend von Europa ferngehalten hat. In nennenswerter Größe erfolgt der Anbau nur noch in Spanien: Dreißig Prozent der Maisernte stammt dort von gentechnisch veränderten Pflanzen, die selbst ein Gift gegen ein Insekt, den Maiszünsler, bilden. Es folgt Portugal mit einem Anteil von zehn Prozent Genmais an der Gesamternte. Die Musik spielt nicht in Europa, sondern vor allem in den USA, Brasilien, Argentinien, Kanada und Indien. Besonders stark wächst der Anbau von Genpflanzen in Schwellenländern; 2012 wurden dort erstmals mehr von ihnen angebaut als in Industrieländern.

Bereits um die Begriffe wird gestritten: Wer der Technik wohlwollend bis glühend überzeugt entgegentritt, bezeichnet die mit ihrer Hilfe erzeugten Pflanzen als »GVO«, als »gentechnisch veränderte Organismen« oder als »transgene Pflanzen«, weil sie fremde Gene enthalten. Dies erscheint ausreichend neutral und wertfrei. Die Bezeichnung »Genpflanze« oder »Genmais« hingegen nutzen die Kritiker der grünen Gentechnik. Das ist schön kurz und verweist direkt auf das Problemfeld. Sachlich ist es natürlich Unfug, denn alle Pflanze haben Gene.

Einfluss auf die Eigenschaften von Pflanzen – und damit auf ihre Gene – zu nehmen, sie zu selektieren und zu verändern, ist eine uralte Kulturtechnik. Als sich die Menschen im Fruchtbaren Halbmond in Vorderasien vor rund zehntausend Jahren entschlossen, ihr Leben als Jäger und Sammler aufzugeben, sich als Bauern niederzulassen und damit die neolithische Revolution zu begründen, ketteten sie ihr Schicksal genau daran: widerstandsfähige, ertragreiche Pflanzen anzubauen und damit die eigene Ernährung sicherzustellen. Die wilden Ahnen der Weizenarten Einkorn und Emmer, dazu Gerste, Hülsenfrüchte wie Erbsen und Linsen sowie Lein sammelten und nutzten die Menschen der Jungsteinzeit wohl schon lange, bevor sie sie auf ihren Äckern kultivierten. Die Bauern formten dann systematisch diese wenigen »Gründerpflanzen«, die jahrtausendelang im Mittelpunkt der Landwirtschaft stehen sollten. Ihr großer Vorteil: Sie sind einjährig. Das heißt, die Bauern konnten sie innerhalb eines Jahres anbauen, ernten und ihre Samen essen oder ihre Fasern nutzen. Einen Teil der Ernte behielten sie ein und säten ihn im Folgejahr aus. Die Ergebnisse waren zeitlich und räumlich zu überschauen – anders als etwa bei Bäumen. Zuchtergebnisse lassen sich, je nach Art, in einem Menschenleben nicht überblicken, unter anderem darum versuchten die Bauern eigentlich nie, Eichen oder Buchen per Zucht zu verbessern.

Eine besondere Rolle spielten von Anbeginn an die Getreide, neben der anspruchslosen Gerste vor allem die gehaltvollen Weizenpflanzen Emmer und Einkorn. Die Kontinuität, mit der die Menschheit sie seit zehntausend Jahren nutzt, ist faszinierend. Noch heute gehört Weizen zu den drei wichtigsten Nahrungspflanzen der Menschheit; sechzig Prozent ihres Kalorienbedarfs und 56 Prozent ihres Tageskonsums an Proteinen deckt sie mit nur drei Pflanzenarten: Soja, Reis und Weizen. Sie gehören zu dem winzigen Bruchteil der Gewächse, die Menschen überhaupt nutzen. Bekannt sind heute rund 270 000 höhere Pflanzen, davon werden 75 000 als essbar eingestuft. Jetzt verengt sich der Flaschenhals dramatisch: In größerem Umfang angebaut werden davon lächerliche 160 Pflanzen, und nur noch zwanzig von ihnen ernähren neunzig Prozent der Weltbevölkerung. Weizen gehört dabei zu den anspruchsvolleren Pflanzen: Er benötigt schwere, nährstoffreiche Äcker, um gut zu gedeihen, etwa Lehmböden oder Schwarzerde, die viel Wasser halten können. Er liefert vor allem Kohlehydrate – also letztlich Zucker. Für die Steinzeitmenschen war das eine zweischneidige Sache: Sie genossen einen »vollen Bauch«, bezahlten den aber mit einem »kranken Körper«. Zahnschmerzen dürften weit verbreitet gewesen sein, denn die getreidereiche Kost führte zu Karies.[2]

Trotz Zahnschmerzen war die neue Lebensweise für die Menschen attraktiv: Unaufhaltsam verbreiteten sich in den kommenden dreitausend Jahren Ackerbau und Viehzucht vom Fruchtbaren Halbmond aus nach Europa. Historiker und Archäologen sind sich nicht einig darüber, auf welchen Wegen genau die Kulturtechnik wanderte: ob diejenigen, die sie beherrschten, sie an ihre Nachbarn weitergaben oder ob sie selber gen Norden und Westen zogen und ihre Kenntnisse mit ihnen. Ein möglicher Weg ist der über die Türkei und Osteuropa bis weit ins heutige Deutschland und Frankreich; ein zweiter über das Mittelmeer und Griechenland, den Balkan und Italien, von dort weiter an die nördlichen Mittelmeerküsten und schließlich über die Alpen nach Mitteleuropa.[3] Anders als in der warmen Steppenregion, in der Ackerbau und Viehzucht ihren Anfang nahmen, bewohnten die Menschen im kälteren und feuchteren Mittel- und Nordeuropa Landschaften, die beinahe gänzlich mit Wäldern bewachsen waren. Das heißt, den Platz für ihre Äcker mussten sie sich mühsam schaffen, indem sie je nach klimatischer und geologischer Beschaffenheit die Eichenwälder rodeten, die mit Eschen, Ulmen, Linden, Erlen, Birken oder Kiefern durchsetzt waren. Zugleich lieferten ihnen die Bäume so das für Siedlungen notwendige Bauholz.

Die Tiere und Pflanzen, die mit den Menschen nach Europa kamen, hatten viele Jahrhunderte lang Zeit, sich an die neuen Gegebenheiten anzupassen. Unter der Obhut des Menschen entstand eine ganze Reihe von verwandten Weizenarten, durch »eine abenteuerliche Geschichte aus Anpassungsfähigkeit, zufälligen Kreuzungen und Chromosomenverdopplungen«[4]. Als Kulturformen unterscheiden Landwirte den Nackt- und den Spelzweizen (Einkorn, Emmer, Dinkel), der seine Körner mit einer unverdaulichen, festen Hülle umschließt, den Spelzen. Sie lassen sich nicht mit einem Flegel dreschen, sondern müssen in einer Mühle in einem Mahlgang entfernt werden. Dass dabei feines Gesteinsmehl in den Mahlzeiten landete, dürfte für die maroden Zähne der Getreidebauern ein zusätzliches Problem dargestellt haben. Doch diese Weizenformen sind widerstandsfähig und bestens geeignet, auch für ein raueres Klima. Die Bauern Mitteleuropas bauten daher bevorzugt Spelzweizen wie den Dinkel an. Im wärmeren Süden hingegen bevorzugten die Menschen stets den anspruchsvolleren, aber ertragreicheren Nacktweizen, der zudem noch ein besonders weißes und leckeres Mehl lieferte. Die Römer schätzten ihn so sehr, dass sie ihre nordischen Untertanen anhielten, ebenfalls Nacktweizen anzubauen. Mit dem Zusammenbruch ihres Imperiums verschwand er allerdings wieder, zugunsten des Dinkels. Auch hier zeigen sich zähe Konstanten: Noch 1855 wurden in Württemberg 208 000 Hektar Ackerland mit Dinkel bestellt und nur 12 400 mit Nacktweizen und dem eng verwandten Saatweizen, deren Weizenkörner sich kaum voneinander unterscheiden lassen. Erst nach dem Zweiten Weltkrieg konnte sich der Saatweizen hierzulande als wichtigste Weizenart etablieren.

Bewusst oder unbewusst wählten die Menschen jeweils das Getreide aus, das am besten zu ihren Anbaubedingungen passte – sozusagen standortgerecht. Eine systematische Zucht in heutigem Sinne war das nicht, doch nahmen die Bauern selbstverständlich auch Einfluss auf das Erbgut der Pflanzen, die sie anbauten. Aus dem wilden Emmer formten sie ertragreichere Kulturformen, indem sie immer die schwersten Körner einer Ernte aussäten, denn sie hatten beobachtet, dass diese am sichersten aufgingen. Somit vermehrten sie bevorzugt die Exemplare mit schweren (und großen) Samenkörnern und verfestigten somit diese Eigenschaft. Gleiches geschah mit der Eigenschaft »Winterhärte«. Winterweizen wird im Herbst gesät, überwintert im Boden und geht im Frühjahr auf. Indem die Bauern nur die Körner für die Aussaat verwenden konnten, die den Winter überlebt hatten, lasen sie die weniger kälteresistenten Pflanzen aus – über tausende von Jahren.[5]

Je nachdem, wo die Bauern siedelten oder wie sich die klimatischen Bedingungen änderten, wurden bestimmte Getreide bevorzugt und andere vernachlässigt; mal wurde mehr Gerste, mal mehr Roggen angebaut. Verschwunden ist der Weizen von den Äckern und Tellern der Menschen in Europa und Nordafrika aber nie. Sie aßen ihn als Brot oder Grießbrei, als Grütze, Nudel oder Couscous, sie tranken ihn als Bier oder Korn. Der nahe Verwandte des Weizens, der Dinkel, lässt sich zu Mehl, Graupen und Gries

verarbeiten, und, milchreif geerntet, zu Grünkern. Eine besonders praktische Eigenschaft verleihen dem Weizen bestimmte Eiweiße, die in einem Teig wie Klebstoff wirken: Glutenin und Glia-
din. In letzter Zeit sind sie in Verruf geraten, Allergien und andere
Krankheiten auszulösen; »glutenfrei« ist daher ein beliebter und
modischer Aufkleber auf Lebensmitteln (den Menschen, die etwa
an der seltenen Krankheit Zöliakie leiden, zu schätzen wissen).
Allerdings lässt sich Weizen nur wegen dieser Eiweiße zu Brot ba-
cken – Hirse, Reis oder Gerste, also Getreide, denen sie fehlen,
taugen nur als Beilage oder Brei.

In welcher Form auch immer, Getreide bildete jedenfalls die
Ernährungsgrundlage für die Bevölkerung. In manchen Perioden,
etwa im Hochmittelalter, verzehrten die Menschen sehr viel
Fleisch, später ergänzten Pflanzen aus der Neuen Welt den Speiseplan, etwa Kartoffeln, Mais und Tomaten. Das Auf und Ab des
Getreidepreises aber verfolgte die Bevölkerung stets besonders
aufmerksam. Missernten konnten jederzeit zu Katastrophen führen. Als schlecht galten Erntemengen, wenn sie weniger als zwei
Drittel der normalen Ernte betrugen. Probleme mit Missernten
gab es noch im 19. Jahrhundert, bis die Eisenbahn Überfluss und
Mangel zwischen Regionen ausgleichen konnte. Seit dem Mittelalter versuchte man sich durch die Einrichtung von Lagerhäusern
gegen Mangeljahre abzusichern. Gegen mehrere Missernten hin-
tereinander halfen allerdings auch Getreidelager nicht, sie bedeu-
teten unweigerlich Hunger. Eine Möglichkeit, die Ernten auf den
vorhandenen Ackerflächen zu steigern, sahen die Bauern nicht.
Die einzige Möglichkeit war, neue Flächen in Kultur zu nehmen.
Allerdings war das im schon damals dicht besiedelten Europa
nicht grenzenlos möglich. Immer wieder erlebten die Europäer
daher Hungerphasen, verursacht durch Kälteperioden, Bevölke-
rungswachstum oder Kriege.

Die letzte große Hungersnot suchte den Kontinent in der Mitte
des 19. Jahrhunderts heim. Ihre Ursachen waren vielschichtig:
Um 1840 war der Pilz, der die Kartoffelfäule verursacht, nach
Europa eingeschleppt worden. 1844 und 1845 verbreitete er sich

nach nassen Jahren massenhaft. Die Ernteausfälle betrugen in Frankreich, Deutschland und Österreich bis zu fünfzig Prozent, in Flandern sogar neunzig Prozent. Die Kartoffel stellte aber zu dieser Zeit ein Grundnahrungsmittel dar, gerade für die Armen. 1846 fiel zudem die Getreideernte schlecht aus: Roggenbrot und Kartoffeln verteuerten sich um bis zu 220 Prozent. Diese Preisexplosion traf auf eine wehrlose Bevölkerung. Die Industrialisierung hatte zu einer Massenarmut vor allem der städtischen Arbeiterschaft geführt, die Zeitgenossen unter dem Stichwort »Pauperismus« diskutierten. Zugleich stiegen, bei gleichbleibenden Löhnen, die Preise für Getreide und Kartoffeln; die Lohn-Preis-Schere öffnete sich unerbittlich. Die schlimmsten Prophezeiungen von Thomas Robert Malthus schienen einzutreten. Der britische Nationalökonom hatte 1798 in seinem berühmten »Essay on the Principle of Population« vorausgesagt, dass die Bevölkerung exponentiell ansteigen und die landwirtschaftliche Produktion mit ihrem Tempo nicht Schritt halten werde.

Währenddessen machten die enormen Wissenssprünge des 19. Jahrhunderts auch vor der Landwirtschaft nicht halt. Albrecht Daniel Thaer erkundete die äußerst erfolgreiche englische Landwirtschaft und brachte ihre Methoden nach Deutschland. Auf Versuchsgütern testete er die Fruchtwechselwirtschaft, in der die eine Hälfte des Ackers mit Getreide, die andere mit Blattfrüchten wie Rüben, Kartoffeln, Klee, Erbsen oder Bohnen bestellt wird. Damit entfiel die zuvor notwendige Brache, der Ertrag stieg an. Zudem erkannte Thaer die segensreiche Wirkung von stickstoffhaltigem Dünger für den Ackerboden. In der Folge entwickelte er die Schule der »Bodenstatik«, mit der damals dessen Fruchtbarkeit beschrieben wurde. Er setzte dabei auf rottendes Material: »Schon längst sagten daher alte erfahrene Landwirthe, die ganze Kunst der Landwirthschaft besteht darin, Mist genug zu machen«, fasste er praktisch zusammen.[6] Der Schweizer Nicolas-Théodore de Saussure hatte bereits 1804 die Vorgänge der Photosynthese und die wichtige Rolle des Stickstoffs darin entdeckt, doch setzten sich seine Erkenntnisse bei den Landwirten nicht recht durch.

Thaers Widersacher, der Chemiker Justus von Liebig, wollte die Bauern mit Hilfe seines Fachs aus der Abhängigkeit vom ständig zu knappen Stallmist oder teurem Guano-Dünger befreien, der seit Mitte des Jahrhunderts aus Lateinamerika importiert wurde. In Darmstadt geboren, forschte und lehrte der Freiherr als Chemiker an den Universitäten Gießen und München. 1840 gab er *Die organische Chemie in ihrer Anwendung auf Agrikultur und Physiologie* heraus. Seine volkstümlicher gehaltenen »Chemischen Briefe« erschienen in der *Augsburger Allgemeinen Zeitung* und richteten sich direkt an die Bevölkerung. Heute ist Liebig als Begründer der Agrarchemie berühmt, seine Wirkung unter seinen Zeitgenossen blieb allerdings begrenzt. Seinen patentierten Kunstdüngern mangelte es gerade an Stickstoff; dessen Einsatz im Dünger hielt er für Geldverschwendung. Die Luft, so glaubte er, sei die alleinige Stickstoffquelle für Pflanzen. Zu allem Überfluss hatte er den Landwirten versprochen, mit seinen Düngern könnten sie auf denselben Flächen immer wieder die gleichen Pflanzen anbauen. Krankheiten und Schädlinge breiteten sich aus. »Liebig konnte sein Versprechen nicht einlösen«, urteilt der Agrarhistoriker Walter Achilles, »er diskutierte scharfzüngig mit den Verfechtern der Bodenstatik, diese antworteten gereizt, und die Einführung der Mineraldünger verzögerte sich erheblich.«[7]

Dank neuer Anbaumethoden wie der Fruchtwechselwirtschaft, der beginnenden Mechanisierung sowie einer verbesserten Tierzucht (und damit mehr Düngemitteln) stiegen die Erträge trotzdem langsam, aber beständig an. 1800 ernteten die Bauern knapp tausend Kilo Weizen je Hektar, ein Jahrhundert später war es knapp doppelt so viel. Eine Entwicklung war also zu verzeichnen; von der enormen Schubkraft der »industriellen Revolution«, die etwa die Textil- oder Stahlindustrie umkrempelte, profitierte die Landwirtschaft aber zunächst nicht. Sie wurde zunehmend technologisch und ökonomisch abgehängt. Um deutliche Erntesteigerungen zu erreichen, hätten die Bauern mehr Mineraldünger einsetzen müssen – darauf verzichteten sie jedoch, aus Unwissen und aus Geldmangel, denn Dünger war teuer. Gezüchtet wurden Pflanzen sowieso wie die Jahrhunderte zuvor: Die Bauern hielten einen Teil ihrer Ernte zur Aussaat zurück und schufen so an die jeweiligen Boden-, Wasser- und Wetterverhältnisse angepasste Landsorten. Sie zeichnen sich noch heute dadurch aus, dass sich die einzelnen Pflanzen zwar sehr ähnlich sehen und auch ähnliche Eigenschaften haben – je nach klimatischen Bedingungen eher über kurze oder lange Stängel verfügen oder über eine besondere Winterhärte. Das Genmaterial der Landsorten ist jedoch äußerst vielfältig, anders als das von Liniensorten. Diese verfügen über klar definierte Eigenschaften, die durch Züchtung zuverlässig weitergegeben werden und erhalten bleiben.

Während sich die Agrarwissenschaftler Thaer und Liebig über den rechten Weg der Pflanzenernährung stritten, führte der Mönch Gregor Mendel in Schlesien seine Kreuzungsexperimente mit Erbsen durch und veröffentlichte seine darauf fußende Vererbungslehre. Konsequenzen für die Pflanzenzucht hatte das aber nicht. Es waren schottische Bauern, die 1860 seltsame Weizenpflanzen auf ihren Feldern fanden: Sie gaben ihnen den Namen »Square Head« – ·Dickkopf-Weizen. Die Farmer vermehrten gezielt das Getreide mit den besonders großen Körnern, die durch eine Genmutation zustandegekommen waren. Sechzehn Jahre später gelangte die neue Weizensorte nach Deutschland und schon 1880 gab es dort, auf dem »Dickkopf« aufbauend, zwei weitere Sorten. Ende des 19. Jahrhunderts entstand schließlich eine planmäßige Pflanzenzucht; erste Versuchsfelder wurden angelegt, um den Bauern systematisch Kenntnisse darüber vermitteln zu können, welche Sorten sich für ihre Standorte jeweils am besten eigneten.

1896 folgten erste Bestimmungen zur Pflanzenzucht. Um sortenreines Saatgut zu erhalten, sind nämlich sogenannte »Erhaltungszüchtungen« nötig. Die Eigenschaften einer Pflanze gehen bei ihren Nachkommen verloren oder schwächen sich zumindest ab. Gregor Mendel erklärt das in seinem dritten Gesetz, der Unabhängigkeitsregel. Werden zwei reinerbige Pflanzen mit verschiedenen Merkmalen gekreuzt, ergeben sich in der Enkelgeneration Pflanzen mit neuen Merkmalen. Der widerspenstige Nachwuchs macht so die ganze schöne Arbeit des Züchters zunichte. Um das zu verhindern, werden jedes Jahr einzelne Pflanzen geerntet, im nächsten Jahr ausgesät – und alle Nachkommen vernichtet, die nicht über die gewünschten Eigenschaften verfügen. Die anderen werden vermehrt. Ein ganz schöner Aufwand für den »Erhaltungszüchter«. Rund um die theoretisch fundierte Pflanzenzucht entwickelte sich eine Bürokratie. Heute überwachen Sortenämter die Ergebnisse und registrieren neue Züchtungen. Sie haben ein klares Ziel: Möglichst standfeste, kurze Halme, die bei Wind und Wetter nicht umknicken und die Ähren auf den Boden legen, sowie ein möglichst großer Ertrag.

Den gab es Mitte des 20. Jahrhunderts: Die Landwirtschaft machte einen so großen Entwicklungssprung, dass diese Zeit als die »Grüne Revolution« gilt. Eng verknüpft ist sie mit dem Namen Norman Ernest Borlaug – und dem Weizen. Der Agrarwissenschaftler Borlaug, ein Bauernsohn aus Iowa, forschte ab 1944 in Mexiko und experimentierte mit Weizen, Mais und Bohnen. In eine amerikanische Weizensorte kreuzte er eine japanische ein, die sich durch einen zwergenhaften Wuchs auszeichnete. Der so entstandene »Mexikoweizen« brachte deutlich höhere Erträge, weil seine Halme Wind und Regen besser standhielten. Für seine Arbeit erhielt Borlaug 1970 den Friedensnobelpreis, aufgrund seiner großen Erfolge im Kampf gegen den Hunger in Asien und Lateinamerika; Hunger und Armut wiederum machte das Nobelpreiskomitee als eine der hauptsächlichen Ursachen für Kriege aus. Sein ganzes Berufsleben widmete Borlaug der Entwicklung neuer Pflanzensorten. Bis zu seinem Tod 2009 wurde er zu einem vehementen Verfechter der Gentechnik.

Norman Borlaug und Erwin Chargaff: Sie stellen so etwas wie die beiden Antipoden naturwissenschaftlich begründeter Landwirtschaft dar. Die vollbrachte in den vergangenen Jahrzehnten und bis in unsere Tage wahre Wunder. Vor nicht einmal hundertsechzig Jahren drückte eine Hungerkatastrophe Europa nieder, heute lebt die Bevölkerung des Kontinents sowohl im historischen als auch im globalen Vergleich in Überflussgesellschaften, trotz Wirtschafts- und Finanzkrise. Auf rund achtzig Dezitonnen pro Hektar sind die Erträge mittlerweile geschossen. Vor allem seit den sechziger Jahren steigen die Erntemengen rasant. Auf über 708 Millionen Tonnen gibt die Welternährungsorganisation FAO die Welt-Weizenernte 2013 an.[8] Der weitaus größte Teil davon diente als Nahrungsmittel (482 Millionen Tonnen), 133 Millionen Tonnen wurden verfüttert und mit achtzig Millionen Tonnen wurde auch ein relevanter Teil der Ernte zu Biosprit verarbeitet. Für die Chemie- und Kunststoffindustrie ist das Korn ebenfalls interessant: Sein hoher Stärkeanteil macht Weizen zu einem Rohstoff, aus dem sich Papier und Pappe, Klebstoffe, Reifen, Folien und Kosmetika herstellen lassen.

Ob dieses Konzept einer »stofflichen Verwertung« des Weizens Zukunft hat, ist allerdings strittig. Schließlich steht sie in direkter Konkurrenz zu der Verwendung als Nahrungsmittel. In Jahren mit schlechter Ernte würden Kunststoff- und Ethanolfabriken den Lebensmittelpreis in die Höhe treiben. Die Weizenproduktion so weit zu steigern, dass genug Nahrung erzeugt und zugleich ein nennenswerter Teil der Milliarden Liter Erdöl durch Weizen ersetzt werden könnte, ist auch durch eine zweite Grüne Revolution nicht vorstellbar. Die Grüne Revolution des 20. Jahrhunderts beruhte nämlich nicht allein auf genialen Neuzüchtungen, sondern ging vor allem mit neuen Anbaumethoden einher. Die Landwirte mussten folglich nicht nur immer mehr Fahrten mit immer größeren Anhängern unternehmen, um all das zusätzliche Korn von den Feldern zu bringen; sie unternahmen auch immer mehr Fahrten, um den Boden zuvor mit Düngern zu versorgen oder Pflanzengifte zu versprühen, die Unkräuter und Insekten beseitigen. Um die enormen Ernteertragssteigerungen zu erreichen, musste also immer mehr fossile Energie eingesetzt werden. Inzwischen wird zum Teil mehr Energie eingesetzt als per Solarstrahlung beziehungsweise Photosynthese gesammelt und so geerntet wird – das führt die Substitution von Erdöl durch Getreide ad absurdum.

Die Menge an Stickstoff, die ein Bauer 1921 im Deutschen Reich pro Hektar auf sein Feld kippte, konnte er noch mit dem Eimer tragen: 9,2 Kilogramm waren es. Als Kurvendiagramm dargestellt, zeigt sich der Stickstoffeintrag im 20. Jahrhundert erst flach, ab den sechziger Jahren dann aber steil aufsteigend. Die Landwirtschaftlichen Produktionsgenossenschaften der DDR knackten die Hundert-Kilo-Marke pro Hektar 1971, die westdeutschen Bauern sechs Jahre später. Ende der achtziger Jahre war der Höchststand erreicht, in Ost und West kippten die Landwirte jeweils über hundertdreißig Kilogramm Stickstoffdünger je Hektar auf die Äcker. Seitdem sinkt die Menge.

Im verrückten Krisenjahr 2008 übrigens, als in der ersten Jahreshälfte mit den steigenden Rohstoffpreisen auch der Dünger immer teurer wurde, sackte die schädliche Düngung stark ab. Die Erträge blieben und bleiben gleichwohl hoch: Die Landwirte hatten zuvor viel zu viel Dünger auf die Felder gebracht, die Pflanzen konnten gar nicht alles verarbeiten. Der Überschuss landete im Grundwasser, in der Luft, in Seen und Meeren. Das Umweltbundesamt warnt, ein Viertel aller Grundwasservorkommen in Deutschland sei schon zu hoch mit Nitrat belastet – unter anderem zu diesem Salz wandeln Bakterien nämlich Stickstoff um. In Gewässern wachsen Pflanzen wie Algen übermäßig, wenn sie zu viel Nitrat erhalten, und verbrauchen dabei den vorhandenen Sauerstoff. Schließlich ersticken sie, zusammen mit Fischen und anderen Wasserlebewesen. Ist zu wenig Sauerstoff verfügbar, beginnen wiederum Bakterien, Nitrat in giftiges Nitrit abzubauen. Zu viele Stickstoffverbindungen belasten Luft, Boden, Wasser – also das gesamte Ökosystem. Ökologen nennen als erstes den Stickstoff, wenn sie über einen außer Kontrolle geratenen globalen Stoffkreislauf berichten. Aber auch die effektive Bekämpfung von störenden Pflanzen und Insekten mit giftigem Sprühnebel hat ihren Preis. Seit Jahren klagen Imker über das Sterben ihrer Bienenvölker, zahlreiche Schmetterlingsarten sind bedroht. Für Insekten sind Landschaften, in denen Felder regelmäßig mit Gift besprüht und auf denen nur wenige Arten wachsen, lebensfeindlich. Kaum jemand bestreitet noch ernsthaft dringenden Handlungsbedarf.

Gefahr erkannt, Gefahr gebannt? Ganz und gar nicht, denn hier beginnt der Richtungsstreit. Sollen wir den Träumen des Google-Chefs Larry Page folgen und in den Weltraum fliegen, um Rohstoffe zu fördern? Oder radikal unsere Lebensweise ändern, wie der Club of Rome vorschlägt? Brauchen wir also neue Züchtungen und neue Chemikalien, um die Landwirtschaft nachhaltiger, ressourceneffizienter und trotzdem noch leistungsfähiger zu machen? Oder liegt die Lösung in lokalen Kreisläufen, in denen die Konsumenten gut gelaunt und genussvoll nur das verzehren, was in ihrer Region und Jahreszeit angebaut wird? In denen sie weitgehend auf Fleisch verzichten und insgesamt deutlich weniger Lebensmittel kaufen und dafür weniger wegschmeißen?

In den Mittelpunkt dieser Auseinandersetzung hat sich die Gentechnik geschoben. Gilt sie hier als pragmatisches Mittel zur Problemlösung in der Tradition klassischer Pflanzenzucht, steht sie dort für den zerstörerischen Einsatz von Ressourcen und die Abhängigkeit der Landwirte von Chemie- und Saatgutkonzernen. Bislang stehen sich die beiden Positionen ziemlich unversöhnlich gegenüber. Die Stimmen mehren sich, die diesen Zustand bedauern. Ein groß angelegtes Forschungsprojekt über »Nutzen und Risiken der Freisetzung gentechnisch veränderter Pflanzen« in der Schweiz kommt zu dem Ergebnis, eine sachlichere Diskussion sei notwendig. »Schluss mit der Scheindebatte«, forderte auch die *Süddeutsche Zeitung* im Sommer 2013 in einem Artikel, in dem die Autorin eine differenziertere Debatte über die Gentechnik mit ihren vielfältigen Methoden forderte.[9]

In der Tat ist die grüne Gentechnik unübersichtlich. Sie fasst Techniken zusammen, die im Labor einzelne Gene in fremdes Erbgut einschleusen. Das geht zum Beispiel mittels eines Bakteriums, Agrobacterium tumefaciens. In der Natur gelingt es ihm, seine Gene in das Genom von Pflanzen hineinzuschmuggeln, woraufhin sie Tumore ausbilden. Molekularbiologen nutzen diese Fähigkeit und lassen das Bakterium für sich arbeiten, um zum Beispiel Weizenpflanzen unempfindlich gegen bestimmte Unkrautvernichter zu machen. Werden dabei artfremde Gene eingeschleust, entstehen »transgene« Pflanzen, die in Europa dem Gentechnikgesetz unterliegen. Eine andere Möglichkeit, fremde Arten miteinander zu kreuzen, ist die Protoplastenfusion. Dabei werden einzelne Zellen verschiedener Pflanzen miteinander verschmolzen. Ein bekanntes Beispiel dafür ist die »Tomoffel«, eine Mischung aus Tomate und Kartoffel. Die Idee einer Pflanze, die ihren Konsumenten mit einem gemischten Salat erfreut, ist allerdings nicht aufgegangen: Das Gewächs war damit überfordert, sowohl als Erdapfel als auch als Paradeiser heranzuwachsen.

Gleichwohl Artgrenzen überschritten wurden, handelt es sich bei dieser Methode nicht um Gentechnik im klassischen Sinne, weil keine einzelnen Gene übertragen werden. Auch der »Clearfield-Raps« und seine Weizen-, Mais- oder Sojagenossen, die resistent gegen bestimmte Pflanzengifte sind, wurden mit den Mitteln der konventionellen Züchtung erzeugt. Andererseits gelten Pflanzen, denen mit biotechnologischen Methoden Gene etwa von wilden Verwandten zugefügt wurden, um sie widerstandsfähiger zu machen, als gentechnisch verändert. Ist die Kritik an der grünen Gentechnik also von der technologischen Entwicklung überholt worden? Urs Niggli, Direktor des Schweizer Forschungsinstituts für Biologischen Landbau (FiBL), erhebt die Nachhaltigkeit zum Prüfstein für gentechnische Methoden. Sinnvoll sei nicht ein Verbot der Technik an sich, vielmehr müsste sie eingegliedert werden in Strukturen, die ökologisch verträglich seien. Dann sei sie durchaus auch für den Bioanbau geeignet.[10] Das wirft Fragen auf: War es ein Fehler, gentechnisch veränderte Pflanzen so gut wie vollständig aus Europa zu vertreiben? Benötigen wir künftig die Gentechnik, um die Herausforderungen einer Rohstoffwende plus steigender Weltbevölkerung zu bewältigen? Ist es an der Zeit, alte Feindbilder aufzugeben? Die Antworten lauten: nein, vielleicht und kommt drauf an.

Nein, es war kein Fehler, auf den Freilandanbau gentechnisch veränderter Pflanzen zu verzichten. Bislang kurieren auch die

Genpflanzen, die ihre Versprechen halten, die negativen Folgen der »Grünen Revolution« nur an den Symptomen und nicht an der Wurzel. Sie ermöglichen zwar den Anbau etwa von Mais- oder Soja-Monokulturen mit weniger Giften (Studien belegen das; allerdings gibt es auch Gegenstudien, nach denen viel mehr Pflanzengifte eingesetzt werden mussten, nachdem Genpflanzen angebaut wurden). Nur ist der übermäßige Einsatz von Pflanzen- giften beileibe nicht das einzige Problem von Monokulturen. Es ist noch nicht einmal das größte. Riesige Felder, auf denen nur eine Kultur wächst, sind ein unwirtlicher Lebensraum für Tiere, Mikroorganismen und andere Pflanzen. Sie zerstören die Arten- vielfalt und lassen die Böden verarmen. Natürlich ist es kritisch, wenn Bauern ihre Ernte vor Schädlingen retten, indem sie etwa den Maiszünsler vergiften. Es ist aber nicht besser, wenn die Pflanze selber ein Gift aussendet, um in einer lebensfeindlichen Umgebung bestehen zu können, oder wenn nur minimal weniger Gift eingesetzt werden muss. Längst macht in den USA die Ent- deckung von Superunkräutern die Runde, die sich mit den gän- gigen Pflanzengiften nicht mehr bekämpfen lassen, weil sie viel- fältige Resistenzen aufgebaut haben. Es ist fraglich, wie lange die wechselseitige »Aufrüstung« auf dem Acker noch mit höheren Er- trägen einhergeht. Bewährt gegen Schädlinge haben sich vielfäl- tige Fruchtfolgen, die sorgfältige Bearbeitung des Bodens und eine abwechslungsreiche Feldflur. Dann lässt sich der Maiszüns- ler genau wie andere gierige Insekten nämlich ganz von selbst viel seltener blicken.

Bislang haben die für die Gentechnik maßgeblichen Unterneh- men wie Bayer, Syngenta, Pioneer oder Monsanto nichts anderes zustandegebracht als ein müdes »Weiter so« konventioneller Me- thoden. Besonders innovativ ist das nicht. Zudem lassen sich die Folgen für das Ökosystem kaum abschätzen. Mexiko etwa ist eine der Ursprungsregionen von Mais, er wächst dort wild. Außerdem bauen Kleinbauern ihn seit langer Zeit im Nachbauverfahren an, das heißt, sie verwenden einen Teil ihrer Ernte als Saatgut. Die genetische Vielfalt des Maises ist deshalb dort besonders groß.

Um sie zu bewahren, verbot die mexikanische Regierung schon 1998 den Anbau von gentechnisch verändertem Mais. Experten versuchten daraufhin in verschiedenen Studien herauszubekommen, ob sich durch den internationalen Anbau und Handel trotzdem das Erbgut transgener Maispflanzen in heimische Sorten eingekreuzt habe. Die Wissenschaftler scheiterten. Zwei Studien brachten jeweils widersprüchliche Ergebnisse. Auch nach der Revision der Studien ließ sich weder belegen, dass sich transgenes Erbgut ausgekreuzt – das heißt in andere Pflanzen eingefügt – hatte, noch nachweisen, dass dies unterblieben war. Es blieb die Erkenntnis, dass es noch an intensiver und grundlegender Methodenforschung bedarf, um den Genfluss zwischen Pflanzen überwachen zu können.[11]

Ein anderes Beispiel: Im Frühjahr 2013 geriet ein Weizenacker aus Oregon in die Schlagzeilen der Weltpresse, weil der Farmer Ernest Barnes gentechnisch veränderte Weizenpflanzen darauf entdeckte, die resistent gegen ein Ackergift waren. Die Behörden identifizierten sie als ein Produkt von Monsanto, das dort gar nicht hätte wachsen dürfen. Weltweit ist der kommerzielle Anbau gentechnisch veränderten Weizens verboten, auch in den USA. Es gibt keinen Markt für das gentechnisch veränderte Lebensmittel; während Soja und Mais überwiegend als Tierfutter dienen, wird das Brotgetreide Weizen direkt verzehrt und weckt daher auch bei denen ein tiefsitzendes Unbehagen, denen das Korn oder die Bohne für die Futterkrippe eher unwichtig sind. Der Gentech-Fund traf die Farmer an einer empfindlichen Stelle – ihrer Exportfähigkeit. Gerade der Weizengürtel im Westen der USA produziert vor allem für asiatische Märkte.

Japan und Südkorea verhängten denn auch sofort einen zweimonatigen Einfuhrstopp, als der Fund des Genweizens auf dem Acker bekannt wurde, die EU ordnete verstärkte Kontrollen an. Die Farmer erlitten Millionenschäden durch ihr unverkäufliches Korn. Inzwischen ist Barnes einer von vielen Landwirten, der Monsanto auf Schadenersatz verklagt. Der Prozess kann Jahre dauern. Währenddessen arbeitet die Chemiefirma an Weizensorten, die nicht nur gegen ein, sondern gegen mehrere Ackergifte resistent sind, auch in Freilandversuchen. 487 dieser Versuche in der Natur gab es in den USA in den vergangenen zwanzig Jahren, in der EU waren es immerhin 37. Trotzdem argumentiert Monsanto bislang, bei den gefundenen Weizenpflanzen auf dem Acker in Oregon könne es sich nur um Sabotage handeln, schließlich habe man die Versuche mit der gefundenen Weizensorte schon 2005 eingestellt und dabei alle Sicherheitsvorkehrungen beachtet; Genkritiker hätten das gentechnisch veränderte Saatgut ausgestreut, um es zu diskreditieren. Selbst wenn diese Räuberpistole stimmen sollte: Offenbar schafft es das Unternehmen nicht, sein Saatgut ausreichend zu sichern. Viel wahrscheinlicher ist allerdings sowieso, dass sich der Genweizen schlicht ausgekreuzt und seit Jahren unbemerkt vermehrt hat.

Nicht nur die Risiken, auch der potentielle Nutzen von Genpflanzen für die Bauern ist noch immer umstritten. Der Göttinger Agrarökonom Matin Qaim hat die Lage von indischen Kleinbauern untersucht, die gentechnisch veränderte Baumwolle anbauen. Demnach haben diese von den Pflanzen, die selber ein Insektengift produzieren, mehrheitlich profitiert. 7,2 Millionen Kleinbauern bauen auf über zehn Millionen Hektar sogenannte Bt-Baumwolle an, die Gene des Bodenbakteriums Bacillus thuringiensis enthält. Sie produziert ein Protein, das einige Käfer in Gift umwandeln. Für Menschen oder Säugetiere ist es ungefährlich. Die 530 Bauern in Qaims Untersuchungsgruppe haben 41 Prozent weniger Pflanzengifte eingesetzt, seit sie Genpflanzen anbauen, und ernteten über ein Drittel mehr als zuvor. Zwar stiegen ihre Saatgutkosten an, doch mehr Gewinn machten sie trotzdem: 135 Dollar pro Hektar und Jahr. Die Bauern hätten sich besser ernähren können, die Unterernährung sei daher zurückgegangen, rechnet der Wissenschaftler vor. Die Wohlstandsgewinne bei Farmern in den USA hat er sich auch angesehen: Sie lägen weit darunter, sagt er, und erklärt dies mit der Handhabung von geistigen Eigentumsrechten in Indien. Das Schwellenland gewährt – ähnlich wie China oder Pakistan – in vielen Fällen keinen Patentschutz auf Medikamente oder eben Saatgut, die Unternehmen aus entwickelten Ländern einführen. Ähnlich verhält es sich mit gentechnisch veränderten Sojapflanzen, die in den USA, nicht aber etwa in Argentinien patentrechtlich geschützt werden können. Darum profitierten dort und in den asiatischen Ländern von den Vorteilen der Technologie die Bauern, und nicht die Konzerne, wie etwa in den USA, so Qaim. Sie könnten das Saatgut nachbauen, also einen Teil der Ernte einbehalten und wieder aussäen (das ist den Landwirten in den USA verboten) und zahlen dafür keine Patentgebühren.

Von gentechnikkritischen Organisationen wird der Wissenschaftler angegriffen; ihm wird vorgehalten, seine Untersuchungsgruppe sei viel zu klein. Den Befürwortern der Gentechnik hingegen gilt seine Untersuchung als Beleg dafür, dass sich die Armuts- und Hungerprobleme im Süden mit Bt-Baumwolle und Co. lösen lassen. Norman Borlaug forderte in diesem Sinne eine zweite »Grüne Revolution«. Angesichts von immer noch einer Milliarde Hungernder sei es fahrlässig, die Technik nicht anzuwenden und rasch zu der darbenden Landbevölkerung zu bringen. »Das Problem ist, dass die Reichen und Verwöhnten eine Null-Risiko-Gesellschaft wollen«, sagte er in einem Interview mit der Tageszeitung *Die Welt* 2007.[12] Entwicklungshilfeorganisationen wie die Welthungerhilfe sind hingegen vorsichtiger. Solange der Nutzen der Technik nicht klarer erkennbar sei und nicht deutlich werde, ob Abhängigkeiten der Bauern von Konzernen und negative ökologische Folgen einträten, empfiehlt sie Genpflanzen nicht.

95 Prozent der Bauernhöfe auf der Welt finden sich in Asien und Afrika in sehr kleinteiligen Strukturen. Damit diese kleinen Höfe besser wirtschaften und ihre Besitzer besser ernähren können – denn Hunger betrifft weltweit meistens Bauern –, müssen sie einen standortgerechten Landbau betreiben. Sie benötigen Saatgut, das genau auf die jeweiligen Böden und Wasserverhältnisse abgestimmt ist, und einfache, aber gute Anbaumethoden und -techniken. Lokales Wissen und Erfahrungen müssen dabei

mit wissenschaftlichem Fortschritt kombiniert werden.[13] Ob die genormten Produkte ferner Konzerne das leisten können, ist fraglich – zudem diese in ihren Laboren bislang vor allem an den lukrativen »Cash-Crops« forschen, die den fleischhungrigen und modebewussten Industrie- und Schwellenländern als Tierfutter und Kleidung dienen: Soja, Mais, Raps und Baumwolle.

Bei solch großen Unsicherheiten bezüglich des Nutzens und der Risiken zeugt es von einem rationalen Umgang mit Technik, sie »rückholbar« zu halten, sie also beispielsweise nicht im Freiland einzusetzen. Die Geschichte der grünen Gentechnik in großen Teilen Europas ist eines der wenigen Beispiele, in denen es geglückt ist, eine umstrittene Technologie so lange nicht anzuwenden, wie noch über ihr Für und Wider abgewogen wird. Die Nanotechnologie ist diesem guten Beispiel leider nicht gefolgt. Zwar gab und gibt es hier Versuche, einen strukturierten Dialog mit der Öffentlichkeit und der Zivilgesellschaft zu inszenieren; gerade diejenigen, die Produkte auf Basis der winzigen Teilchen entwickeln und verkaufen wollten, drangen auf solch einen Dialog, hatten sie doch die Erfahrungen mit der Gentechnik vor Augen. Während Umwelt- und Verbraucherverbände, Gewerkschaften und Kirchen also mit Wissenschaftlern, Politikern und Wirtschaftslobbyisten diskutierten und Unmengen an Papieren verfassten, produzierten und verkauften die Unternehmen schon mal zahlreiche Alltagsprodukte, von Nanozahnpasta bis zu Nanoschuhcreme oder antibakteriellen Nanostrümpfen. Die Forderung nach einem Moratorium während des Dialoges wurde abgelehnt, und so bleibt vom Nanodialog nur kiloweise bedrucktes Papier. Unterdessen ist das Thema aus den Medien weitgehend verschwunden, die Verbraucher fühlen sich laut einer Umfrage heute schlechter über das Thema informiert als vor wenigen Jahren. Folglich kennen sie die Risiken von Nanopartikeln kaum und halten Produkte etwa mit Nanosilber überwiegend schlicht für praktisch.

Den in Teilen überzogen argumentierenden und hysterisch wirkenden Gentechnik-Kritikern mit ihren »Nein Danke«-Schildern und grinsenden »Gentomaten« hingegen ist ein solches Moratorium gelungen. Ihnen ist es zu verdanken, dass es in Europa überhaupt noch eine Grundlage für Debatten – und damit offene Entwicklungspfade – gibt. Damit ist nicht gesagt, dass wir die Gentechnik künftig nicht brauchen werden. Vielleicht sind angesichts des Klimawandels gentechnische Verfahren nötig, um zum Beispiel trockenresistente Pflanzen für die Landwirte besonders dürrebetroffener Länder etwa in Afrika zu erzeugen. Vielleicht erweisen sich gentechnische Methoden wie die Cisgenese als nützlich, um in Kulturpflanzen Gene verwandter Wildformen einzubringen, wieder mehr genetische Vielfalt herzustellen und sie resistent gegen bestimmte Krankheiten zu machen. Gerade Ökolandwirte haben heute Probleme mit Getreide oder Gemüse. Zum Beispiel gibt es kaum Weizensorten, die resistent gegen verheerende Pilzkrankheiten wie den Weizensteinbrand sind. Befallene Ähren sind blaugrün gefärbt und tragen keine Samen, sondern eine schwarze Sporenmasse, die zu allem Überfluss auch noch nach Fisch stinkt. Züchter, die Weizensaatgut für konventionelle Landwirte anbieten, interessieren sich für diesen Pilz nicht mehr. Das Saatgut wird chemisch behandelt und der Pilz damit abgetötet, Widerstandskraft vonseiten der Pflanze ist nicht nötig. Biobauern »beizen« ihr Saatgut aber nicht mit Giften und brauchen daher dringend resistente Sorten, denn Weizensteinbrand und andere Krankheiten können die Landwirte durch Ernteausfälle in ihrer Existenz bedrohen.

Vielleicht ist »Smart-Breeding«, also schlaues Züchten, einer der erfolgreichen Wege. Züchter betrachten seit Gregor Mendel bei ihrer Arbeit jeweils das Erscheinungsbild der ganzen Pflanze, ihren »Phänotyp«, um das Ergebnis ihrer Bemühungen zu begutachten. Dazu müssen sie warten, bis womöglich mehrere Generationen ausgewachsen sind. Die Biotechnologie ermöglicht es, sich allein das Erbgut einer Neuzüchtung anzusehen. Das beschleunigt den Zyklus erheblich, in der eine neue Sorte gezüchtet werden kann, und macht den Prozess billiger. Ebenfalls interessant sind Forschungsprojekte, die sich mit »Evolutionsramsch« befassen: Aus vielen verschiedenen Sorten wird eine neue kreiert, die damit über ein vielfältiges Erbgut verfügt. Diese Sorte wird an Landwirte abgegeben, die sie an unterschiedlichen Standorten über eine längere Zeit vermehren. Die mit einem großen genetischen Potential versehenen Pflanzen haben so die Möglichkeit, sich an lokale Bedingungen anzupassen. Diese Herangehensweise ahmt die Entstehung sogenannter »Landsorten« nach. Auch das ist wissensbasierte Landwirtschaft, die allerdings die Akteure vor Ort einbezieht.

In der »Bioszene« wird intensiv darüber diskutiert, wie eine systematische und wissensbasierte Züchtung guter, für ökologische oder kleinbäuerlich organisierte Landwirtschaft geeigneter Pflanzensorten organisiert werden kann. Diese Züchtung ist teuer, unter anderem darum haben es die Chemieriesen ja geschafft, sie zu monopolisieren. Weder die Ökohöfe der Industrieländer noch die Kleinbauern im armen Süden erwirtschaften die Gewinne, die ein ähnliches System der Saatgutvermehrung und -vermarktung ermöglicht wie in der konventionellen Landwirtschaft, auch bei nicht gentechnisch veränderten Sorten.

International ist das Eigentum an Erfindungen – und dazu gehören auch neu gezüchtete Pflanzen – durch das Recht geschützt. Die EU-Kommission plante 2013 eine neue Verordnung, um diverse Saatgutgesetze zusammenzufassen und europaweit zu harmonisieren. Das EU-Parlament lehnte den Vorschlag allerdings im Februar 2014 ab: Zu industriefreundlich sei er, zu wenig Raum lasse er Nischenmärkten wie den »alten Sorten« oder Hobbyzüchtern. Auch in der Zivilgesellschaft gab es zahlreiche Proteste und Petitionen. Schließlich zog die Kommission ihre Verordnung zurück – ein neues Parlament und eine neue Kommission könnten nun frühestens im Herbst 2014 einen neuen Anlauf nehmen. In Deutschland sichert das Gesetz über Sortenschutz und Saatgut den Züchtern das Eigentum an ihren Produkten. Der Züchter muss eine neue Sorte vom Bundessortenamt mit Sitz in Hannover prüfen und genehmigen lassen. Das Verfahren ist zwar langwierig und kostenintensiv, lohnt sich aber anschließend. Ist eine Sorte registriert, kann der Züchter das Saatgut oder Lizenzen verkaufen; zudem müssen Landwirte, die einen Teil der Ernte einbehalten und ihre Saat so quasi selber herstellen, Nachbaugebühren an den Züchter entrichten.

Immerhin, der Nachbau ist erlaubt; die jahrtausendealte und überaus bewährte Praxis von Bauern, selbst Sorten von Weizen, Gerste, Erbsen oder Lein zu züchten, die dem Wetter, dem Boden und den Bedürfnissen der jeweiligen Gegend entspricht, ist damit weiterhin möglich. Man spricht im Saatgutrecht vom »Züchtungsvorbehalt«. Für gentechnisch veränderte Pflanzen gilt allerdings das Patentrecht, und das kennt einen solchen Vorbehalt nicht. Zwar wurde er in die deutsche Gesetzgebung zur Gentechnik ansatzweise aufgenommen, für die Landwirte herrscht aber dennoch erhebliche Rechtsunsicherheit, ob und wie sie mit Genpflanzen tatsächlich weiterzüchten können. Rechtsfragen sind manchmal etwas staubig, doch es lohnt sich, sie bei künftigen Diskussionen über Gentechnik in den Mittelpunkt zu rücken.

Saatgut, auf welche Weise auch immer es entstanden ist, ist im wahrsten Sinne ein Kulturgut, zugleich ist es die Lebensgrundlage auch künftiger Generationen. Saatgut ist ein »Common«, ein Gemeingut, das nicht privatisiert werden darf. Commons haben wir »entweder ererbt oder (oft über Jahrhunderte) kollektiv hergestellt. Das macht Dinge zu dem uns Gemeinsamen und prädestiniert sie dafür, Gemeingut und nicht Privatgut zu werden«.[14] Es war falsch, die Pflanzenzucht in den vergangenen fünfzig Jahren nur noch in die Hände weniger großer Konzerne zu legen, die in den Zeiträumen von Wirtschaftsjahren denken. 27,4 Milliarden Euro setzen Chemie- und Agrarkonzerne jährlich mit Saatgut um, das durch Eigentumsrechte geschützt ist. 74 Prozent des Marktes werden dabei von nur zehn Firmen beherrscht, angeführt von den beiden US-Firmen Monsanto und Pioneer sowie Syngenta aus der Schweiz. Auch die deutschen Unternehmen Bayer CropScience und KWS Saat befinden sich unter den Top Ten.[15] Die Tier- und Pflanzenwelt lebt seit jeher von (genetischer) Vielfalt, die nur gewahrt werden kann, wenn sie unter Züchtern ebenfalls herrscht.

Diese Einsicht ist inzwischen auch im Bundessortenamt gereift. Für den Ökolandbau hat es eigene Regeln formuliert, die besser zu den dort häufig verwendeten »alten« Landsorten passen. Weil deren Genpool größer ist, unterscheiden sich die einzelnen Pflanzen häufig, besitzen also nicht das notwendige Merkmal der »Homogenität«, um als Sorte anerkannt zu werden. Auch ihre Nachkommenschaft ist bunter – und lässt damit »Beständigkeit« in der Vererbung bestimmter Eigenschaften vermissen. Gerade ihre unter dem Gesichtspunkt der Biodiversität günstigen Eigenschaften gereichen ihnen so bisher zum Nachteil. Das soll sich nun ändern. Der überwiegend spendenfinanzierte »Saatgutfonds« der Zukunftsstiftung Landwirtschaft kämpft schon lange dafür.[16] Er unterstützt Höfe bei der Entwicklung neuer Sorten. Die Kosten für eine Neuzüchtung beziffert die Stiftung inklusive der dazu notwendigen Forschung auf zirka 600 000 Euro; je nach Kultur daure sie zehn bis fünfzehn Jahre. Nachbaugebühren sind in der Ökolandwirtschaft umstritten; der Verein »Getreidezüchtung Peter Kunz« im Kanton Zürich etwa profitiert von der Förderung des Saatgutfonds. Daneben ist der gemeinnützige und damit steuerbefreite Verein auf Spenden angewiesen – und erhebt Nachbaugebühren. Die will er aber nach eigenem Bekunden nicht »eintreiben«, sondern setzt auf die Einsicht der Verwender. Das sind nicht nur Landwirte: Auch Mühlen, Bäcker, Supermärkte und Verbraucher profitieren von der ökologischen Pflanzenzucht. Sie ist damit eine öffentliche Aufgabe, die einen Anspruch auf öffentliche Förderung besitzt.

Ist es also an der Zeit für eine neue Debatte? Zeit, alte Feindbilder aufzugeben? Das kommt darauf an. Erwin Chargaff, der scharfzüngige Chemiker, philosophierte über den »Kern« als Problem. Der Eingriff in das, »was die Welt im Innersten zusammenhält«, sei auch das, was vielen Verbrauchern unheimlich vorkomme. Doch bislang konnte keine Studie nachweisen, dass der Verzehr von transgenen Pflanzen irgendwelche Nachteile birgt. Fütterungsstudien mit Ratten, die angebliche Gefahren nachwiesen, mussten als unwissenschaftlich zurückgezogen werden.

Auch den Nachweis, dass Genpflanzen Allergien oder andere Krankheiten auslösen können, sind die Genkritiker bislang schuldig geblieben. Es ist fraglich, ob der Genuss stark verarbeiteter, mit Zusatzstoffen versehener Lebensmittel gesünder ist als der eines transgenen, selbst gekochten Gemüses – und ob der leicht dämonische Klang, der im Begriff der »Genpflanze« mitschwingt, angemessen ist. Eine Ökonomie, die fossile Rohstoffquellen wirklich hinter sich lässt und auf Pflanzen angewiesen ist, wird ohne Biotechnologie – sei sie an Pflanzen oder Bakterien angewendet – nicht auskommen. Versachlichen muss sich die Diskussion über die grüne Gentechnik deswegen noch lange nicht. Ihren Platz hat sie nur in einer Landwirtschaft, die auf möglichst lokale Kreisläufe setzt, in der auf die Interessen von Kleinbauern und auf eine möglichst große Vielfalt auf dem Acker geachtet wird. Auf dem Land findet seit Jahren ein Machtkampf um Marktanteile, Wirtschaftsstrukturen, Fördergelder und Forschungsfragen statt. In Europa sind die Kräfteverhältnisse zwischen bäuerlichen Landwirten und der Agrarindustrie mit ihren jeweiligen Anhängern und Lobbygruppen bislang ungefähr gleich. Zumindest auf dem entscheidenden Feld der Gentechnik, das so sehr für eine industrialisierte, globale Landwirtschaft steht, konnten sich die Global Player nicht durchsetzen.

Wissenschaftler müssen Grenzen überschreiten, sonst gelangen sie nicht zu neuen Erkenntnissen. Das gilt auch für den Zellkern. Es liegt aber in den Händen aller, über die Verwendung dieser Erkenntnisse zu entscheiden – vor allem dann, wenn sie die Lebensgrundlage aller betreffen. Zu der Forderung, auch Gentechnik einzusetzen, um den Hunger auf der Welt zu bekämpfen oder die Landwirtschaft umweltfreundlicher zu machen, muss sich unweigerlich auch die Forderung nach einem neuen Saatgut- und Patentrecht gesellen. Zumal die Chemieriesen sich längst nicht mehr nur mit Getreide oder Ölpflanzen befassen, sondern auch mit Tieren und Bäumen. Fast achtzig Freisetzungsanträge mit gentechnisch veränderten Bäumen sind in der Europäischen Union registriert, die meisten davon in Spanien, Frankreich,

Schweden und Finnland.[17] Dabei handelt es sich häufig um Pappeln, die für die Holzindustrie vielfältig einsetzbar sind: Papierfabriken stellen aus den Weidengewächsen Papier oder Karton her, die Besitzer von Holzofenheizungen schätzen sie als Pellets. Auch für künftige Bioraffinerien, die mit Holz den Rohstoff Erdöl in der Chemie- und Kunststoffindustrie ersetzen wollen, kommt die schnell wachsende Pappel in Frage. Wäre ja praktisch, wenn die Bäume unempfindlich gegen Viren, Pilze oder Bakterien wären oder besonders schnell wüchsen.

Ausreichend Holz zur Verfügung zu haben, das war für die Menschheit über Jahrtausende genauso überlebenswichtig wie gesundes, robustes Getreide. Wenn Weizen oder Gerste nicht mehr gediehen, weil der Ackerboden erschöpft war, oder wenn in erreichbarer Nähe das Bauholz knapp wurde, gaben die frühen Bauern Europas ihre Siedlungen auf. Gemessen an der langen Geschichte des Ackerbaus ist es heute eine recht neue Situation, dass Menschen nicht auf neues Land ausweichen können, wenn sie ihr altes abgewirtschaftet haben. Ein schonender, ein nachhaltiger Umgang mit dem Boden ist daher angezeigt. Im 17. Jahrhundert riefen Forstleute eine Holznot aus und formten angesichts kahler Hügel den Begriff der »Nachhaltigkeit«. Die Debatte darüber, wie wir vor lauter Bäumen den Wald nicht aus dem Blick verlieren, beschäftigt uns bis heute.

6 Holz – ein kunstvoller Stoff

Schauen Sie doch bitte mal kurz oben in die rechte Seitenecke, gucken Sie ganz genau hin. Was Sie dort sehen können? Pures 90g/m2 Werkdruckpapier, holzfrei (FSC), bläulich-weiß, 1,75-faches Volumen. Gewöhnlich verhagelt Ihnen Druckerschwärze diese schöne Aussicht. Die fluffige Papiersorte wird für Romane oder Sachbücher häufig verwendet, wenn sie ohne bunte Abbildungen auskommen. Aber was heißt Papier eigentlich? Der Text wird getragen von einem hochkomplexen Gemisch aus Sauerstoff-, Wasserstoff- und Kohlenstoffatomen. Sie bilden Waben, die sich zu langen Ketten aneinanderreihen: Glucose. Diese Zuckerketten sind die Basis für die Cellulose, den Hauptbestandteil des Papiers. Neben Zellstoff sind noch Kleber enthalten sowie ein wenig Kalk, um das Volumen der Fasern zu vergrößern und das Papier weiß, undurchsichtig und schön griffig zu machen. Knapp 23 Millionen Tonnen Papier stellen die deutschen Papierfabriken jährlich her, weltweit sind es fast vierhundert Millionen Tonnen. Das meiste davon wird allerdings nicht für Bücher oder Kopierpapier verwendet, sondern für Verpackungen. Führende Produzentenländer sind China, die Vereinigten Staaten, Japan und Deutschland, in Europa verfügen zudem Finnland und Schweden über große Papierindustrien.

Erfunden wurde das Papier schon vor zweitausend Jahren in China; über die Araber gelangte die Technik nach Europa, aber nur langsam. Die erste Papiermühle Deutschlands gründete der reiche Handelsherr Ulman Stromer in seiner Heimatstadt Nürnberg, das war im Jahre 1390 (einige Jahre später starb er an der Pest). Seine »Hadermühle«, in der er, wie der Name verrät, Lumpen zu Papier verarbeiten ließ und damit die viel teureren Tierhäute als Schreibunterlage ablöste, musste er vor den Toren der stolzen Stadt betreiben: Zu groß waren Lärm und Gestank der Fabrik. Erst im 19. Jahrhundert löste Zellstoff aus Holz die Pflanzenfasern der Kleider als hauptsächlichen Papierrohstoff ab. Heute finden sich die Unternehmen dort, wo sie ihren einst wichtigsten Rohstoff vorfanden: in Regionen mit viel Wald. »Einst« deswegen, weil Papiere inzwischen wieder durchschnittlich zu etwa sechzig Prozent aus gebrauchtem Material bestehen, nämlich aus Altpapier; in Zeitungspapier ist es mehr, in dem glänzend weißen Papier der Modezeitschriften weniger.

Rund 250 Kilogramm Papier verbraucht jeder Deutsche statistisch gesehen im Jahr. Papier ist dabei nicht gleich Papier – unzählige Sorten sind im Angebot, mit einer unterschiedlichen Dicke und Schwere, mit Beschichtungen aus Leim, verschiedenen Weißtönen von gelblich bis bläulich, Zusatzstoffen wie Titandioxid, Kreide oder Kalk, die Volumen und Farbe geben, oder gleich aus Pflanzenfasern wie Lein oder Baumwolle wie das exklusive Hadernpapier. Dazu kommen unzählige Verpackungsmaterialien, vom Seidenpapier als Schutz für Blumensträuße über Eierkartons bis hin zu Wellpappen und Kartons. Für jeden Einsatzbereich gibt es unterschiedliche Herstellungswege und Zusammensetzungen. Die allermeisten haben jedoch eine gemeinsame Grundlage: die aus Holz gewonnenen Zellstofffasern (Altpapier ist auch nichts anderes, nur wurden dessen Fasern zuvor schon einmal genutzt). Die Angabe, ein Papier sei »holzfrei«, ist also streng genommen falsch. Gemeint ist damit auch etwas anderes, nämlich dass es entweder gar keinen oder nur noch eine geringe Menge des Stoffes enthält, der Holz neben der Cellulose ausmacht: Lignin.

Während sich die Zuckermoleküle der Cellulose brav in eine Kette reihen, bildet die wilde Mischung der verschiedenen chemischen Bauelemente des Lignins Ringe, die sich in alle Richtungen ausbreiten. Als Lignocellulose bilden Cellulose und Lignin (zusammen mit dem Zucker Hemicellulose) das Grundgerüst für Holz. Die Lignocellulose sorgt dafür, dass Baumstämme sich zwar biegen können, dabei aber nicht brechen. Fest kleben die beiden Stoffe zusammen und müssen in aufwändigen mechanischen und chemischen Prozessen voneinander getrennt werden. Hunderttausende von Tonnen Lignin produzieren die Papierfabriken in Deutschland, indem sie die begehrte Cellulose von ihm abspalten. Weltweit sind es Millionen Tonnen. Bislang wusste man eigentlich nichts Rechtes mit dem sperrigen Stoff anzufangen, der aufgrund seiner variablen Zusammensetzung so unterschiedliche Eigenschaften tragen kann. Ein Albtraum für Ingenieure, die Fabrikanlagen konzipieren: Sie wünschen sich Rohstoffe in immer identischer Qualität, die auf Chemikalien, Temperaturen oder Druckverhältnisse stets gleich reagieren. Darum pflegen die Papierhersteller Lignin, die »Schwarzlauge«, bislang schlicht zu verbrennen und nutzen die so gewonnene Energie für ihre Fabriken. Eigentlich schade um den tollen Stoff, der nach der Trennung von seinen Zuckerfreunden als rehbraunes Pulver zurückbleibt.

Nun soll der Abfallstoff zum Rohstoff werden. In ihrem prächtigen Bildband über *Deutschlands Wälder* entwerfen Peter Laufmann und Olaf Schulz ein Szenario für das Jahr 2056. Darin haben Lignine das Plastik verdrängt und sind zum Grundstoff eines neuen Holzzeitalters geworden.[1] Für Papier werde Holz dann nicht mehr genutzt, es sei durch »unzerstörbare Polymere« ersetzt worden, schreibt Laufmann. Die Cellulose müssten wir übrigens nicht wegschmeißen, sollte es so kommen: Sie lässt sich zu Ethanol, Essigsäure und anderen Vorprodukten der chemischen Industrie verarbeiten (und wird schließlich beispielsweise zu Biosprit oder Biopolymeren). Auf den Holzbestandteilen – die, man muss das betonen, nicht als Nahrungsmittel dienen – liegen also große Hoffnungen der Bioraffinerien. Diese kopieren das sehr bewährte und effiziente Konzept der Erdölraffinerien, das sich in den vergangenen Jahrzehnten entwickelt hat: Ein Rohstoff – hier Rohöl, dort Pflanzen – wird in die Raffinerie eingespeist und dort in unzähligen verflochtenen und aufeinander aufbauenden Arbeitsschritten zu verschiedenen Produkten verarbeitet: zu Benzin, Diesel und Heizöl, zu Kerosin, Farben, Lacken, Klebern, Schmierölen, Gasen sowie Grundstoffen für die pharmazeutische und chemische Industrie. Möglich wird dies durch die kunterbunte Zusammensetzung des Rohöls. Möglichst alle Bestandteile sollen genutzt werden, so das Konzept.

Die Anlagen solcher Raffinerien sind gigantisch, kilometerlange Rohrsysteme, mächtige Kessel, Hallen, Tanks. Zwölf Millionen Tonnen Rohöl kann die Raffinerie des französischen Mineralölkonzerns Total im sachsen-anhaltischen Leuna jährlich verarbeiten. In einem abgelegenen Winkel des weitläufigen Geländes lässt sich eine mögliche Zukunft besichtigen: die Pilotanlage des Fraunhofer-Zentrums für Chemisch-Biotechnologische Prozesse. In einem im Vergleich winzigen Maßstab versuchen die Wissenschaftler hier, die große Ölraffinerie von nebenan fit für die Zukunft zu machen: Am Anfang der Prozesskette sprudelt hier kein Rohöl aus der Pipeline, sondern fahren Laster oder Güterwagons voller Pflanzen vor, zum Beispiel mit Schnitzeln aus Buchenholz. Die Buchenschnitzel werden zunächst in Lignin und die beiden Zucker Hemicellulose und Cellulose aufgespalten. Daran schließen sich verschiedene Produktionslinien an. Lignin enthält Aromaten, bestimmte, wenig reaktive Moleküle, die herausgelöst als Grundstoffe für die Produktion von Lacken oder Klebstoffen verwendet werden können. Die Zucker lassen sich etwa zu Isobuten umwandeln, einem Flüssiggas; das sollte man nicht einatmen, da es zu Erstickungsanfällen führt, als Vorstufe für Biosprit oder Kunststoffe ist es aber bestens geeignet.

Die Bioraffinerie in Leuna ist Teil des Aktionsplanes zur stofflichen und energetischen Nutzung nachwachsender Rohstoffe, den die schwarz-gelbe Bundesregierung 2009 vorgestellt hat.[2] Ob aber die holzbasierte Lignocellulose-Bioraffinerie der Weisheit letzter Schluss ist, ist noch nicht ausgemacht, darum experimentiert der Forschungsverbund in Leuna auch mit stärkehaltigen Pflanzen wie Getreide, mit Algen, mit öl- und zuckerhaltigen Pflanzen wie Zuckerrüben sowie mit Gasen, etwa Kohlendioxid. Noch besteht die Leunaer Idee einer »Plattformfabrik«, in der sich verschiedenste Ausgangsmaterialien zu verschiedensten Stoffen verarbeiten lassen, noch ganz am Anfang. Prozesse, Anlagen – alles muss neu entwickelt werden. Diese Vielfalt der Pflanzenrohstoffe ist etwas Besonderes, die Forschung an sich nicht. An anderen Standorten arbeiten Wissenschaftler und Unternehmen ebenfalls an Bioraffinerien, die sich aber meist auf einen Rohstoff konzentrieren: Sie setzen etwa auf Zucker- und Stärkepflanzen wie Zuckerrohr oder Zuckerrüben, auf Weizen, Mais, Reis oder Kartoffeln. Andere speisen Pflanzenöle in Prozessketten ein und die »grüne Bioraffinerie« wiederum verarbeitet Gras. Aufgespalten in Saft und Fasern wird es zu Biogas, Milch- und Essigsäure, Proteinen oder Aminosäuren, Kunst- und Dämmstoffen – und Viehfutter soll auch noch übrig bleiben.

Das Prinzip ist jedoch immer das Gleiche: Es geht darum, die Pflanzen aufzuspalten und die dabei gewonnenen Kohlenstoffverbindungen so zu verarbeiten, dass sie Erdölprodukte ersetzen können. Bislang werkeln die Wissenschaftler bei all diesen Projekten noch im Labormaßstab oder in kleineren Pilotanlagen. Dort gelingt schon viel, der Schritt hin zu industriellen Anlagen ist aber groß: Anders als Rohöl, dessen Bestandteile sich normen und genau definieren lassen, sind Pflanzen ein eigenwilliges Sammelsurium von Rohstoffen und bleiben es auch zerlegt in ihre Bestandteile. Auf die Zumutungen der unberechenbaren Natur reagieren diese Lebewesen deswegen so erfolgreich, weil sie ihre Zusammensetzung variieren können – das Lignin lässt grüßen. Anlagen zu konzipieren, die eine solch vielfältige Rohstoffbasis zuverlässig verarbeiten können, ist daher ausgesprochen schwierig. Es gibt Hersteller, die Biokunststoffe aus Mais oder Biodiesel aus Raps herstellen und ihre Unternehmen bereits als »Bioraffinerie« bezeichnen, weil in ihnen weitere vermarktbare Produkte anfallen. So verkauft eine Biodieselanlage nicht nur Rapsdiesel, sondern auch Glyzerin, das beispielsweise für Schminke oder Haarshampoo als Zusatz dienlich ist.

Das Konzept »Bioraffinerie« sieht noch vielfältigere Produktlinien vor; vielleicht entwickeln sich solche vielschichtigen Anlagen aus den bislang wenig komplexen Wertschöpfungsketten der vorhandenen Unternehmen. Sie haben den Vorteil, bereits im industriellen Maßstab zu produzieren und können auf ihren Erfahrungen aufbauend immer weitere Nutzungswege erschließen. Das im Getreide enthaltene Klebereiweiß Gluten zum Beispiel lässt sich zu Viehfutter verarbeiten, aber auch zu Kleber; Zuckerrüben werden nicht nur zu Sprit, sondern auch zu Fructose oder Glucose. Allerdings nutzen die bislang auf dem Markt aktiven Hersteller mit Weizen, Mais oder Raps Nahrungsmittel für ihre Produktion; das ist nicht nur ethisch bedenklich, in ausreichender Menge lassen sie sich zudem nur in einer fossil geprägten, industriellen Landwirtschaft herstellen. Weit in eine zukünftige Bioökonomie wird diese Rohstoffbasis daher nicht tragen. Trotzdem werden die verschiedenen Ansätze erst einmal nebeneinander bestehen, zumal auch Algen, Stroh oder Holz zwar beständig nachwachsen, aber durchaus nicht unbegrenzt verfügbar sind. Denn die Geschwindigkeit – oder besser gesagt der natürliche Lebensrhythmus von Weizen, Gras, Algen, Bäumen und all den uns dienstbaren, geschenkten Photosynthetikern – bestimmt, wie viel wir langfristig und wirklich regenerativ ernten können. Auch deshalb ist eine möglichst breite Rohstoffbasis sinnvoll und essentiell.

Die Lignocellulose-Bioraffinerie in Leuna arbeitet nur im Pilotmaßstab und ist auf eine Kapazität von 400 000 Tonnen Holz ausgelegt – wir erinnern uns: Durch die Leitungen der Erdölraffinerie nebenan sprudeln jährlich zwölf Millionen Tonnen Erdöl. Sie decken in etwa den Mineralölbedarf von Sachsen, Thüringen und Sachsen-Anhalt. Die Mengen an Holz, die Raffinerien im industriellen Maßstab verbrauchen würden, wären demnach gigantisch.

Nun ist es ein alter Streit, wie viel Holz der Wald liefern kann, ohne Schaden zu nehmen. Das Bundeslandwirtschaftsministerium sieht große Möglichkeiten: Die Bundeswaldinventur weise in den rund 11,1 Millionen Hektar Wald, die Deutschland bedecken, insgesamt 3,4 Milliarden Kubikmeter Holz nach. Ein Holzwürfel von einem Kubikmeter hat bequeme Sitzhöhe, 3,4 Milliarden davon entsprechen, laut dem Internetlexikon Wikipedia, nicht ganz dem Inhalt des Zürichsees.[3] Jährlich wachsen 95 Millionen Kubikmeter hinzu, im Jahr 2011 seien 56 Millionen Kubikmeter geschlagen worden, etwas mehr als im Durchschnitt der vergangenen fünf Jahre. Bei diesen Mengen seien für eine Ausweitung der stofflichen und energetischen Nutzung noch Reserven vorhanden, ohne die Nachhaltigkeit der Waldbewirtschaftung zu gefährden, schätzt das Landwirtschaftsministerium.[4] Insgesamt könnten so rund achtzig Millionen Kubikmeter Holz jährlich geschlagen werden. Das klingt erst einmal nach viel.

Die Holzindustrie zweifelt die Zahlen des Ministeriums (die vom Statistischen Bundesamt stammen) allerdings an. Dem Wald werde schon jetzt viel mehr Holz entnommen als angegeben, nämlich etwa siebzig Millionen Kubikmeter, rechnet die Arbeitsgemeinschaft der Rohholzverbraucher vor. Die amtliche Statistik erfasse nicht die Holzmengen, die von Kleinbetrieben direkt vermarktet würden, oder Holz, das Privatwaldbesitzer zum eigenen Verbrauch schlügen. Überprüfungen der Statistik hätten ergeben, dass im Durchschnitt rund 18 Prozent des Nadel-, 29 Prozent des Eichen- und 39 Prozent des Buchenholzes nicht erfasst worden seien. Für die Statistik werden Forstbetriebe mit mehr als zehn Hektar Waldbesitz, die in der Regel an die Holz- und Zellstoffindustrie oder Sägewerke liefern, über ihren Einschlag befragt. All das Holz, das Ofenbesitzer in Anhängern aus dem Wald herauskarren und verheizen, tauche dort nicht auf – mehr als fünfzig Prozent des Brennholzes würden derzeit von keiner Statistik erfasst, mutmaßt der Verband und warnt: Große Reserven für eine steigende Holznutzung sind nicht vorhanden.[5]

Der Wald in Deutschland ist fast zur Hälfte in Privatbesitz, insofern könnte an dieser Argumentation etwas dran sein. Aber genau wissen wir es nicht: Bäume zählen ist eine aufwändige Angelegenheit, darum lassen sich die unterschiedlichen Zahlen nicht leicht überprüfen; das ist natürlich überaus praktisch. Wer dem Wald mehr Holz entnehmen will als derzeit, hält sich an die amtliche Statistik, wer das ablehnt, nimmt die höheren Zahlen. In der politischen Diskussion tauchen beide auf. Weil Holz, so oder so, künftig als Rohstoff eine deutlich steigende Bedeutung erhalten wird, wäre eine genaue, unzweifelhafte statistische Grundlage wichtig. Einige verlässliche Fakten gibt es allerdings: In den letzten zwanzig Jahren wurde stetig mehr Holz geschlagen. Vor 1990 sind die Wälder hingegen nur sehr verhalten genutzt worden, es konnte sich also eine große Holzmenge aufbauen, von der wir jetzt profitieren. Das Erneuerbare-Energien-Gesetz, das auch die energetische Nutzung von Holz fördert, schafft dabei einen gefährlichen Trend, verstärkt durch ein steigendes Umweltbewusstsein der Verbraucher, die auf einen nachhaltigen Rohstoff setzen. Zunehmend wird Holz aus dem Wald verbrannt, um Strom und vor allen Dingen Wärme zu erzeugen. Wurden 2005 noch aus zwei Dritteln der geschlagenen Bäume Gebrauchsgegenstände gefertigt, liegt das Verhältnis derzeit noch bei 59 zu 41; schon bald könnte genauso viel Holz verheizt werden wie verarbeitet.

Derzeit werden jährlich rund 53 Millionen Kubikmeter Holz (wovon nicht alles aus dem Inland stammt) eingesetzt, um Strom und Wärme zu erzeugen. Damit ist Holz die größte einzelne Quelle für erneuerbare Energien: Zu den 14 005 Petajoule Primärenergieverbrauch – kurz gesagt: des gesamten Energieverbrauches inklusive Verkehr und Energieerzeugung – haben die erneuerbaren Energien 2013 insgesamt fast zwölf Prozent beigetragen. Ein Petajoule, das sind eine Billiarde Joule oder 278 Millionen Kilowattstunden. Für Menschen mit Zahlenschwäche ist das schwer vorstellbar, vielleicht hilft der Vergleich, dass ein geräumiger, guter, neuer Kühlschrank so um die 180 Kilowattstunden im Jahr verbraucht. In ihrem Energiekonzept geht die Bundesregierung bislang von einem zur Hälfte niedrigeren Verbrauch im Jahr 2050 aus (obwohl derzeit natürlich niemand weiß, was davon unter der neuen Koalition übrig bleibt). 23 Prozent des Primärenergieverbrauchs sollen dann aus Biomasse stammen, Holz müsste dazu etwa doppelt so viel beitragen wie heute. Fragt sich, wo das ganze Holz herkommen soll.

Jochen Flasbarth, ehemals Präsident des Umweltbundesamtes und derzeit Staatssekretär im Bundesumweltministerium, rechnet vor: 1990 hätten die deutschen Wälder noch über siebzig Millionen Tonnen Kohlendioxid im Jahr aufgenommen, 2010 seien es nur noch 25 Millionen jährlich gewesen. Bis 2020 werde die Aufnahme wohl auf zwei Millionen Tonnen sinken.[6] Dieser rapide Einbruch hat laut Flasbarth durchaus ganz natürliche Faktoren: Ältere Wälder wachsen weniger rasch als junge, bauen weniger Biomasse auf und speichern deswegen auch weniger CO_2. Zudem seien viele Forste, die nach dem Zweiten Weltkrieg angelegt wurden, inzwischen reif für die Ernte. Trotzdem dürfe es mit der Holznutzung nicht übertrieben werden, meint der Umweltschützer. Die Ansprüche an den Wald sind eben so vielfältig wie ein gesunder Wald selbst: Er ist nicht nur Holzlieferant, sondern regelt auch den regionalen Wasserhaushalt. Er speichert Kohlendioxid, reguliert das lokale Klima und ist, nicht zuletzt, ein wichtiger Lebensraum. Die Herausforderung, all diese Interessen in Einklang zu bringen, wird in den nächsten Jahrzehnten noch größer werden als jetzt schon. Um eine Prioritätensetzung werden wir nicht herumkommen.

Ein Blick hinüber zur Biosprit-Diskussion hilft hier weiter: Pflanzen zu verbrennen, um sie direkt zur Energieerzeugung zu nutzen, ist nicht effizient. Genau wie Raps und Mais wandeln Bäume Sonnenlicht mit Hilfe von Luft, Wasser und Boden zu Biomasse um. Ihre Ausbeute ist dabei zu gering, um sie sinnvoll schlicht wieder in Energie zu verwandeln. Notwendig sind Kaskadennutzungen: erst Haus, dann Möbel, dann Sperrholz, dann Pappe – und irgendwann Energie. Seit Urzeiten verwenden Menschen das Holz großgewachsener, alter Bäume, um sich daraus Häuser zu bauen. Ihre Dauerhaftigkeit ist beeindruckend, in Würde altern ist für Holzhäuser bei richtiger Pflege kein Problem. Im mecklenburgischen Groß-Raden bei Schwerin lässt sich eine rekonstruierte slawische Siedlung mit Fluchtburg aus dem zehnten Jahrhundert besichtigen, die vollständig aus Holz errichtet wurde. Bei ihrer Ausgrabung in den siebziger Jahren fanden sich im umgebenden Sternberger See noch gut erhaltene Eichenbalken. In Limburg an der Lahn und in Esslingen stehen Fachwerkhäuser aus dem 13. Jahrhundert, aus dem 14. Jahrhundert sind noch zahlreiche Holzhäuser erhalten, vor allem in Hessen und Franken.[7]

Die Fachagentur Nachwachsende Rohstoffe bezeichnet Holz in einem ihrer Prospekte als »einen mit Zellulosefasern bewehrten Verbundbaustoff mit hohem Hohlraumanteil«, somit sei es ein natürliches »Hightech«-Produkt. Das wussten frühere Generationen aus eigener Anschauung, sehr früh besaßen sie eine erstaunliche Stoffkenntnis: Aus der Rinde der Birke lassen sich leichte, gut transportierbare Gefäße herstellen; Haselruten ergeben, mit Lehm beworfen, stabile Wände. Das harte Eichenholz war nicht nur als dauerhaftes Bauholz begehrt, sondern auch für die Herstellung von Fässern und Wagenteilen wie Felgen, Speichen und Achsen. Aus eher weichem, biegsamem Eiben- und Eschenholz wurden Pfeil und Bogen gefertigt, aus Weißbuche, Ahorn oder Kernobst Klappschemel.

Wie könnten nachhaltig bewirtschaftete Wälder aussehen, die genug Rohstoff für ein neues »Holzzeitalter« liefern – und trotzdem mehr sind als ein Holzlager? Der Begriff »Nachhaltigkeit« ist allerdings mit Vorsicht zu genießen, denn (viele) Förster reklamieren den positiv besetzten Begriff ganz selbstverständlich für sich, solange nur genauso viel oder mehr Holz nachwächst, wie entnommen wird. Genauso war das Wort von seinem »Erfinder«, dem sächsischen Oberberghauptmann Hans Carl von Carlowitz Anfang des 18. Jahrhunderts auch gemeint. Nach seiner Kavalierstour durch halb Europa fand er seine Heimat verwüstet, weil entwaldet vor. Das war nicht nur hässlich, sondern auch ökonomisch gefährlich, denn der Bergbau und die sich gerade entwickelnde Industrie seiner Heimat benötigten Holz. Durch die »nachhaltende« Nutzung von Wald wollte Carlowitz dafür sorgen, dass immer ausreichend davon zur Verfügung stand. Den genannten vielfältigen Ansprüchen an den Wald wird dieser Begriff so alleine allerdings nicht gerecht. Wie sieht er also aus, der ökologisch bewirtschaftete Wald?

Seit langer Zeit – in den langsam wachsenden Wäldern dauern auch die Diskussionen um den richtigen Weg ein wenig länger –, seit über hundert Jahren gilt der »Dauerwald« oder »Plenterwald« als ein möglicher Weg. »Plentern«, das bedeutet eigentlich so viel wie »plündern« und war von den Förstern zunächst durchaus abschätzig gemeint. Ein Plenterwald wurde von den Bauern geplündert, sie nahmen mal hier einen geeigneten Stamm, mal dort. Den gestrengen Förstern, die ihre Forste planen und systematisch bewirtschaften wollten, gefiel dieser Wildwuchs gar nicht. Erst gegen Ende des 19. Jahrhunderts mehrten sich die Stimmen, die den forstwissenschaftlichen Klassikern widersprachen: Schließlich kommt der Plenterwald ohne Kahlschläge aus; in ihm wachsen, wie in einem naturnahen Wald, Bäume aller Altersstufen nebeneinander, lichte Stellen wechseln sich mit Schattenplätzen unter Baumriesen ab. Damit bietet er einen abwechslungsreichen Lebensraum für viele Tier- und Pflanzenarten. Der Wald befindet sich in ständigem Wandel und in fortwährender Erneuerung – so wie es dem ursprünglichen Wald entspricht. In der Schweiz gibt es seit 1904 Versuchswälder mit Fichten, Tannen, Buchen und anderen Baumarten, die in solchen »Dauerwäldern« wachsen. In der amüsanten, schon erwähnten Fiktion für das Jahr 2056 sind »Möbel aus Buchenholz mit violettem Kern« unter indischen Yuppies total angesagt. »Manch ein Neureicher lässt es sich nicht nehmen, zur Auswahl ›seines‹ Baumes mal eben von Mumbai oder Bangalore in den Spessart oder Steigerwald zu fliegen.«[8] Das würde eine relativ große Artenvielfalt voraussetzen, doch der Vorteil dieser Wälder besteht eben gerade in ihrer Vielfalt; sie hilft dem Förster bei der Antwort auf die schwierige Frage, die ihn täglich begleitet: Was für einen Wald werden meine Enkel oder Urenkel wohl benötigen?

Wer heute einen Setzling steckt, bereitet die Ernte in achtzig bis hundert Jahren vor. Die Förster, die in den Zwanzigern des letzten Jahrhunderts angesichts des verheerten Kontinents massenhaft Fichten pflanzten, wollten für ihre Nachkommen unter anderem für Bau- und Brennholz sorgen, das ihnen selbst fehlte. Aus dem Blick ins Jetzt haben sie die falschen Schlüsse für die Zukunft gezogen: Borkenkäfer und Rüsselkäfer haben in den Fichtenmonokulturen ein leichtes Spiel; jeder kräftige Sturm bedeutet umgestürzte Bäume; zudem bieten diese Forste Tieren und Pflanzen einen sehr einseitigen Lebensraum – von der mangelnden Anpassungsfähigkeit an den Klimawandel ganz zu schweigen. Nun stehen ihre Enkel vor der Aufgabe des »Waldumbaus« und müssen Fichtenmonokulturen wieder in Mischwald verwandeln. Noch immer besteht ein Drittel des deutschen Waldes aus Fichten, immerhin mit fallender Tendenz. Ein Plenterwald ist gegen eine solche gut gemeinte, aber systematisch falsche Planung wie die der Fichtenforste gefeit, weil er eben nicht geplant wird, sondern organisch, stetig, langsam wächst.

Allerdings: Solche Wälder benötigen fachkundige Förster, die die Bäume kennen und sachgerecht auswählen können. Große Erntemaschinen lassen sich kaum einsetzen, effiziente, nach »Hektar pro Stunde« berechnete und bezahlte Ernten sind nicht möglich. Kurz: Mit den wirtschaftlichen Vorstellungen eines Forstbetriebes von heute ist der Plenterwald kaum zu vereinbaren, selbst unter den Bedingungen von intelligenter, computergestützter Technik, mit der die Bestände des Waldes ständig gescreent werden. Derzeit arbeiten immer weniger Förster in immer größeren Wäldern, die sie deswegen häufig nicht gut genug kennen. In Zeiten niedriger Holzpreise und klammer öffentlicher Kassen wurden immer mehr Stellen eingespart. Aber vielleicht bedeutet eine Renaissance des Rohstoffes Holz ja auch eine erneute Wertschätzung des Försterberufes durch die öffentlichen und privaten Waldbesitzer. Zu hoffen wäre das.

Ein steigender Holzbedarf ließe sich auch ganz anders decken: Seit einigen Jahren wachsen vor allem Pappeln auf Kurzumtriebsplantagen, kurz: KUP. Das sind mit Bäumen bepflanzte Äcker, die auch über schlechte Bodenqualitäten verfügen dürfen – Pappeln und Weiden sind anspruchsloser als Getreide oder Gemüse. Die KUP greifen auf die Tradition der Niederwaldwirtschaft zurück. Seit der Eisenzeit bekannt, wurde sie erst zum Übergang des Mittelalters weitflächig angewendet, als die Bevölkerung begann, ortsfeste Siedlungen anzulegen. Die

Menschen zogen nicht mehr um, wenn die Vorräte an Bauholz oder die Böden erschöpft waren, sondern blieben an Ort und Stelle. Lieber sorgten sie für ständigen Nachschub in ihrer nahen Umgebung. Dazu fällten sie Bäume, ließen aber einen Stumpf stehen, aus dem die Bäume wieder ausschlugen. Dieser Vorgang wiederholte sich etwa alle zwanzig Jahre, mit der Zeit wuchsen im Wald statt hoher Bäume eher um die zehn Meter hohe Sträucher. Ein Niederwald wirkt daher licht und wird durch andere Baumarten gebildet als ein Hochwald mit seinen mächtigen Stämmen und ausladenden Baumkronen. Für den Stockausschlag sind nämlich nur bestimmte Arten geeignet: Hainbuchen, Hasel, Eichen, Erlen, Weiden, Linden. Die Buche hingegen übersteht es nicht, wenn öfter als alle dreißig Jahre an ihr herumgesäbelt wird, und sie geht ein. In der Folge wichen die Buchenwälder, die große Teile des Kontinents bedeckt hatten, zurück, widerstandsfähige Arten setzten sich durch.

Seit langer Zeit also wurde und wird das Gesicht des europäischen Waldes von uns Menschen geformt. Mitteleuropa wäre ohne menschliche Bewohner ein einziger Wald, nur die höchsten Gipfel, Moore und einige Küstenstreifen wären baumfrei. Wie dieser Wald aussehen würde, darüber gibt es verschiedene Ansichten. Mit den klimatischen Bedingungen zwischen Alpen und Nord- und Ostsee kommt am besten die Buche zurecht, die Höhen von bis zu vierzig Metern erreichen kann. Wo sie sich wohlfühlt und ihre Äste zu den hallenartigen Kronendächern ausbreitet, die dem »Buchenhallenwald« den Namen gaben, schafft es kaum ein Strauch, geschweige denn ein anderer Baum, ausreichend Licht zu ergattern. 2011 erklärte die Kulturorganisation der Vereinten Nationen einige der deutschen Buchenhallenwälder zum UNESCO-Weltnaturerbe; den Grumsiner Forst in Brandenburg, die Nationalparke Hainich in Thüringen, Jasmund auf Rügen und Kellerwald-Edersee in Hessen sowie den Serrahner Buchenwald; ebenfalls ernannt wurden die wunderschönen Buchenurwälder der Karpaten, die sich von der westlichen Ukraine bis in die Slowakei erstrecken.

Die Buche gilt als der Baum Mitteleuropas – doch ohne den Menschen wäre sie das vielleicht kaum geworden. Denn ursprünglich erstreckten sich zwischen den Meeren und den Alpen riesige Eichenwälder. Die Alpen sind der Grund dafür, dass verhältnismäßig wenige Baumarten den deutschen Wald bilden. 32 Laubbaumarten sind in Mitteleuropa heimisch, 57 dagegen in den USA. Dort prägen achtzehn Nadelbaumarten die Wälder, hierzulande sind es nur acht (gegenüber unzähligen Baumarten in den tropischen Regenwäldern). Während der letzten Eiszeit vor rund 12 000 Jahren mussten sich die Bäume in den Süden Europas zurückziehen und einer fast baumlosen Kältesteppe weichen. Südlich der Alpen konnten sie »überwintern«. Doch nachdem die mächtigen Gletscher geschmolzen waren und Mittel- und Nordeuropa verlassen hatten, fiel ihnen die Rückkehr schwer. Ihre Samen gelangten bis an das Gebirge, doch nicht hinüber. Nur schmale Korridore blieben zur Wanderung. Darum dauerte diese frühe »Aufforstung« lange und gelang nur einigen Arten. Diese fanden dafür gute Bedingungen vor, vor allen Dingen: überwiegend sehr gute Böden. Während der langen Zeit, in der die Gletscher sich aus Mitteleuropa zurückzogen, setzte sich an Hängen und in Ebenen Gesteinsstaub ab, der Löß. Lößböden verfügen über Mineralien, sind also ein hervorragender Nährboden.

Heute wächst auf den besten Lößböden Getreide, vor neuntausend Jahren waren es ausgedehnte Eichenmischwälder. Wärmeliebende und auf Nährstoffreichtum angewiesene Arten wie die Eichen waren unter diesen für sie guten Bedingungen besonders erfolgreich und verdrängten nach und nach die ausgedehnten Kiefernwälder. Stolze 24 Arten zählt die Gattung Eiche in Europa, von den wärmeliebenden Flaum- und Steineichen über die Traubeneiche mit ihrem Verlangen nach einem zumindest wintermilden Klima bis hin zur robusten Stieleiche. Tausend Jahre alt können Eichen werden, wenn man sie lässt. Weil sie schon so lange in Europa heimisch ist, konnte sich ein faszinierender Lebensraum in ihr und um sie herum bilden. Eichenwickler, Eichenprozessionsspinner, Eichenblattwickler und Eichenwidderbock sind weniger beliebt; daneben gibt es aber auch putzigere Gesellen wie das Eichhörnchen oder den bunten Eichelhäher. Dreihundert bis fünfhundert Spezies werden von Eichen beherbergt.

In den urzeitlichen Wäldern gesellten sich zu der namensgebenden Stieleiche Esche, Linde und Ahorn, Birke, Ulme und Hasel, Kiefer, Fichte, Tanne und Hainbuche – je nach Boden, Wasservorrat und klimatischen Bedingungen. »Undurchdringlich« muss der mitteleuropäische »Urwald« übrigens gar nicht gewesen sein, vielleicht stellen wir ihn uns viel zu dicht vor: Schließlich wohnten vom Elch bis zum Wisent große, heute verschwundene Pflanzenfresser darin. Gut vorstellbar, dass sie ihn mit gesundem Appetit durchstreiften – und dabei in eine eher offene Parklandschaft verwandelten, mit Wiesen, Magerrasen und Heiden.[9]

Wie auch immer, Eichen prägten sein Antlitz. Bis der Mensch kam und Wälder für Ackerbau und Viehzucht rodete. Siedlungen wurden errichtet und wieder aufgegeben, um woanders neu zu entstehen. Auf den freien Flächen siedelte sich eine Baumart an, die es in den Eichenwäldern bislang schwer gehabt hatte, dann aber alle anderen Baumarten bald übertrumpfte: die Buche. Und wo Buchen wachsen, wächst bald nicht mehr viel anderes: Haben sich ihre jungen Bäume erst einmal durchgesetzt, beschatten sie mit ihren mächtigen Kronen ihre Umgebung und verhindern so, dass andere Baumarten neben ihnen bestehen können. Vor etwa fünftausend Jahren begann die Rotbuche (die mit der Hainbuche, die zu den Birkengewächsen gehört, übrigens nicht viel am Hut hat) in Europa so ihren Siegeszug. Sie stellte ihr hartes, dauerhaftes und hübsch rötliches Holz zur Verfügung, das fast so hart ist wie das der Eiche. Allerdings trotzt es der Witterung nicht so zuverlässig, darum ist es für den Außeneinsatz nicht geeignet – außer, es wird imprägniert. Bei aller Härte lässt es sich auch gut drechseln und schnitzen und ist daher ein ideales Möbelholz, vor allem, weil die hohen, mächtigen Stämme der Bäume, die dreihundert bis sechshundert Jahre alt werden können, Bretter fast ohne Astlöcher liefern. Auch als Brennholz eignet sich die Buche hervorragend, sie brennt beständig und ohne zu flackern. Doch das alles hat dem Baum nichts genützt. In einer bereits erwähnten Hinsicht ist er nämlich sehr empfindlich: Wird sein Stamm gekappt, erholt er sich davon nur schlecht. Nur auf der für sie klimatisch besonders günstigen Ostseeinsel Rügen bringt die Buche genug Kraft auf, um immer wieder neue Triebe zu bilden, dort hat sich ein Buchenniederwald erhalten.

Erst hatte der Mensch der Buche ihren Lebensraum geschaffen, dann vertrieb er sie wieder. An Stelle vieler Buchenwälder traten Niederwälder, in denen der bestimmende Baum häufig wieder die Eiche war. Niederwälder ließen sich auf vielfältige Weise nutzen: Sie lieferten Brenn- und Bauholz sowie Laub als Einstreu für das Vieh, das die Bauern im Wald weiden ließen. Noch im 19. Jahrhundert war die Niederwaldwirtschaft in Europa weit verbreitet. Im Odenwald kennt man sie unter dem Namen »Hackberge«, im Schwarzwald, in der Schweiz und Österreich unter »Reutbergwirtschaft«, in den Alpen wurde sie als »Reitfelder-Wirtschaft« betrieben, in Westdeutschland als »Feldholzzucht«. Im Rheinischen Schiefergebirge sind noch Teile des alten Niederwaldes, die »Lohecken«, erhalten, und im nordrhein-westfälischen Siegerland die etwa fünfhundert Jahre alte »Haubergswirtschaft«. Das erzreiche Siegerland war ein frühes Zentrum der Eisenverhüttung, dementsprechend intensiv war die Holznutzung. Wer Eisenerz schmelzen will, braucht heißes Feuer, und das loderte dank der Holzkohle aus den Kohlemeilern der Umgebung in den La-Tène-Öfen und Hüttenwerken. Wochenlang schwelte das in kreisrunden Kuppeln aufgeschichtete und mit Gras, Moos und Erde bedeckte Holz, bis nur noch sein Kohlenstoffgerüst übrig war. Das ergab einen hervorragenden Brennstoff: Köhler- beziehungsweise Holzkohle.

Der Waldbesitz war genossenschaftlich organisiert; die Anteilseigner hatten ein Anrecht auf bestimmte Mengen Holz, wenn die Eichen-Birken-Wälder »auf den Stock« gesetzt, also bis auf einen Stumpf geschlagen wurden. Auch die Eichenrinde war wertvoll, aus ihr ließ sich Lohe gewinnen, um Leder zu gerben. Reisig diente als Brennmaterial oder Einstreu. Ungefähr alle achtzehn

Jahre wurden die Bäume geschlagen. Lässt man sie länger als dreißig Jahre wachsen, verlieren sie die Fähigkeit neu auszutreiben und entwickeln sich zum Hochwald. Nach dem Holzeinschlag säten die Haubergsgenossen Buchweizen oder Getreide auf die entstanden Freiflächen, denn Ackerland war rar im rauen Mittelgebirge. Waren Eichen und Birken wieder so weit emporgewachsen, dass das Getreide nicht mehr genug Sonne bekam, diente der Niederwald als Hudewald, also als Viehweide. Die genossenschaftliche Organisation hat sich bis heute erhalten. Seit Anfang dieses Jahrhunderts hat sich der Waldbestand der Genossenschaften im Siegerland nur geringfügig verringert, allerdings wandelten sie ihren Niederwald mit der Zeit in Hochwald um, indem sie Eichen und Birken nicht mehr schlugen, sondern wachsen ließen. Heute gibt es nur noch Reste der alten Bewirtschaftungsform, allerdings auch Bestrebungen, sie zu erhalten und wieder auszubauen.[10]

Niederwälder bedeuten eine nachhaltige Form der Waldnutzung, häufig weisen sie eine größere Artenvielfalt auf als die in ihrer Struktur eintönigeren Hochwälder. Sie sind ein Beispiel dafür, dass sich Wald auf vielfältige Weise nutzen lässt, ohne dass er als Lebensraum verloren geht. Im Gegensatz dazu steht die Diskussion über »Urwälder«, die sich in Deutschland wieder entwickeln sollen. Bislang beträgt die Hektarfläche der Wälder, die ganz und gar nicht mehr genutzt werden, höchstens ein Prozent. Die Umweltverbände fordern regelmäßig Urwälder auf mindestens zehn Prozent der Fläche. Hier soll sich Wildnis ausbreiten und der Wald sich selbst überlassen werden. In solchen Wäldern könne der Mensch sich abgucken, wie der Wald von sich aus auf den Klimawandel reagiere; außerdem seien Urwälder nötig, um die Artenvielfalt zu erhalten, so die Argumentation.

In einer postfossilen Ökonomie wird Holz allerdings zu einem wichtigen Rohstoff, den wir in unseren dafür günstigen klimatischen und geologischen Bedingungen auch selbst erzeugen sollten. Häuser, Möbel, Computer- und Telefongehäuse, Armaturen, Stifte und Spielzeug – die Verwendungsmöglichkeiten von Holz sind unendlich vielseitig. Wälder großflächig aus der Nutzung zu nehmen erhöht entweder den Druck auf die anderen Flächen enorm oder lässt die Importe steigen. Wie so häufig kommt es auch hier auf die richtige Mischung der Konzepte an: Wir sollten den Wald nutzen, aber möglichst naturnah; zusätzlich brauchen wir Holz aus Kurzumtriebsplantagen, die nicht im Wald angelegt sind, sondern etwa auf schlechten Ackerflächen, auf denen Getreide nur unter großem Düngemitteleinsatz wächst. Damit sollte genug Fläche übrigbleiben, um daneben auch eine Waldwildnis zuzulassen – die es so in Europa schon lange, lange aber vor allem nur in Märchen und auf Bildern romantischer Maler gegeben hat.

Die genossenschaftliche Besitzform des Waldes im Siegerland bis in die heutige Zeit ist eine historische Besonderheit. Bäuerliche Waldgenossenschaften im Einklang mit dem Landesherrn sind seit dem Spätmittelalter belegt; sowieso war der Wald lange Zeit eine Allmende, die gemeinschaftlich genutzt wurde.[11] Mit dem Eintritt in die Neuzeit zu Beginn des 16. Jahrhunderts änderte sich das allerdings. Der intensiver betriebene Bergbau benötigte immer mehr Holz, sodass sich die Herrscher, Inhaber der Bergrechte, den Zugriff auf den Wald sicherten. Zudem entdeckten sie Forstordnungen als Herrschaftsinstrument. »Zwar gab es schon seit dem Frühmittelalter ein königliches Jagdregal, das sich auf Waldgebiete bezog; in diesem Sinn war die Verbindung von Wald und Macht im germanisch-keltischen Europa sehr alt«, schreibt der Historiker Joachim Radkau in seiner Umweltgeschichte *Natur und Macht*. Dieses Regal – also Hoheitsrecht – habe jedoch ursprünglich keine Kontrolle der Waldnutzung umfasst.[12] Diese Kontrolle haben die Fürsten in den dreihundert Jahren ab den Staatsgründungen im 16. Jahrhundert nach und nach errungen, und bis heute ist die Mitsprache der Bevölkerung an Gestalt, Nutzung und Entwicklung des Waldes umstritten. Noch in den siebziger Jahren habe in der Forstverwaltung ganz selbstverständlich die Definition eines preußischen Forstbeamten gegolten, wonach dieser »ein zum Zwecke der Jagd mit Bäumen umstandener Reserveoffizier« sei.[13]

Rund ein Drittel der deutschen Landesfläche ist heute mit Wald bewachsen, das sind etwa elf Millionen Hektar. In den besonders waldreichen Ländern Hessen und Rheinland-Pfalz sind es mehr, in Schleswig-Holstein deutlich weniger. In absoluten Zahlen verfügt Bayern mit 2,56 Millionen Hektar über den meisten Wald. Die Besitzverhältnisse sind historisch gewachsen: Nach der letzten Bundeswaldinventur (die Zahlen der nächsten Erhebung werden im Jahr 2015 erwartet) sind 44 Prozent des Waldes in Privatbesitz. Den Bundesländern gehören knapp dreißig Prozent des Waldes, den Kommunen rund zwanzig Prozent. Den verbliebenen kleinen Rest teilen sich der Bund sowie die Treuhand, die noch immer Wald in Ostdeutschland vermarktet. Weil nicht nur in Deutschland inzwischen mehr Menschen in Städten wohnen als auf dem Land, wohnen auch zunehmend Waldbesitzer nicht mehr in Forst- oder Bauernhäusern, sondern fahren am Wochenende »raus« zu ihrem Wald.

Das Interesse der Bevölkerung am Wald ist zwar noch immer hoch, der jährliche Waldschadensbericht etwa erfährt eine große mediale Aufmerksamkeit. Und als Erholungsraum für Spaziergänger, Reiter oder Radler hat der Wald eine wichtige Funktion gerade auch für Städter. Insgesamt hat sich die Diskussion über den deutschen Wald allerdings versachlicht. Leicht resigniert meint der Forstwissenschaftler Lutz Fähser, die Sache des Waldes sei delegiert an politische, forstfachliche oder naturschützende Funktionäre. Dabei wird die Zeit nach dem Öl wieder eine »hölzerne« sein – und eine breite öffentliche Debatte über diese Rohstoffquelle wäre wünschenswert. Der Wald als komplexes System von Lebensformen und Lebensdynamiken, die synergetisch ineinandergreifen, lässt sich schließlich dann am besten schützen, wenn sich nicht Einzelinteressen, egal welcher Natur, durchsetzen können.

Vielleicht ist das verhaltene Echo auf die Schäden an Fichten, Eichen oder Buchen eine Art »Kater« der Diskussion über das »Waldsterben«, das in den achtziger Jahren in Deutschland Furore machte. Zwar wurden Schäden an den Wäldern von Skandinavien bis Nordamerika debattiert, doch das Endzeitpathos in Deutschland war anders. Die Auseinandersetzung zeige eine hysterische Öffentlichkeit und zu Übertreibung neigende Medien, urteilen die einen und spotten noch immer jeden Herbst, »huch, Waldsterben, die Bäume verlieren wieder ihre Blätter«. Den anderen gilt sie als Impuls für zahlreiche Maßnahmen zum Waldschutz, nachdem neben schlechter Bewirtschaftung, klimatischen Einflüssen und Insektenschäden auch Schwefelsäure als Ursache für Waldschäden erkannt wurde. Weiträumig wurde der Wald gekalkt, zudem wurden 1983 Rauchgasentschwefelungsanlagen vorgeschrieben. Die Emissionen gingen zurück, das Waldsterben wurde zur »self-refuting-prophecy«[14] – zu einer Vorhersage, die sich selbst zunichtemacht.

Der Rückzug der Tanne aus Bayern ist dafür ein trauriger Beleg. Denn auch hier warnten Fachleute, doch sie kommunizierten mit und in einer ganz anderen Öffentlichkeit als die Mahner des Waldsterbens. Darum ging die Geschichte auch anders aus: Seit Anfang des 20. Jahrhunderts schrumpften ihre Bestände stetig, erst gegen sein Ende konnte das Tannensterben gestoppt werden. Dabei beobachteten und verstanden viele Förster das Phänomen frühzeitig, vor allem in Sachsen, aber auch in Böhmen, im Harz und in Schlesien. Schon 1866 befasste sich der sächsische Landtag mit Schäden, die durch den Rauch der sich rasch vermehrenden und raumgreifenden Fabriken im Lande entstanden waren. Vor allem alte, mächtige Tannen verloren erst ihre Nadeln, dann gingen sie ein. Die Abgeordneten forderten die Staatsregierung auf, sie »wolle im jedesmaligen künftigen Rechenschaftsbericht einen Nachweis darüber geben, in welcher Weise und wie hoch sich die zur Beseitigung und Verminderung des Hüttenrauchschadens an der Muldener und an der Halsbrückener Hütte angelegten Kapitale verzinsen«[15]. Auf den Sitzungen der Forstvereine berichteten sich die Förster gegenseitig von den starken Tannen, deren Absterben sie beobachteten. Als Ursache machten sie unter anderem die Rauchschwaden aus, die aus den Schornsteinen der mit Dampfmaschinen betriebenen Fabriken, Koksereien und Metallschmelzen entwichen und die Sachsen zu einem der wichtigen frühen Industr ereviere Mitteleuropas machten. Die Förster sahen sich umzingelt: »Zu den zahlreichen Feinden, die als Sturm, Schnee und andere Witterungsunbilden, die aus Thier- und Pflanzenwelt unser grünes Waldreich befehden, hat seit einer Reihe von Decenien sich auch der Rauch gesellt.«[16]

Allerdings wurde die These, es handle sich bei den Tannen um Opfer von Fabrikrauch, auch heftig kritisiert und schließlich verwässert. Alle möglichen Krankheiten wurden mit dem Etikett »Tannensterben« versehen. Konsequenzen hatte die Diskussion nicht, die Schlote qualmten weiter. Die Folge: Die Verbreitung der eindrucksvollen Tanne ging stark zurück. Im bayerischen Frankenwald zum Beispiel fand sich die Weißtanne Ende des 19. Jahrhunderts noch auf fast einem Drittel der Fläche, heute ist sie dort so gut wie ganz verschwunden.[17] Inzwischen steht die Tanne, dieser sturmsicherste der hiesigen Nadelbäume, als bedrohte Art auf der Roten Liste. Förster wollen sie allerdings fördern, und dass sie dazu überhaupt Möglichkeiten haben, liegt auch an den umweltpolitischen Reaktionen auf die Waldsterben-Debatte. Die Tanne ist ein nützlicher Baum: Zwar wächst sie langsamer als die Fichte, wird jedoch viel höher und dicker. Damit liefert sie bei der Ernte mehr Festmeter Holz, was ihre Gemächlichkeit durchaus wettmacht. Und sie ist ein Beispiel dafür, dass der Satz »Die Kohle hat den Wald gerettet« nicht ganz stimmt. Fossile Brennstoffe – die von Rolf Sieferle so treffend als »unterirdischer Wald« bezeichnet werden – haben zwar einer Übernutzung des Waldes ein Ende bereitet.[18] Ihr Abbau und ihre Emissionen haben ihn aber auch von Beginn an gefährdet.

Heute spielt der Klimawandel eine ähnlich zwiespältige Rolle: Einerseits sind gesunde Wälder eines der wichtigsten Instrumente im Kampf gegen die Erderwärmung. Wächst mehr Holz nach, als entnommen wird, ist der Wald eine Kohlendioxidsenke. Während sich das schon weitflächig herumgesprochen hat, wird die wichtige Rolle von Mooren in dieser Hinsicht übrigens oft unterschätzt. Die wenigen erhaltenen Feuchtgebiete in Deutschland speichern zum Beispiel doppelt so viel CO_2 wie alle hiesigen Wälder zusammen. Werden Moore trockengelegt, entlassen sie große Mengen Kohlendioxids sowie der noch schädlicheren Klimagase Methan und Lachgas in die Atmosphäre. Es gilt also, die Klimaschutzpotentiale sowohl der Moore zu erhalten (oder zu vergrößern) als auch der Wälder.

Zugleich wird der Klimawandel den Wald in Mitteleuropa verändern und seine Hüter vor große Herausforderungen stellen. Ausgerechnet Buche und Fichte, die beiden Bäume, die entweder von Natur aus oder nach dem Willen des Menschen den Wald geprägt haben und prägen, kommen mit wärmeren Temperaturen nicht zurecht. Fichten sind Nadelbäume des Nordens, sie reagieren empfindlich auf Trockenheit. Lange Dürren im Sommer können die flach wurzelnden Koniferen schädigen und machen sie anfällig für gefräßige Insekten wie den Borkenkäfer. Auch Buchen gedeihen am prächtigsten im gemäßigten mitteleuropäischen Klima mit nicht allzu heißen, feuchten Sommern und relativ milden Wintern. Im Nordosten Spaniens, in Katalonien und Navarra, haben sich Buchenwälder an ihrer südlichen Verbreitungsgrenze angesiedelt. Seit Jahren ist dort zu beobachten, wie die trockenliebenden Steineichen aus den Ebenen in die gebirgigen Buchenareale vordringen – diese werden absehbar verschwinden und sich in Eichenwälder verwandeln.

Als Nachfolgerin der Fichte wird bisweilen die Douglasie angesehen. Der mächtige Nadelbaum aus Nordamerika wurzelt tiefer und verträgt Trockenheit damit besser. Klimawissenschaftler bieten in ihren Berechnungen »Korridore« für die globale Temperaturerhöhung an, für Deutschland liegt er in den nächsten hundert Jahren zwischen 1,5 Grad Celsius und 3,7 Grad Celsius. Für einen Wald sind hundert Jahre nicht viel, insofern bereitet die Frage, »Welche Bäume pflanzen wir bloß?« den Förstern und Waldbesitzern einiges Kopfzerbrechen. Die Bayerische Landesanstalt für Wald und Forstwirtschaft hat vorgerechnet, dass schon bei einem eher moderaten Anstieg der Temperaturen von zwei Grad Celsius in Bayern Temperaturen herrschten wie in Westfrankreich oder

Ungarn. Wer also wissen will, wie die Wälder zwischen Berchtesgarden und Hof in hundert Jahren aussehen, muss sich ein wenig nach Süden begeben – und sollten die Temperaturen noch schneller emporschnellen, ein wenig weiter der Sonne nach.

Darauf angemessen zu reagieren ist kaum möglich: Schließlich müssen jetzt gepflanzte Bäume erst die noch kühleren Temperaturen aushalten und dann einen stetigen Anstieg. Die derzeit gängigste Antwort auf dieses Problem ist, die Wälder möglichst vielfältig zu gestalten und gesund zu erhalten. Ein Wald mit vielen verschiedenen Baumarten, mit einem gesunden Boden, der Wasser speichern kann, wird auf den Klimawandel am ehesten reagieren können. Am sinnvollsten wäre es natürlich, die Erderwärmung so gut es geht zu stoppen, aber danach sieht es derzeit nicht aus. Daher wird die Bedeutung von Möglichkeiten und Wegen zunehmen, das wichtigste Treibhausgas Kohlendioxid zu speichern. Der Wald ist eine davon, weltweit suchen Wissenschaftler nach weiteren. Dabei rückt immer mehr ins Bewusstsein, dass CO_2 kein Schadstoff sein muss – sondern auch Rohstoff werden kann.

7 Kohlendioxid spricht für sich

Sehr geehrte Damen und Herren, liebe Menschheit,

bitte erlauben Sie, dass ich mich einmal direkt an Sie wende. Wie Sie vielleicht wissen, bin ich wirklich überall. Da, wo Sie sind, bin ich auch. Darum bekomme ich so einiges mit. Mir ist aufgefallen, dass Sie öfter über mich reden – entschuldigen Sie, dass ich mithöre, das ist natürlich unhöflich, aber mir bleibt wirklich gar nichts anderes übrig. Ich würde Ihnen das nicht mitteilen und Sie verunsichern, wenn ich mich nicht zunehmend falsch verstanden und, ich muss das so sagen, äußerst ungerecht behandelt fühlte. Wenn ich meinen Namen höre, dann meistens in Zusammenhang mit Begriffen wie »Emission«, »Ausstoß« oder »Abgas« – als wäre ich ein Schadstoff, gar giftig! Sie nennen mich ein »schädliches Treibhausgas«. Natürlich bin ich ein Treibhausgas. Schließlich sorge ich dafür, dass die Sonnenenergie, die auf die Erde strahlt, nicht ungehindert ins All zurückprallt. Ohne Treibhausgase könnten Sie gar nicht existieren, denn ohne uns lägen die Durchschnittstemperaturen auf der Erde bei -18 Grad Celsius. Zugegeben, den größten Teil des Jobs übernimmt der Wasserdampf, und Ozon, Stickstoffdioxide und Methan machen ebenfalls mit. Aber mein Beitrag ist auch erheblich! Seit Ewigkeiten mühe ich mich mit der Wärmestrahlung ab und sorge dafür, dass Sie es schön warm haben, und nun soll das auf einmal schlecht sein. Das müssen Sie mir einmal erklären.

Außerdem ist Ihnen sicherlich nicht entgangen, dass ich Ihnen und Ihren Verwandten, den Bakterien und Pilzen, Pflanzen und Tieren, von Beginn an freundlich und geduldig zu Diensten stehe. In Ihren Berichten über die Erderwärmung benutzen Sie Formulierungen wie »Lachgas – ein dreißigmal aggressiveres Klimagas als Kohlendioxid« – als sei ich aggressiv! Ich bitte Sie. Sie müssten mich eigentlich besser kennen. Vielleicht wissen Sie, dass ich früher frei wie der Wind rund um den Planeten sausen oder im Wasser herumschweben konnte. Ist ziemlich lange her, zwei, drei Milliarden Jahre. Ich war nicht allein: Methan, Stickstoff und Wasserstoff gab es auch noch, mit denen ließ sich ganz gut auskommen. Ungefähr jedes fünfte Gasmolekül habe ich gestellt, ich war also ganz schön wichtig. Schön warm war es damals, teilweise fast hundert Grad, sehr angenehm. Ich mag das. Wir hatten damals so etwas wie Dauerferien, niemand wollte etwas von uns. Und irgendwann begannen wir ein Spiel, warum, weiß ich ehrlich gesagt auch nicht mehr.

Sie müssen wissen, es hat damals ziemlich häufig geblitzt, ab und zu stürzten riesige Steine ins Wasser oder Vulkane brachen aus. Dann zuckte es durch das Wasser und wir fühlten uns plötzlich ungemein beflügelt. Wir nutzten die Energie, um uns zusammenzuschließen, zu ganz unterschiedlichen Kombinationen. Ich steuerte meine Kohlenstoff- und Sauerstoffatome bei, das Wasser Sauerstoff und Wasserstoff, Schwefel, Phosphor, Eisenionen und noch ein paar andere haben auch mitgemacht. Wir erfanden damit etwas ganz Neues: Wir blieben einfach zusammen und schwammen im Verbund im Wasser herum. Weil Kohlenstoff mit im Spiel war, nennen Sie das wohl organisches Material. Egal. Was dann weiter geschah, verrate ich nicht, aber wir begannen schließlich, uns zu noch größeren Einheiten zusammenzutun, wir bildeten winzige Bläschen und versteckten in jedem eine Art Programmieranleitung. Damit konnten sie sich immer wieder selbst neu erschaffen. Genial, oder?

Warum ich das erzähle? Nun, diese Zellen benötigten bei ihrer Vermehrung immer wieder die Elemente, aus denen sie anfänglich zusammengesetzt worden waren. Und ich machte mit! Auch als einige anfingen, etwas seltsam zu werden. Sie bauten Calciumionen in ihre Zellwände ein, dadurch wurden Teile von ihnen ganz hart; sie generierten Kalk, Kalkskelette halt. Wenn sie starben, sanken sie auf den Meeresgrund und blieben einfach dort liegen. Und ich mit ihnen. Zusammen bildeten wir riesige Schichten aus Kalksteinen. Da saß ich dann fest, Schluss mit herumsausen. Ich ließ das friedfertig mit mir machen. Ist das etwa aggressiv?

In der Folge nahm die Zahl meiner frei in der Luft und im Ozean weilenden Artgenossen immer weiter ab, dafür machten sich die Atome des Sauerstoffs breit. Wenn in der Erdgeschichte jemand Ellbogen bewiesen hat, dann ja wohl der! Kurz und gut, ich will das abkürzen, Sie kennen die Geschichte: Fast alle Lebewesen übernahmen dieses perfide System, sie schnappten mich und bauten mich irgendwie in ihre Körper ein. Manche der Algen, Bakterien, Pflanzen und Tiere gaben uns wieder frei, wenn sie starben. Dann konnten wir langsam zurück in die Atmosphäre entweichen und wieder herumschweben, wie es uns gefiel. Aber ziemlich viele von ihnen, vor allem im Wasser, gerieten nach ihrem Tod in dichten Schlamm. Auch die riesigen Wälder der Wärmeperioden vor zig Millionen Jahren gerieten zum Teil unter die Erde. Dort wurde ich dann mit ihnen begraben. In Form von Erdöl, Erdgas oder Kohle liege ich dort bis heute.

Unter anderem hat das dazu geführt, dass meine Konzentration in der Luft inzwischen nur noch 0,035 Prozent beträgt. Von den zwanzig Prozent von früher ist so gut wie nichts übrig! Abgesehen davon: Millionen von Jahren kein Licht und keine Luft, das ist kein Zuckerschlecken. Wissen Sie, ich habe gar nichts dagegen, dass man mich als wichtigen Bestandteil von Baustoffen verwendet, warum nicht. Ich erinnere mich an eine historische Episode in Nevali Cori, einer uralten Stadt in der Osttürkei, die jetzt im See hinter dem Atatürk-Staudamm verschwunden ist. Dort habt ihr Menschen mit Kalk experimentiert. Ihr habt – wahrscheinlich als Baustoffchemiker der ersten Stunde – Kalkbrocken im Feuer erhitzt. Und höchstwahrscheinlich habt ihr gar nicht bemerkt, dass ihr mit dieser Prozedur meine Kohlendioxid-Artgenossen aus ihrem Kalkkorsett befreit habt. Den gebrannten Kalk habt ihr dann mit Wasser gelöscht und eine Art Teig hergestellt, den ihr wie Leim zwischen die gebrochenen Kalkbauklötze, aber auch als Überzug auf die Böden in euren Gebäuden geschmiert habt. Und siehe da, nach einigen Tagen härtete dieser Leim, den ihr heutzutage als Mörtel bezeichnet, aus und eure Mauerwerke und Terrazzoböden waren fest und beständig. Und heute? Heute produziert Ihr Milliarden Tonnen Zement beziehungsweise Beton, eine Weiterentwicklung des Mörtels, und die Kohlendioxidproduktion von diesem weltweit tätigen Industrieprozess betragen mehr als sieben Prozent der globalen anthropogenen CO_2-Emissionen.

Auf der Erde wäscht eine Hand die andere, das war schon immer so. Aber irgendwann ist es auch gut, dann möchte ich wieder entlassen werden und meine Freiheit zurück haben. Sie kennen das Sommerlied von Ernst Jandl?

wir sind die menschen auf den wiesen.

bald sind wir menschen unter den wiesen.

und werden wiesen und werden wald.

das wird ein heiterer landaufenthalt.

Ich finde, das beschreibt meine Situation recht treffend. All meine Begleiter aus der Anfangszeit, Wasser, Stickstoff, Phosphor und Schwefel, halten es so. Sie bewegen sich am liebsten in Kreisläufen. Wahrscheinlich überblicken Sie das nicht so recht; ich habe den Eindruck, Sie glauben, mit Ihrem Tod findet alles ein Ende, zumindest auf dieser Erde. Dabei geht es doch dann erst wieder richtig los, all Ihre Bestandteile werden freigesetzt und können wieder zu etwas Neuem werden. Diese Kreisläufe liefen ziemlich lange rund, bis vor etwa zweihundert Jahren. Damals fingen Sie in Europa damit an, den Kohlenstoff in großem Stil wieder aus der Erde zu buddeln, der dort seit Jahrmillionen gefangen lag. Sie begannen, Kohle und später Erdöl mit dem alten Bekannten Luftsauerstoff zu verbrennen – und setzten mich damit wieder frei.

Nicht, dass ich etwas dagegen hätte, ganz und gar nicht, aber ich wäre auch da unten geblieben, wirklich! Ich bin nämlich eher ein etwas phlegmatischer Typ: Wenn sich ein Kohlenstoffatom und zwei Sauerstoffatome zusammengetan haben, bewegt sie erst mal nichts so schnell wieder auseinander. Wissen Sie überhaupt, wie ich aussehe? Wie ein Stäbchen: Zwischen zwei Sauerstoffatomen ist ein Kohlenstoffatom eingespannt. Die drei fühlen sich in dieser Anordnung wohl und halten darum fest zusammen. Wer mich auseinandersprengen will, muss sich anstrengen und eine ganze Menge Energie aufwenden. Die Pflanzen haben ziemlich lange herumprobiert und schließlich eine schlaue Methode entwickelt: Sie benutzen einen Farbstoff, Chlorophyll. Wenn ich in ein Blatt flutsche und mich dort an diesem grünen Molekül vorbeiquetsche, schnappt es mich jedes Mal und hängt mir ein Wasserstoffatom an den Leib. Soweit ich das mitbekomme, holt es sich das aus Wasser. Das enthält auch noch Sauerstoff, den lässt es laufen, ist mal wieder typisch. Das Chlorophyll macht seine Sache ziemlich gut, von anderen Molekülen lasse ich mir so eine Behandlung aber nicht ohne weiteres gefallen. Ein Katalysator auf Basis von Zink ist auch noch in Ordnung, zwar benötigt der mehr Energie als das Chlorophyll, aber er kann mich in eine Verbindung auf Erdölbasis einbauen, die Polyol heißt. Zusammen werden wir dann beispielsweise zu Polyurethan, einem Schaumstoff. Bayer MaterialScience hat dieses Verfahren patentiert und will 2015 in Dormagen mit der Produktion von Matratzen auf Basis von Polyurethan beginnen – im industriellen Maßstab.

Ich bin ja immer für ein Spielchen zu haben, darum mache ich auch diese neueste Mode mit: Das Bundesforschungsministerium investierte in der vergangenen Legislaturperiode hundert Millionen Euro und die Industrie legte noch mal fünfzig Millionen drauf, um mich vom »Klimakiller zum Rohstoff« umzuentwickeln. Das Matratzenprojekt von Bayer ist eines der geförderten Projekte. Weltweit ist es eines unter vielen. Die australische Wissenschaftsvereinigung CSIRO will mich in Verbundwerkstoffe aus Kunststoff und Holzgrundstoffen einbauen oder mich in Plastiktüten verwandeln. In Amsterdam wird daran geforscht, mich mit gentechnisch veränderten Algen, Pilzen oder Bakterien direkt in Milchsäure umzuwandeln. Aus der lassen sich dann wieder Kunststoffe herstellen.[1] Einige wollen mich auch zusammen mit

Wasserstoff aus gespaltenen Wassermolekülen verbinden und mich dann als Methan benutzen. Sie könnten dann Strom mit mir erzeugen oder mich auch als Kraftstoff für Ihre Autos nutzen. In Neuseeland arbeitet ein Unternehmen daran, Rohstoffe für die Chemieindustrie aus mir herzustellen, wie Butanol oder Ethanol. Butanol wird verwendet, um Lacke, Reinigungsmittel oder auch Kraftstoffe herzustellen, und Ethanol, ein Alkohol, für alles Mögliche, vom Kraftstoff über Lösungsmittel bis zum Grundstoff für verschiedene andere Chemikalien.

Ich mache ja alles mit, aber ganz ehrlich? Ich halte das für Unsinn. Hören Sie doch einfach auf, Kohlenstoff zu verbrennen oder massenhaft Kalkstein zu zerkleinern, in dem ich gespeichert bin. Vergegenwärtigen Sie sich das doch einmal: Erst sprengen Sie riesige Krater in das Gestein, zermahlen es zu Staub und setzen gewaltige Mengen von mir frei. Aus dem Staub stellen Sie Zement her, bauen daraus Häuser – und mich wollen Sie dann in eine Matratze stecken. Eine ausgewachsene Eiche kann einige hundert Gramm von mir jeden Tag speichern und verwandelt mich in Traubenzucker und Holz, in Wurzeln und Blätter. Bauen Sie doch einfach Häuser aus Holz! Ich habe ganz wohnliche Gebäude gesehen, äußerst haltbar und mit einem angenehmen Raumklima. Wenn Sie mich schon irgendwo speichern wollen, dann doch bitte direkt in Bäumen. Wenn diese Holzbauten nach zig Jahren ihren Zweck erfüllt haben und ausgebessert werden müssen, können Sie immerhin noch Möbel daraus bauen. Und dann Spanplatten, oder Spielzeug. Und irgendwann können Sie die Reste meinetwegen auch verbrennen. Dann ist schon wieder ein neuer Baum gewachsen, ein neuer CO_2-Speicher, wie Sie wohl sagen würden. Das wäre doch viel einfacher – wieso nutzen Sie diese Möglichkeit nicht?

Stattdessen dies: »Der Klimasünder soll Buße tun – und als wertvoller Rohstoff für nachhaltiges Wirtschaften in der Industrie sorgen«[2], so beginnt der Chemiekonzern Bayer eine Broschüre über das Projekt. Genau das meine ich! Ich bin der Klimasünder? Die chemische Industrie verbraucht, unter hohem Energieeinsatz, riesige Mengen an Erdöl und bläst mich dabei in die Luft. Und sagt dann, ich solle büßen. Das nenne ich mal geheuchelt. Ich schaue mir das ja schon seit gut dreihundert Jahren an.

Sagt Ihnen der Name Thomas Newcomen etwas? Ein Schmied, Eisenhändler und Erfinder aus Dartmouth im Süden Englands. Er entwickelte eine Dampfmaschine für Kohleminen, mit denen sie ohne Muskelkraft frei von Wasser gehalten werden konnten. Die Bergleute damals gruben immer tiefer nach Kohle, dem schon einmal erwähnten unterirdischen Wald, und hatten daher auch immer mehr mit Grundwasser zu kämpfen, das ihre Schächte überflutete. Diese »Miner's Friend« genannte Maschine markiert einen Wendepunkt: Damals haben Sie begonnen, Ihre eigene Arbeit durch Maschinen zu ersetzen, die mit Kohle und später mit Erdöl Tag und Nacht angetrieben wurden. So gelang alles schneller, außerdem wurde die Welt kleiner: Mit Eisenbahnen und Dampfschiffen wie dem durch den Creedence-Clearwater-Revival-Song berühmt gewordenen Mississippi-Steamer »Proud Mary« (»working for the man every night and day …«), schließlich auch mit Flugzeugen konnten Sie mit großer Geschwindigkeit früher kaum überwindliche Strecken zurücklegen. Aus dieser Zwickmühle müssen Sie erst mal wieder herauskommen, denn heute beruhen beinahe alle Alltagsgegenstände, die Grundlage Ihres Lebensstils sind, direkt oder indirekt auf der Verbrennung oder Verwandlung fossiler Energieträger. Der Preis ist, unter anderem, eine immer wärmere Erde. So ganz neu ist die Erkenntnis ja nicht.[3]

Schon 1824 hat sich der französische Mathematiker und Physiker Joseph Fourier über mich Gedanken gemacht und beschrieb die Erdatmosphäre als eine Art Glashaus, das die Temperatur auf dem Planeten in lebensfreundlichen Bereichen hält. Knapp vierzig Jahre später vermutete der hervorragende Atmosphärenforscher John Tyndall, dass mein Mengenanteil an der Atmosphäre Einfluss auf das Klima nehmen kann. Wirklich seltsam, dass Sie in gewissen Kreisen noch heute darüber diskutieren. Wenn es um mich geht, ist halt immer viel Geld im Spiel: Die schwerreichen und ultrakonservativen Koch-Brüder in den USA etwa spenden Unsummen an Forschungsinstitute, die belegen sollen, dass ich gar nicht an der Erderwärmung beteiligt bin; und wenn doch, dass nicht Sie dafür sorgen, dass es immer mehr von mir gibt. So ganz rational ist das nicht, vor allem fällt mir auf, dass die prominenten Klimaskeptiker häufig in der Erdölindustrie ihr Geld verdienen (wie die Koch-Brüder) oder bei Kohlekonzernen, wie der SPD-Politiker Fritz Vahrenholt, der im Aufsichtsrat einer RWE-Tochter sitzt. Dabei haben Sie es gar nicht nötig, auf solche Lobbypropaganda hereinzufallen, Sie können doch auf lange Jahre Klimaforschung zurückblicken.[4]

Schon seit 1958 messen Sie kontinuierlich die Zusammensetzung der Atmosphäre. Charles David Keeling, ein amerikanischer Chemiker, hat die Messstation auf dem fast 4200 Meter hohen Vulkan Mauna Loa auf Hawaii aufgebaut. Die »Keeling-Kurve« zeigt ziemlich eindrucksvoll meine starke Zunahme in der Luft rund um den Berg, der weit abgelegen von jeglicher Industrie im Pazifik aufragt: Seit sich dieser Trend so klar ablesen lässt, wird immer wieder gefordert, es müsse nun weniger von mir »ausgestoßen« werden. Die erste Weltklimakonferenz hat die World Meteorological Organization 1979 in Genf veranstaltet, das ist über dreißig Jahre her. Dem Abschlussdokument konnte ich diesen Satz entnehmen: »It is now urgently necessary for the nations of the world: […] to foresee and to prevent potential manmade changes in climate that might be adverse to the well-being of humanity.« Es sei, warnten die Wissenschaftler auf der Genfer Konferenz, für die Länder der Welt dringend nötig, die menschengemachten Änderungen des Klimas zu erkennen und zu verhindern, denn sie könnten das Wohlergehen der Menschheit gefährden. Passiert ist seitdem aber nicht wirklich Substantielles, im Gegenteil. Sie pusten immer mehr von mir in die Luft. Zwar haben Sie nach diesem Alarmruf das World Climate Programme (WCP) und das United Nations Environment Programme (UNEP) ins Leben gerufen. Und nach Folgekonferenzen im österreichischen Villach 1985 und in Toronto in Kanada 1988 wurde schließlich das Intergovernmental Panel on Climate Change (IPCC) gegründet. Diese Institution ist klein, aber einflussreich, weil sich in ihr global alle Wissenschaftler von Rang und Namen vernetzt haben, die zum Thema Klima und Klimafolgen forschen. Sie berät Entscheidungsträger aus der Politik und ihre Botschaft ist deutlich: Sie sind dafür verantwortlich, dass immer mehr von mir, aber auch immer mehr Methan und Lachgas, in die Atmosphäre entweichen.

Die meisten Treibhausgase entstehen, wenn Sie Energie produzieren, aber auch die Industrie, der Verkehr, die Land- und Forstwirtschaft sowie das Wohnen tragen erheblich zur Erderwärmung bei. Allerdings beziehen sich die Statistiken darüber natürlich auf die industrialisierten Länder. Die Internationale Energiebehörde (IEA) hat errechnet, dass zum Beispiel ein Einwohner Äthiopiens jährlich nur siebzig Kilogramm von mir produziert. Ein Durchschnittsamerikaner bringt es im selben Zeitraum auf stolze achtzehn Tonnen, ein Deutscher auf zehn Tonnen und die Einwohner von Katar sogar auf fünfzig Tonnen. So ist es halt, wenn Sie rund um die Uhr Strom nutzen, es je nachdem schön warm oder kühl haben wollen, wenn Sie in immer größeren Wohnungen wohnen und selbst kurze Wege mit ihrem eigenen Auto zurücklegen wollen. Kein Wunder, dass Sie sich auf Ihren Klimakonferenzen eigentlich nur noch darüber streiten, wer die Kosten für die Malaise tragen soll.

Ja, eine Malaise ist das. Meeresbiologen beobachten, dass Parasiten sich in Gegenden ausbreiten, die ihnen bislang verschlossen waren. Der Toxoplasmosevirus, den Schwangere fürchten, weil er zu Behinderungen ihres Kindes führen kann, hat sich offenbar in Richtung Norden aufgemacht. Zumindest haben Wissenschaftler ihn in Weißwalen in der Arktis gefunden und waren darüber ziemlich überrascht. Bislang mussten sich die dort lebenden Inuit mit dieser Krankheit nicht auseinandersetzen, wenn sie Wal- oder Robbenfleisch verzehrten.[5] In den milden Regionen West- und Mitteleuropas breitet sich der Halsbandsittich aus, der eigentlich aus Afrika und Südasien stammt. Weniger öffentlich hat eine andere invasive Art, die Korbmuschel, in Ihre Flüsse und Bäche Einzug gehalten und vermehrt sich prächtig.

Speziell Sie in den reichen Ländern Mitteleuropas merken die Erderwärmung ja gar nicht so richtig. Zwar können Sie auch in Deutschland schon Veränderungen beobachten: In den vergangenen fünfzig Jahren ist die Temperatur um etwa 1,4 Grad Celsius angestiegen, die Schneefallgrenze ist rund hundert Meter die Berge hinaufgeklettert. Im nördlichen und westlichen Alpenraum fallen im Frühjahr zwanzig bis dreißig Prozent mehr Regen und Schnee, im Sommer ist es hingegen viel trockener. Und den Skifahrern unter Ihnen muss ich mitteilen, dass das Volumen der Gletscher im letzten Jahrhundert um zirka fünfzig Prozent geschrumpft ist.

Aber wahrscheinlich geht es Ihnen wie mir und Sie finden es gar nicht schlecht, wenn es in Deutschland, Tschechien oder Österreich ein paar Grad wärmer ist. Genug Geld haben Sie ja, um höhere Deiche zu bauen oder Landwirte zu entschädigen, denen bei Überflutungen mal eine Wiese absäuft. Wobei die Bauern immerhin noch mit zusätzlichen Ernten belohnt werden, die durch die längere Vegetationsperiode möglich werden. Insgesamt könnte der Klimawandel für Sie allerdings ziemlich teuer werden, denn Sie müssen auch Ihr Gesundheitssystem an den Klimawandel anpassen und sich mit neuen Krankheiten auseinandersetzen, über neue Baumarten in Ihren prächtigen Wäldern nachdenken und Ihren Städtebau an das wärmere Wetter anpassen. Ich rate Ihnen: Sorgen Sie für ausreichend Grünflächen in den Städten!

Ihre Probleme sind allerdings lösbar, verglichen mit denen, die auf die armen Länder und auf die in der südlichen Hemisphäre zukommen. In Bangladesch, Pakistan oder China sind bei Überflutungen in den vergangenen Jahren Tausende von Menschen ums Leben gekommen, Sie werden die Bilder noch im Kopf haben. Krankheiten wie Malaria breiten sich aus, den Bauern verdursten Pflanzen und Tiere in der extremen Hitze der Sommer. Mich erstaunt es wirklich nicht, dass diese Länder von den reichen Industriestaaten mehr Unterstützung einfordern, um mit den extremen Wettern durch die Klimaveränderung klarzukommen. Den Unterschied kennen Sie, oder? Wetter bezeichnet ein kurzfristiges Ereignis, Klima aber die langfristigen Trends und Szenarien. Ein warmer Winter macht also noch keinen Klimawandel, und ob ein tropischer Wirbelsturm nun mit der Erderwärmung zusammenhängt, lässt sich seriös nicht sagen. Dass sich Wirbelstürme und extreme Niederschläge häufen, geht allerdings schon auf das Konto des Klimawandels.

Aber ich schweife ab. Die Diskussionen, die Sie gerade in der Europäischen Union führen, verfolge ich schon mit großem Missmut, muss ich Ihnen sagen. Die EU-Kommission will künftig darauf verzichten, verbindliche Ziele für den Ausbau der erneuerbaren Energien vorzugeben. Das ist zwar ehrlich – dieses Gerede von der europäischen Vorreiterrolle in Sachen Klimaschutz war doch sowieso nie viel mehr als eine Worthülse, oder? Immer, wenn es Ihnen in Europa ans Geld geht, erinnern Sie sich nicht so recht an Ihre Vorhaben. Eigentlich wollten Sie ja mal einen richtigen Handel mit mir initiieren. Jeder, der mich freisetzen wollte, sollte dafür Emissionsrechte kaufen. Gar keine schlechte Idee. Hat aber nicht funktioniert, was? Um eine Lenkungswirkung zu erzielen, müsste die Industrie pro Tonne meiner Wenigkeit zwanzig Euro zahlen, doch die Preise pendeln so um die vier Euro; und dass Sie die Papiere einmalig künstlich verknappen wollen, bringt langfristig gar nichts. Nicht alle Unternehmen zahlen dafür, dass sie mich »emittieren« dürfen – im Gegenteil, die meisten Emissionen sind als Ausnahmegenehmigungen von der Zahlung befreit.[6] Im Zweifel ist Ihnen in den Industrieländern die Wettbewerbsfähigkeit Ihrer Unternehmen halt doch wichtiger als der Klimaschutz. Kein Wunder, wenn Länder wie China oder Indien, deren Bevölkerung auf ein besseres Leben hofft, in Ihnen kein Vorbild sehen, sondern nur einen Konkurrenten.

Ich will Ihnen nicht zu nahe treten, aber es wäre wirklich Zeit zu begreifen: Sie sind das Problem. Und nicht etwa ich. Ein ganz ähnliches Problem hat übrigens ein guter, alter Bekannter von mir. Wenn ich es recht bedenke, sind Algen sogar die ersten Pflanzen, die ich überhaupt kennengelernt habe. Mit denen gehen Sie ähnlich schäbig um! Erst kippen Sie Gülle in die Gewässer und düngen das Wassergrünzeug, um dann über eine Algenpest zu meckern. Aber das geht mich eigentlich nichts an.

Ich bitte Sie, künftig etwas mehr auf Ihre Wortwahl zu achten und nicht ständig den Sack zu schlagen (das bin ich), wenn Sie den Esel meinen (das sind Sie und Ihre westliche Lebensweise). Wir haben doch zweihunderttausend Jahre ganz gut miteinander gelebt. Ich würde mich freuen, wenn Sie das künftig entsprechend würdigen könnten, und verbleibe

mit freundlichen Grüßen,
Ihr Geschenk des Himmels, CO_2

8 Algen – an der Quelle zur Energie

»Ach, hör mir damit auf«, schnaubt der altgediente Umweltjournalist und studierte Physiker, »das galt doch schon vor fünfundzwanzig Jahren als der letzte Schrei, und wo steht es jetzt?« Noch immer befinde sich die künstliche Photosynthese im Stadium der Grundlagenforschung. »Wenn wir mit der Energiewende auf diese Technik gewartet hätten, na prost Mahlzeit«, schiebt er hinterher und empfiehlt: »Schau auf die Windräder, die funktionieren schon!« Recht hat er, aber die Idee, den Pflanzen ihre geniale Art der Energie(träger)-Erzeugung nachzuahmen, ist einfach zu gut. Darum arbeiten Wissenschaftler weltweit daran – bislang in der Tat ohne marktfähige Produkte. Denn was Pflanzen in Milliarden von Jahren gelernt haben, lässt sich nicht einfach in einer Garage nachbauen.

Aber so ganz am Anfang stehen die Forscher auch nicht mehr. Der Leipziger Biologe Christian Wilhelm zum Beispiel hat zusammen mit Partnern vom Karlsruher Institut für Technologie und von der Universität Bremen im Sommer 2013 ein Patent auf »Verfahren und Vorrichtung zur Herstellung von Methan in einem Photobioreaktor« angemeldet. 2017 will er seine ersten Bioreaktoren aufstellen, und zwar entlang von Autobahntrassen. Auch Dächer oder Fassaden wären als Orte denkbar, an denen seine Reaktoren montiert werden könnten, ähnlich wie Solarmodule. Beides könnten Landwirte in eine sinnvolle Fruchtfolge auf ihren Äckern integrieren. Nach drei, vier Jahren Ackerbau mit wechselnden Feldfrüchten rückten mobile, leichte Sonnenkollektoren auf das Feld. Der Boden würde eine Zeit als Brache gewinnen und könnte sich regenerieren, dem Besitzer oder Pächter aber trotzdem ein Einkommen durch Energieproduktion bescheren, sei es

Photovoltaik oder eben Algenproduktion durch Wilhelms Bioreaktoren. Wichtig dabei wäre, dass leichte Solarsysteme verwendet werden, die ohne schweres Gerät aufgebaut und transportiert
werden können, um den Boden nicht zu verdichten.

Vor allem die Photobioreaktoren wären dazu geeignet, denn in
ihnen bilden in einer Art aufblasbarer Plastiktüte mikroskopisch
kleine Algen einen dünnen, bis zu fünf Millimeter dicken Film.
Mit einem steten Wasserstrom werden sie mit Wasser, Kohlendioxid und Nährstoffen versorgt und beginnen, wie es ihre Art ist,
mit Hilfe der Energie des Sonnenlichts mit der Photosynthese.
Normalerweise hieße das, sie wandeln die Grundbaustoffe in Zucker und Sauerstoff sowie in all die Substanzen um, die sie brauchen, um zu leben und zu wachsen. Doch die Algen in Wilhelms
Tüten sind gentechnisch verändert. Darum produzieren sie zwar
wie gehabt Sauerstoff, zugleich aber auch Gluconsäure und wachsen daher nicht. Die Säure wird mit dem Wasserstrom abtransportiert und gelangt durch eine Membran aus einer anderen Flüssigkeit oder aus Keramik in die zweite Abteilung des Reaktors.
Der Sauerstoff muss draußen bleiben und wird abgepumpt, denn
in Schritt zwei übernehmen Bakterien, die nur unter anaeroben,
also sauerstofffreien Bedingungen arbeiten. Diese ebenfalls gen-
manipulierten Mikroorganismen wandeln das Gluconat ohne
Umwege in Methan um. Zudem entsteht dabei CO_2, das ausgewa-
schen und den Algen erneut als Speise vorgesetzt werden kann.

Das auch als Grubengas bekannte Methan ist der Hauptbestandteil von Erdgas sowie Produkt von Biogasanlagen. Es kann
gespeichert werden, durch Leitungen gepumpt, als Kraftstoff oder
zur Stromerzeugung genutzt werden. Die Genmanipulationen
sind nötig, weil Algen und Bakterien im Bioreaktor dazu gebracht
werden müssen, zwar Photosynthese zu betreiben, die Mühen
und Früchte ihrer Arbeit aber nicht für sich selbst zu verwenden,
sondern freundlicherweise abzutreten. Stickstoff oder Phosphor
als Nahrungsergänzungsmittel benötigen die Algen nicht und der
Prozess soll insgesamt mehr Kohlendioxid verbrauchen als erzeugen, versprechen die Erfinder. Ganz ausgereift sei die Technik

noch nicht, sagt Wilhelm auf Vorträgen, aber die Probleme seien lösbar und die Anwendungsreife nur noch eine Frage der Zeit. Das klingt vielversprechend; für Euphorie besteht allerdings noch kein Anlass, denn ähnliche Konzepte sind bislang immer am Teufel im Detail gescheitert. Die Nationale Akademie für Wissenschaften Leopoldina in Halle an der Saale untersuchte in ihrer Stellungnahme »Bioenergie – Möglichkeiten und Grenzen« das Potential von Biomasse, auch von Bioreaktoren mit Algen, allerdings mit einer anderen Technik als die Leipziger Variante. So sollten die Mikroorganismen kein Methan, sondern Wasserstoff herstellen. Das Urteil der Wissenschaftler fiel ernüchternd aus: Zwar sei die künstliche Photosynthese ein »attraktiver und umweltfreundlicher technologischer Ansatz«, doch berge er große Herausforderungen. »Offen ist noch die Frage, ob diese Strategien jemals in Verfahren münden werden, die in der Praxis in großem Maßstab anwendbar sein könnten.«[1]

Bislang ist es ineffizient und sehr teuer, mit Algen oder anderen Mikroorganismen Wasserstoff zu erzeugen. Trotzdem gilt das chemische Element, das auf der Elemententafel ebenso den Platz eins einnimmt wie in der Rangfolge der häufigsten Elemente des Universums, als *der* Energieträger der Zukunft: Das aus zwei Wasserstoffatomen aufgebaute Wasserstoffmolekül ist äußerst energiereich – und wird es durch die Spaltung von Wassermolekülen mittels Sonnenenergie hergestellt, entstehen keinerlei Abfallstoffe. Autos, die etwa mit Wasserstoff betankt würden, produzierten beim Fahren lediglich Wasserdampf. Erst im Dezember 2013 hat der Autobauer Daimler bekanntgegeben, gemeinsam mit Partnern in den nächsten zehn Jahren ein flächendeckendes Netz von Wasserstofftankstellen in Deutschland zu errichten. 350 Millionen Euro soll das kosten, ein Teil kommt von den Steuerzahlern.[2] Verschiedene Hersteller haben marktreife Modelle für 2015 angekündigt, und alle großen Marken arbeiten an Wasserstoffautos.

Als ewiger Hoffnungsträger gelten Algen auch als Basis von nachhaltigem Biosprit. Schließlich wachsen sie nicht auf Äckern wie Raps oder Mais. Außerdem geben sie sich mit viel weniger Nährstoffen zufrieden. Von Gruissan in Südfrankreich bis nach Reutlingen in Baden-Württemberg werden die unterschiedlichsten Algen gezüchtet, um sie zu Biosprit zu verarbeiten. Sie wachsen in offenen Becken oder in geschlossenen Tanks. Mal verkünden Fluglinien mit großem Aplomb Testlinien mit Algensprit, und regelmäßig, wenn die »Tank-Teller-Diskussionen« wieder hochkochen, wird er als künftige Alternative zu Kraftstoff aus Raps, Palmöl oder Mais ins Spiel gebracht. Nun wollen Hersteller Algensprit erstmals auch tatsächlich zu wettbewerbsfähigen Preisen auf den Markt bringen.

Der bayerische Technologiekonzern Linde mit Sitz in Pullach hat angekündigt, für das US-amerikanische Unternehmen Sapphire Energy aus San Diego eine Anlage zu bauen, mit der dieser seinen saphirgrünen Kraftstoff erzeugen kann – in industriellem Maßstab und zu Preisen, die mit denen von Erdöl und Mais konkurrieren können. Naturgemäß geben sich die Unternehmen optimistisch. Es wird aber interessant sein zu beobachten, ob Sapphire Energy das schlichte, bislang dennoch nicht überwundene Problem lösen kann, das Algenkraftstoffe bislang in den Pilotmaßstab verbannen: Sie sind teuer. Damit Mikroalgen wachsen können, benötigen sie sehr viel Fläche, denn nur in flachen Behältern bekommen möglichst viele die notwendige Portion Licht. Damit wirklich alle Wasserpflanzen Photosynthese betreiben können, muss die Algenbrühe zudem ständig gerührt und belüftet werden. Das kostet Energie, Zeit und Geld. Außerdem ist Algenkraftstoff mit dem gleichen Geburtsfehler behaftet wie herkömmlicher Pflanzensprit: Erst müssen die Pflanzen durch Photosynthese Biomasse aufbauen, die dann in einem zweiten Schritt in Kraftstoff umgewandelt wird. Dieses Verfahren ist nicht effizient; Anlagen, die jetzt schon in Betrieb sind, vermarkten als Nebenprodukte meist hochpreisige Kosmetika oder Nahrungsergänzungsmittel auf Algenbasis und verdienen damit ihr Geld.

Die Algen haben schon eine andere, ähnliche Karriere hinter sich: In den achtziger Jahren wurden sie als Lösung der Welthungerproblematik gesehen. Sie können enorm schnell wachsen und so ihre Biomasse vermehren, dazu verfügen sie über günstige Nährwerteigenschaften; sie sind reich an Stickstoff und Kalium und enthalten lebensnotwendige Spurenelemente wie Magnesium, Bor, Mangan, Zink, Brom, Kupfer und Kobalt. Daher schienen sie ideal geeignet, die Hungernden der Welt zu ernähren. Das Phytoplankton – also Mikroalgen aus dem Meer – sei die Nährstoffquelle der Zukunft, so die Überzeugung.[3] Versuche wurden unternommen, Süßwasseralgen mit besonders viel Eiweiß zu züchten; das gelang auch, nur färbten sie als Nahrungsergänzungsmittel die Speisen grün. Unter anderem deshalb und weil sich bei der Ernährung Traditionen besonders zäh halten (man denke nur an die periodisch wiederholten und vollkommen erfolglosen Versuche, Insekten als umweltfreundliche Proteinquelle in Industrieländern zu bewerben), ist davon heute nicht mehr viel zu hören.

Allerdings finden sich Algen auf den Tellern von vielen, die sich stark verarbeitete Lebensmittel leisten können. Die großen »Makroalgen«, die wir als Tang kennen, liefern schon lange einen vielfältigen Rohstoff für die Lebensmittelindustrie: Das Geliermittel Agar bindet und dickt Suppen, Soßen und Speiseeis, Cremes und Puddings, Gelee und Zuckerguss. Mit einer Schicht aus Agar können Tiefkühlfisch und -fleisch überzogen und damit konserviert werden, das Mittel klärt Obstsäfte und Wein. Schon seit dem 18. Jahrhundert wird Agar mit einem Heißwasserextraktionsverfahren aus Rotalgen gewonnen (eine andere Heißwasserextraktion ist übrigens Kaffeekochen) und kommt in Form von Pulver oder Fäden auf den Markt. Als vielseitigen Rohstoff nutzten Küstenbewohner Algen schon lange ganz selbstverständlich. An den Küsten Irlands, Schottlands und Nordfrankreichs wurden und werden Rotalgen ebenfalls aufgesammelt, um daraus Carrageen zu gewinnen, das ähnlich verwendet wird wie Agar. Zudem stabilisiert es Schlagsahne und Bierschaum, dient als Emulgator in Milchprodukten und als Kondensmilchersatz. In Japan werden Braunalgen gekocht und mit Zitrone und Kokosmilch als Gemüse serviert. Schotten kennen die andeutungsweise süß schmeckenden Zuckeralgen, die sie zu Marmelade verarbeiten oder roh naschen. Die Algen werden als Tang entweder von Booten aus dem Meer gefischt, vom Strand aufgesammelt oder in eigenen Anlagen extra gezüchtet. Die Asche verbrannten Tangs ist reich an Jod, zwischen 1820 und 1880 wurde der Weltbedarf an der für die Ernährung so wichtigen Substanz aus dem sogenannten »Kelp-Jod« aus England und Frankreich gedeckt. Erst die dann entdeckten Salpeterlager etwa in Chile machten dem Tang als Jodrohstoff den Garaus. Der stickstoffreiche Tang wurde als Dünger auf die Felder gestreut oder an das Vieh verfüttert. Außerdem findet der Algenrohstoff in der Kosmetik-, der Textil- und Lederindustrie Verwendung.

In letzter Zeit bekommen Algen einen ganz neuen Job zugewiesen. Findige Ingenieure wollen sie im Rahmen des sogenannten Geo-Engineerings einsetzen. Dabei greifen Menschen in großem Maßstab in globale Ökosysteme ein, um den Klimawandel zu bremsen. Beispielsweise sollen Nanopartikel verschiedener Metalle in die Atmosphäre gebracht werden und dort die Sonneneinstrahlung reflektieren; riesige Sonnensegel sollen die Erde beschatten; oder der Versauerung der Meere soll durch Kalkung entgegengesteuert werden. Eine weitere Idee: Die Algen der Ozeane sollen gedüngt werden, etwa mit Eisenpartikeln oder Gesteinsmehl. Daraufhin wachsen sie erst stark und nehmen dabei große Mengen Kohlendioxid auf, dann sterben sie ab, sinken auf den Meeresgrund und lagern sich dort ab. Fertig ist der riesengroße CO_2-Speicher. Im Herbst 2013 haben sich die Vertragsstaaten der Internationalen Seeschifffahrtsorganisation der UN (das Londoner Protokoll zum Schutz der Meere vor Verschmutzung) darauf geeinigt, die großräumige Algendüngung zumindest für kommerzielle Zwecke zu verbieten und unter staatliche Kontrolle zu stellen.[4] In Kraft tritt das Abkommen allerdings erst dann, wenn zwei Drittel der derzeit 170 Mitgliedsstaaten es ratifiziert haben. Die Forschung bleibt weiter erlaubt. Diese Einigung ist überaus sinnvoll, weil sich die Algendüngung – anders als die

Sonnensegel und Ballons voll Aluminiumnanos – durchaus schon praktizieren lässt. Ihre Wirkung indessen ist überhaupt nicht absehbar. Schon geringe Eingriffe in Ökosysteme ziehen häufig unvorhergesehene Folgen nach sich. So hat die Überfischung großer Haiarten zu einem Rückgang von Muschelpopulationen geführt, weil die Fische, die diese Muscheln verzehren, nun nicht mehr durch die Haie dezimiert werden.[5]

Abgesehen von eher technischen Einwänden – um genügend Dünger zur Verfügung zu stellen, sei ein umfänglicher Bergbau notwendig, dessen energetische Kosten der Klimabilanz des Geo-Engeneerings zugeschlagen werden müsse; zudem würden Krebse oder Fische sich über den reich gedeckten Algentisch freuen und das zusätzliche Futter einfach verspeisen – haben Ökologen folglich auch vor der Algendüngung gewarnt. Wir haben die Mechanismen und Kreisläufe der Ozeane noch gar nicht richtig verstanden. Nur ein kleines Beispiel: Meeresforscher der University of Western Australia verkündeten im Februar 2014, es gebe wohl viel mehr Fische in den Ozeanen, als bisher angenommen. Bis zu drei Milliarden Tonnen an Fischbiomasse könnte vor allem in der Tiefsee herumschwimmen, gaben die Wissenschaftler an, dreißigmal mehr als gedacht.[6] Die Zahlen wurden bislang aus dem Beifang in Netzen geschätzt, doch in großen Tiefen könnten die Fische den Netzen vielleicht entgehen. Die Messungen der australischen Forscher beruhten auf Ultraschallmethoden.

Ohne ein weitgehendes Verständnis für die in den Ozeanen ablaufenden Lebensprozesse sind Eingriffe in großem Maßstab Wahnsinn. Die Kinderstube des Planktons allerdings kennen wir: Nur wenige Monate dauert der Polarsommer in Arktis und Antarktis. Am Nordpol steigen die Temperaturen auf durchschnittlich null Grad Celsius an und erreichen im Juli ihren Höhepunkt bei etwa zehn Grad. Am Südpol hingegen steigen sie von echt unwirtlichen – 60 Grad auf auch nicht gerade lebensfreundliche – 30 Grad Celsius. 24 Stunden am Tag schickt dann die Sonne ihre Strahlen ins kalte Meer und trifft dort auf ein Gewimmel an kleinen Lebewesen, so klein, dass es für das bloße Auge unsichtbar bleibt. Die Algen bilden dabei das Phytoplankton, die erste Stufe in der Nahrungskette der Ozeane; unter anderem stehen sie auf dem Speiseplan des Zooplanktons, winziger Krebschen, aber auch bestimmter Fischlarven. Ihren Namen »Plankton« (umherirren, treiben) erhielten sie, weil sie sich von den Strömungen und Wellen des Meeres mitnehmen lassen. Das ist im Übrigen komplizierter, als es klingt: Das Plankton muss schwebend im Wasser treiben, herabsinken darf es auf keinen Fall. Denn nur die oberen Meter des Meeres sind so sonnendurchflutet, wie die Algen dies für ihren Stoffwechsel benötigen. Lange war es ein Rätsel, warum sich das Plankton gerade in den kalten Sommern der Polarmeere so stark vermehrt und nicht in wärmeren Gefilden. Die Erklärung ist einfach: Kaltes Wasser löst deutlich mehr Kohlendioxid als warmes, sodass die winzigen Algen, zusammen mit der Tag und Nacht zur Verfügung stehenden Sonnenenergie, einen reich gedeckten Tisch für ihre Photosynthese vorfinden.

Den beeindruckenden Formenreichtum dieser winzigen Pflanzen können wir leider nicht genießen (außer mit einem Mikroskop). Alleine die Kieselalge soll an die hunderttausend Arten umfassen; sie alle verbindet, dass sie Silikate in ihre Zellwände einlagern, sich so stabilisieren und zum Teil glasartig aussehen. Einige Mikroalgen verfügen über kleine Geißeln oder Wimpern, mit denen sie sich zielgerichtet zu Nahrungsquellen bewegen können, ohne dabei Einfluss auf das große Ziel ihrer Reise zu nehmen, das von den Meeresströmungen bestimmt wird; daneben gibt es kugelige Varianten, deren Oberfläche aus kleinen Plättchen zusammengesetzt ist. Man nimmt an, dass sich die ersten Algen aus Cyanobakterien entwickelt haben. Vor rund zwei Milliarden Jahren könnte eine Zelle mit einem Zellkern eine solche Bakterie (deren heutige Vertreter wir als Blaualgen bezeichnen) aufgenommen haben. Die beiden sind zu einer Alge verschmolzen, dem ersten Eukarioten. Über die frühe Entwicklung der Algen ist nicht viel bekannt, weil nur wenige Fossilien gefunden wurden, die Auskunft geben. Bekannt sind aber versteinerte größere Algen, die mit den Braunalgen verwandt und um die 1,7 Milliarden Jahre alt sind.[7]

Von den Cyanobakterien übernahmen die Algen die Fähigkeit, Photosynthese zu betreiben und dabei Sauerstoff freizusetzen. Es ist eine Erzählung im Sinne der »Gaia-Hypothese« der Mikrobiologin Lynn Margulis und des Chemikers James Lovelock aus den 1960er Jahren. Demnach ist die Erde als dynamisches System zu begreifen, in dem die Lebewesen die Voraussetzungen für ihr eigenes Überleben schaffen. Sauerstoffverbrauchende Tiere konnten nur entstehen, weil Bakterien und Algen ihn zuvor produziert hatten. Sie sind, als Phytoplankton, nicht nur Sauerstofflieferant, sondern auch Nahrungsquelle für das Zooplankton, einzellige Lebewesen wie Rädertierchen, Strahlentierchen und Kleinkrebse, aber auch die Larven von Fischen, Quallen, Langusten, Seegurken, Schnecken und Seesternen. Der Kieler Arzt Victor Hensen beobachtete schon im 19. Jahrhundert fasziniert das Massengewimmel in der Ostsee vor seiner Haustür. Er fischte mit feinmaschigen Netzen in Wassersäulen und zählte das Plankton unter dem Mikroskop aus. 1887 prägte er den Namen »Plankton« für die Winzlinge im Meer, die bislang als »Auftrieb« bezeichnet worden waren.[8] Zahlreiche seiner Kollegen fanden die Erbsenzählerei im Meere witzlos und kritisierten den Mediziner, der aber stur an seinen Methoden festhielt. Mit einigem Erfolg: Hensen, später Rektor der Kieler Universität, etablierte gegen Widerstände die quantitative Planktonforschung an der Hochschule und stellte dabei schon damals die auch heute noch wichtigen Fragen: Welche Faktoren begrenzen, welche fördern das Planktonwachstum in den verschiedenen Regionen der Weltmeere? Was bedeutet das für den Rest der Lebensgemeinschaft im Ozean? Im Grunde suchen wir noch heute nach Antworten.

Plankton, Tang, Energie- und Lebensmittellieferant: Algen sind wahrlich faszinierende Pflanzen in unterschiedlichsten Erscheinungsformen. Einzig ihr Lebensraum eint sie: Sie alle mögen es feucht. Bestimmten Grünalgen reichen taubenetzte Blätter oder die sonnenabgewandten Seiten von Bäumen, vor allem in den regenreichen Tropen und Subtropen; Algen besiedeln Süßwasser in Flüssen, Seen, Tümpeln und notfalls auch in Pfützen. Sie finden sich im Schnee der Arktis oder auf Gletschern genauso wie im Boden. Zusammen mit Pilzen bilden bestimmte Algenarten Flechten, die damit zu wahren Doppelwesen werden, die sogar gemeinsame Geschlechtsorgane ausbilden.

Oft fallen sie vor allem dort ins Auge, wo sie nicht erwünscht sind. Die Kombination der Stichworte »Alge« und »Fassade« bringt es bei der Internetsuchmaschine Google bisweilen auf über hunderttausend Treffer. Stellen, an denen Wasser regelmäßig an Außenwänden entlangrinnt, werden häufig von Algen besiedelt, in ländlichen Gegenden mit guter Luft oder in der Nähe von Gewässern besonders gerne. Schön sind die langen moosgrünen Streifen nicht, mit denen sie die Häuser verzieren. Fassadenanstriche, die Gifte gegen Mikroorganismen wie Algen enthalten, sind trotzdem aus der Mode geraten. Die enthaltenen Biozide schützten nicht die Fassade, sondern verschmutzten die Umwelt. Eine »Verkapselung«, die manche Hersteller anpreisen, ist allerdings auch keine Lösung, schließlich ist ein eingeschlossenes Gift (bezogen auf den ganzen Lebenszyklus einer Farbe) nicht viel besser als ein ausgewaschenes. Weil schon kleinste bauliche Schutzmechanismen – etwa ein Fensterbrett – die Fassade so vor Regen schützen, dass Algen sie nicht mehr besiedeln können, können kluge Architekten also einfach vorsorgen. Zudem gibt es Fassaden, etwa Ziegel, die von Natur aus weniger anfällig für Algen sind.

Eine ähnliche Debatte über störende Algen wird auch zu Wasser geführt: Damit Schiffe stromlinienförmig über Meere und Flüsse gleiten können, müssen Rumpf und Unterseite frei von Algen und Muscheln sein. Häufig werden sie mit Bioziden gestrichen, um das zu erreichen – und vergiften so die Gewässer gleich mit. Eigentlich verbietet die Biozidrichtlinie der EU die giftigsten Mittel, allerdings werden die Übergangsfristen, während derer sie noch verkauft werden dürfen, immer weiter verlängert. Dabei existieren längst biozidfreie Alternativen; und auf der Düsseldorfer Messe »boot« stellten im Januar 2014 Tüftler eine ganz neue, innovative und garantiert biozidfreie Methode vor, um Boote sauber zu halten: eine Unterwasserwaschanlage mit Bürstentechnik.

Das Thema ist nicht so randständig, wie es klingt; welch wichtige Rolle die Meere und das darin treibende Plankton für das Klima auf der Erde spielen, wird erst nach und nach deutlich. Laut dem internationalen Netzwerk von Klimawissenschaftlern »Global Carbon Project« haben die Ozeane etwa ein Drittel der Klimagase aufgenommen, die die Menschheit (oder genauer: die Industrie- und Schwellenländer) zwischen 2003 und 2012 ausgestoßen hat. Die Landmassen, also Boden und Pflanzen, schluckten ebenso viel; der Rest entwich in die Atmosphäre. Die Speicherkapazität der Ozeane wird wesentlich vom Phytoplankton mitbestimmt, allerdings nicht alleine. Die Mikroalgen haben alle möglichen Verwandten, die ihnen gar nicht ähnlich sehen: Rot- und Braunalgen besiedeln die Meere als Tang; als Seetang befindet er sich nicht mehr auf Wanderschaft, sondern hat sich niedergelassen und bildet etwa in der Nordsee die natürliche Vegetation. Braunalgen wie der Finger-, Blasen-, Zucker- und Knotentang bevorzugen statt Sand einen steinigen Untergrund, um daran zu haften. Darum finden sie sich vor allem an den Felsküsten Helgolands.

Rotalgen wie Knorpel- und Purpurtang oder der blutrote Meerampfer kommen hingegen auch mit Sand als Untergrund zurecht. Tang bildet ganze Urwälder unter Wasser aus, die der Artenvielfalt und Struktur der Wälder an Land in nichts nachstehen. Die gesamte Nordseeküste ist von Nord bis Süd mit Tangwäldern bewachsen; weltweit finden sie sich in vielen Küstenregionen. Die Unterwasserwälder beeindrucken durch ein starkes Wachstum und gehören zu den produktivsten Pflanzengesellschaften – manche Riesentange können dreißig bis fünfzig Zentimeter am Tag wachsen. Selbst wenn eine Pflanze ihren Halt verliert und wegschwimmt, büßt sie die Fähigkeit zu wachsen nicht ein. Erst wenn sie in zu warmes Wasser oder an Land gespült wird, stirbt sie.

Die Lebenskraft des Tangs ist ein wahres Wunderwerk der Natur, doch inzwischen werden Algen in Nord- und Ostsee bisweilen zur Plage, sind sie doch zunächst einmal Profiteure der Eutrophierung, also der Nährstoffanreicherung dieser beiden Meere. Vor allem die intensive Landwirtschaft sorgt für einen Überschuss an Stickstoff und Phosphor im Boden, die über Flüsse in die See gelangen. 214 783 Tonnen Stickstoff und 7 527 Tonnen Phosphor haben Elbe, Weser, Ems und Eider 2010 laut Umweltbundesamt in die Nordsee getragen. 29 738 Tonnen Stickstoff und 780 Tonnen Phosphor haben Trave, Peene, Warnow, Oder und Schwentine in die wesentlich kleinere und empfindlichere Ostsee gebracht, die nur über einen geringen Wasseraustausch mit den Ozeanen verfügt.[9] Ebenso viel Stickstoff gelangte übrigens aus der Luft in das Binnenmeer. Die Folge: wuchernde Algen.

Im Wattenmeer der Nordseeküste vermehrt sich die einzellige Schaumalge Phaeocystis, die in einer Gelatineschicht lebt. Stirbt die Alge ab, schlagen die Wellen diese Schicht zu Schaum, den die Wattwanderer umrunden müssen; schwerer wiegt jedoch, dass übermäßig wuchernde Algen den Meeresboden beschatten und damit den Seegraswiesen das Licht zum Atmen nehmen. Bis in Wassertiefen von fünfzehn Metern können die Wiesen sich ausbreiten und Fischen und anderen Wasserlebewesen einen sicheren und abwechslungsreichen Lebensraum bieten. Kleine Fische wie Grasnadeln, Sand- und Strandgrundeln und kleine Schlangennadeln finden Schutz vor Räubern und Strömung; auch Flussbarsche, Flundern und Aalmuttern halten sich gerne in Seegraswiesen auf. Für viele Wasserorganismen sind sie Brutstation und Kindergarten. Menschen sammeln an den Strand geschwemmtes Seegras, weil es einen hervorragenden Dämmstoff abgibt. Es enthält einen hohen Anteil an Silikaten und damit einen natürlichen Brandschutz; Mäuse und andere Schädlinge fressen es nicht besonders gerne. Doch der Lebensraum der nützlichen Seegraswiesen wird immer kleiner: Etwa zehn Meter tief konnten Betrachter im Jahre 1900 im Arkonabecken vor Rügen ins klare Wasser schauen, heute sind es nur noch sieben, in Küstennähe in der Pommerschen Bucht nur noch drei Meter. Viele Seegraswiesen sind zudem von Tang überwachsen.

Aber auch den Algen geht es an den Kragen. In der Ostsee lässt sich beobachten, dass sich die Zusammensetzung des Planktons verändert. Die Kieselalgen werden weniger, die Cyanobakterien, also Blaualgen, nehmen zu. Im warmen Juli 2010 bedeckten die teils giftigen Organismen neunzig Prozent der Ostsee und vergraulten viele Urlauber. In Seen lässt sich ein ähnliches Phänomen beobachten: Erst wachsen die dort beheimateten Grünalgen stark, wenn aber zu viele Nährstoffe eingeschwemmt werden, rauben sie sich selbst den Sauerstoff zum Atmen und sterben ab. Auch wenn die Gewässer heute nicht mehr so extrem mit Düngemitteln überschwemmt werden wie noch in den achtziger Jahren, sind die Nährstoffeinträge noch immer sehr hoch – und weisen derzeit keine fallende Tendenz auf. Zwischen 2006 und 2008 zum Beispiel haben sie wieder zugenommen, verursacht vermutlich durch den vermehrten Anbau der stickstoffhungrigen Energie- und Futterpflanze Mais.

Hier schließt sich der Kreis zur notwendigen Energie- und Rohstoffwende. Die fossile Landwirtschaft mit dem exzessiven Maisanbau für Tierfutter und Biogasanlagen stört die komplexen und für unsere Augen meist verborgenen Lebensgemeinschaften in den Meeren und mindert deren Fähigkeit, das Klima zu regulieren. Ökologisch sinnvoll sind erneuerbare Energien nur dann, wenn sie sich in die globalen Kreisläufe beispielsweise von Stickstoff, Kohlendioxid oder Wasser eingliedern. Alle neuen Techniken müssen sich an dieser Fähigkeit messen lassen. Es sieht so aus, als ob die Photobioreaktoren auf Algenbasis, mit denen sich rückstandsfrei Wasserstoff oder Methan erzeugen lassen, in diese Kategorie fallen. Es lohnt sich und ist ausgesprochen spannend, die Entwicklungen in diesem Bereich genau im Auge zu behalten; doch es wäre falsch, auf eine »Zukunftstechnologie« zu warten, die unsere Energieprobleme löst – und so lange womöglich schmutzige Kohlekraftwerke oder ineffiziente Biodieselraffinerien als »Brückentechnologien« zu verkaufen.

An einem Mangel innovativer neuer Techniken wird die Energiewende jedenfalls nicht scheitern. Echte Brückentechnologien stehen mit Windkraft und Photovoltaik schon heute zur Verfügung, die parallel zu flexiblen Kraftwerken mit Wasserkraft, Erdgas und Biomasse betrieben werden. Die aufgeregten Debatten über einen angeblich zu hohen Strompreis verstellen den Blick darauf, dass wir – ähnlich wie in der Landwirtschaft – derzeit auf dem Markt für Energie einen Machtkampf erleben, allerdings mit deutlich klareren Konfliktlinien: Jahrzehntelang haben vier große Stromversorger hervorragend davon gelebt, den deutschen »Markt« zu bedienen (der diesen Namen damit nicht verdient). Auch nach der Liberalisierung dominieren RWE aus Essen, E.ON aus Düsseldorf, der schwedische Vattenfall-Konzern mit seinem Deutschlandsitz Berlin und die Stuttgarter EnBW. Ganz selbstverständlich haben diese Riesen mit ihren Milliardenumsätzen die Energieversorgung – von der Erzeugung bis zum Transport in den Netzen – sowie die Energiepolitik in Deutschland wesentlich mitgestaltet.

Nun sehen sie dabei zu, wie ihr Geschäftsmodell erodiert. In wenigen Jahren sind ihre Atomkraftwerke abgeschaltet; mit Kohle verdienen sie zwar derzeit noch prächtig – Kohlekraftwerke trugen 2013 so viel zur deutschen Energieversorgung bei wie noch nie zuvor –, doch auch ihr Ende ist absehbar. Als Brückentechnik taugen diese Kraftwerke nicht, weil sie nicht flexibel an- und abgeschaltet werden können und einem weiteren Zubau von Wind- und Sonnenkraft im Weg stehen. Zudem müsste sich das reiche Industrieland Deutschland offiziell von seinen Klimazielen und auch seiner internationalen Klimapolitik verabschieden, wenn es weiter auf Kohle setzte – so wie das aufstrebende China, das sich verzweifelt bemüht, seine Milliardenbevölkerung aus der Armut zu holen (und an einem Mangel an Rechtsstaatlichkeit und Demokratie scheitert).

Eines ist also klar: Die dreckigen, alten Energien der großen Vier haben in einem modernen Land keine Zukunft. Ihrem Geltungsverlust schauen diese natürlich nicht tatenlos zu: Immer wieder droht etwa die RWE AG mit Stromausfällen und Kraftwerksabschaltungen, um Energiepolitiker mit dem Mythos vom

»Black-Out« unter Druck zu setzen. Als Besitzer der Stromnetze haben die Konzerne die Infrastruktur jahrzehntelang vernachlässigt; zwar mussten sie die Leitungen Anfang der zweitausender Jahre verkaufen, weil die EU im Zuge der Marktliberalisierung die Trennung von Netz und Stromproduktion durchgesetzt hatte, doch gliederten sie diese Unternehmensbereiche zunächst einfach in Tochterunternehmen aus. Noch heute sind die Vorstellungen auch der inzwischen unabhängigen Netzbetreiber über das künftige Stromnetz eher an großen, zentralen Kraftwerken orientiert als an der notwendigen dezentralen Struktur.[10] Kein Wunder: Mit den erneuerbaren Energien haben die Energieriesen bislang kein Glück. Sie denken, wie gewohnt, in großen Strukturen und setzen auf Großprojekte wie Desertec, das Wüstenstrom in großem Stil importieren will, oder gigantische Offshore-Windparks in der Nordsee. Die erweisen sich dann als technisch anspruchsvoller als gedacht – und als viel teurer sowieso.

Fossile Rohstoffe haben von Natur aus einen Hang, große Strukturen zu erzeugen: Um Ölfelder und Kohleflöze zu erschließen, sind viel Kapital und eine umfängliche Administration nötig – und eine gehörige Portion Dickfelligkeit gegenüber der Bevölkerung vor Ort. Wer lässt sich freiwillig sein Dorf, seine Heimat wegbaggern? Das ging, in Nordrhein-Westfalen ebenso wie in Brandenburg, häufig nur gegen den Widerstand der Bewohner oder mit hohen Ausgleichszahlungen. Mit diesen eingeübten Verhaltensmustern – Denken in großen Strukturen, Handeln notfalls gegen die Bevölkerung – lassen sich die naturgemäß kleinteiligen erneuerbaren Energien aber nicht ausbauen. Dach für Dach, Acker für Acker müssen für Solarmodule und Windräder gewonnen werden. Das erfordert Überzeugungsarbeit, Ortskenntnis und die Zusammenarbeit mit Anwohnern, Hausbesitzern und Landwirten. Das ist zwar mühsam, aber ganz und gar nicht unmöglich. Auf Seite 91 seines Reports »Energie für Deutschland« schreibt der Weltenergierat einen verräterischen Satz: »Deutschlands eigene Energiereserven beschränken sich im Wesentlichen auf Kohle.«[11] Solch einen Satz kann man im Jahr 2013 nicht mehr guten Gewissens schreiben: Deutschland verfügt über Wind in Mengen, über genügend Sonneneinstrahlung – und über eine Ressource, mit der Betriebswirte und Geologen meist nicht viel anfangen können, die aber ungemein wichtig ist: den Willen und Mut vieler Bürger zum Wandel.

Den Parteien der Großen Koalition scheint der bisweilen fast unheimlich zu sein. So plant Energieminister Sigmar Gabriel (SPD) in seinem Eckpunktepapier für eine Reform des Erneuerbare–Energien-Gesetzes, eine Umlage auf den Eigenverbrauch von Energie zu erheben. Wer also beispielsweise mit einer Solaranlage auf seinem Hausdach Strom für den eigenen Bedarf produziert, soll sich an der Umlage für erneuerbare Energien beteiligen, so der Vorschlag. Dabei ist gerade diese kleinteilige Stromerzeugung vor Ort sinnvoll und sollte nicht belastet, sondern gefördert werden. Die Energie der Sonne wird dabei auf ganz unterschiedliche Weise genutzt werden. Windräder stehen neben solarthermischen Anlagen, Bioreaktoren, die mit Algen oder Bakterien arbeiten, neben Solarmodulen. All diese Techniken sind für kleinräumige, lokale Strukturen geeignet. Auch in einem weiteren Punkt gehen Gabriels Reformideen in die falsche Richtung und verursachten Proteste von Bürgern, die in Windkraft- oder Photovoltaikprojekte investiert hatten oder investieren wollen. Die *Westfälischen Nachrichten* aus Münster berichteten Ende Januar 2014 über den Unmut im Kreis Steinfurt im nördlichen Münsterland: Dort hatten verschiedene Bürgerwindparks Investitionen von rund 400 Millionen Euro geplant und sahen sich nun von der Politik getäuscht. Gabriel sah vor, nur noch Windanlagen mit den bisherigen Fördersätzen zu bedenken, die vor dem 22. Januar 2014 genehmigt worden waren. Den Vorhaben im Münsterland entzog er somit die finanzielle Grundlage.[12]

Jahrelang war die Rede von der »Not-in-my-Backyard«-Mentalität von Bevölkerung und Umweltschützern: Sie wehrten sich gegen die »Verspargelung« der Landschaft und neue Stromnetze und blockierten somit die Energiewende. Inzwischen sind für die Bevölkerung vor Ort vielfältige Beteiligungsmöglichkeiten entwickelt worden, Bürgerwindparks, Energiegenossenschaften, der Einzelbesitz von Solarzellen auf dem Dach; das hat die Akzeptanz der Erneuerbaren enorm erhöht und die Energiewende beschleunigt. Mehr als ein Drittel der installierten Leistung von erneuerbaren Energien befinden sich inzwischen in Bürgerhand.[13] Darin liegt eine riesige Chance und es ist zu hoffen, dass die auf große Industrien fixierte Große Koalition diese erkennt. Es ist ebenso bezeichnend wie tragisch, wie Bayerns Ministerpräsident Horst Seehofer (CSU) das Thema Netzausbau vor den bayerischen Kommunalwahlen im März 2014 für den Wahlkampf benutzte. Verantwortungsvoll wäre es gewesen, hätte er seinen Wählern erklärt, warum neue Stromleitungen auch in Bayern für die Energiewende notwendig sind (obwohl er es wusste, wie sein Abstimmungsverhalten zu der Sache davor zeigte). Und originell wäre es gewesen, hätte er für neue Beteiligungsformen geworben, in denen Bürger oder Gemeinden an den Leitungen mitverdienen können – angelehnt an das Erfolgsmodell Bürgerwindpark.

In den vergangenen zwei, drei Jahren ist deutlich geworden: Auch an den Finanzen muss die Energiewende nicht scheitern. Natürlich ist der Aufbau einer neuen Energieinfrastruktur teuer; der Bau von Kohle- oder gar Atomkraftwerken war aber auch nicht umsonst und ist von der öffentlichen Hand kräftig subventioniert worden – und noch immer erhalten fossile Kraftwerke öffentliche Fördermittel.[14] Steigende Stromkosten sind zudem nicht so sehr ein Problem zusätzlicher Windräder oder Solaranlagen, sondern von einem überdehnten Gebrauch von Ausnahmegenehmigungen für Industriebetriebe, die ihre Stromkosten auf Privatkunden und andere Unternehmen abwälzen; zudem dürfen Kohlekraftwerke ihre schmutzige Energie viel zu billig erzeugen. Ein funktionierender Handel mit Emissionsrechten für Treibhausgase ist eben auch eine der Voraussetzungen für das Gelingen der Energiewende. Weder die Finanzierung noch notwendige technische Innovationen sind ein Problem.

Für lange Zeit lag etwa die Batterieforschung brach; das hat sich in den letzten Jahren, angefeuert sowohl durch die Aussichten der Elektromobilität als auch durch die erneuerbaren Energien, inzwischen geändert. Gesucht werden auch ganz neue Konzepte, Kombikraftwerke zum Beispiel. Darin schließen sich viele unterschiedliche Stromerzeuger zu einem Kraftwerk zusammen. So gleichen sie die Nachteile ihrer jeweiligen Technik aus – wenn die Sonne nicht scheint, weht vielleicht der Wind, oder die Biogasanlage liefert. Im Landkreis Harz wurde ein solches »Kraftwerk« in der Modellregion RegModHarz vier Jahre lang getestet. Verschiedene Stromerzeuger, die im Harz mit Photovoltaik, Windkraft, Biomasseanlagen, Erdgaskraftwerken und Wasserkraft arbeiten, wurden quasi »zusammengekoppelt« und über das Internet zentral gesteuert. Auch die Verbraucher wurden »schlau gemacht« – die Haushalte erhielten intelligente Zähler und der Stromverbrauch wurde an das Angebot angepasst. Zusätzliches Potential sehen die Betreiber des Modellprojekts zudem in Stromspeichern wie Pumpspeicherkraftwerken oder Elektroautos. Fazit: Der Landkreis kann sich mit selbst erzeugtem erneuerbarem Strom versorgen – und sogar noch welchen exportieren.[15]

Sehr anschaulich zeigt das Projekt, dass die Energieversorgung in Deutschland künftig nicht einfach so bleiben kann wie bisher, nur auf einer geänderten Rohstoffbasis. Energie muss und wird kleinteilig erzeugt werden, das schafft ganz andere Strukturen. Es ist nicht nur notwendig, das Starkstromnetz von Nord nach Süd auszubauen, sondern auch, die Verteilnetze vor Ort zu renovieren. Viele Erneuerbare speisen ihre Energie in diese Netze ein – die mit neuen Technologien fit für diese Vielfalt gemacht werden. Elektrogeräte und Maschinen werden deutlich energieeffizienter – und dank dem Internet mit dem Stromnetz und den Stromerzeugern vernetzt. Wenn möglich, schalten sie sich bei einem großen Energieangebot an, bei einem geringen ab. So müssen etwa viele Klimaanlagen nicht rund um die Uhr laufen.

Der Strommarkt wird unübersichtlicher und erfordert deutlich mehr Kommunikation als bisher. Dieses (letztlich weniger krisenanfällige) Gewimmel hat ein Vorbild in der Natur: Auch Kulturen von Mikroorganismen wie Algen, Pilze oder Bakterien erschienen den Naturforschern des 18. und 19. Jahrhunderts als unorganisiertes »Gewimmel«, im Gegensatz zu den höher organisierten Pflanzen. Dabei organisieren sie sich durchaus, kommunizieren und reagieren intelligent auf Störungen – und zwar sehr erfolgreich seit über zwei Milliarden Jahren. Obwohl er ihre Rätsel nicht gänzlich verstand, erkannte der geniale Begründer der Mikrobiologie, Louis Pasteur: »Die Rolle des unendlich Kleinen in der Natur ist unendlich groß.« Das unendlich können wir weglassen, und umformulieren, »Die Rolle des Kleinen in der Energieversorgung wird groß.« Dann stimmt's.

9 Bakterien – die Zelle lebt

Diesem Anfang liegt eine Entzauberung inne: Aus für unsere Augen unsichtbaren Mikroorganismen, die in alle Lebensbereiche hineinwirken und die wir in ihrer Vielfalt und Funktion bislang nur ansatzweise verstanden haben, werden »Minifabriken«. Vermutlich leben Milliarden unterschiedlicher Bakterienarten auf der Erde, zwei Handvoll von ihnen können Menschen bislang in Reinform kultivieren und züchten. Die Wissenschaftler an den recht neuen »systembiologischen« Fakultäten wollen aber viel mehr. Sie arbeiten daran, selbst Bakterien zu entwickeln und zu produzieren. Dazu forschen Biologen und Ingenieure zusammen, denn die Systembiologie ist genau das: die Übertragung von Ingenieursprinzipien auf die Biologie.

So werden zum Beispiel einzellige Bakterien nachgebaut; entweder, indem eine künstliche DNA in eine Zelle transportiert und so ein Organismus mit definierten Eigenschaften geschaffen wird. Dabei entstehen sogenannte »Protozellen«, das heißt künstliche zelluläre Lebensformen aus chemischen Substanzen. Oder einem Bakterium werden alle Teile seines Erbgutes entfernt, die für eine bestimmte Funktion nicht notwendig sind. Damit entstehen Mikroorganismen, die zum Beispiel Kunststoff produzieren können, oder ein Medikament. Es werden aber auch Bakterien durch Auslese erzeugt, die eine der universellen Basen, die das Erbgut aller Lebewesen bilden, durch einen künstlichen (und ansonsten giftigen) Stoff ersetzen; damit sind sie in der Natur nicht mehr lebensfähig. Solche Bakterien, die kein Gefahrenpotential aufweisen, sich in der Umwelt zu vermehren und mit anderen Organismen zu vermischen, sind in der Biotechnologie begehrt. Ein anderes Beispiel: Am Institut für Systembiotechnologie der Universität des Saarlandes in Saarbrücken wird eine mutierte Form des Bodenbakteriums Pseudomonas putida verwendet. Es setzt den Holzbestandteil Lignin nicht mehr in Zucker um und ernährt sich davon, sondern produziert daraus eine Säure, Adipin. Adipinsäure ist eine Vorstufe des Nylons und damit nicht nur für Strumpfhosenfabrikanten interessant; bislang ist der Stoff ein Nebenprodukt der Benzinherstellung und Grundlage für Dünger, Pflanzenschutzmittel und den Lebensmittelzusatz E 355, der sich in Brause oder Backpulver findet. An der Uni Saarbrücken hat man schon einen »Milliardenmarkt« für das »Bio-Nylon« im Auge. Erst mal fördert das Bundesforschungsministerium das Projekt in den nächsten drei Jahren mit 1,4 Millionen Euro.[1]

Zweifelsohne, bislang befindet sich die Systembiotechnologie noch im Stadium der Grundlagenforschung. Die »Biologie nach dem Baukastensystem« sei außerordentlich schwierig, heißt es auf der Branchenwebsite www.biotechnologie.de, man bewege sich noch deutlich mehr auf Seiten der forschenden Biowissenschaften als auf der einer konstruierenden Ingenieursdisziplin.[2] Aber das Ziel ist klar. Die Bioingenieure wollen die »Ingenieursprinzipien« der Modularität (also des Baukastensystems), der Charakterisierung (also der Beschreibung von Stoffen) und der Standardisierung auf die Biologie übertragen, um »Effizienz und Planbarkeit in den Designprozess für biologische Systeme zu bringen«, schreiben die Autoren von www.biotechnologie.de. Das klingt, angesichts der Biologie und Ökologie der Milliarden Jahre alten Bakterien, die buchstäblich jeden Winkel des Planeten besiedelt haben, recht niedlich. Ihre Zahl auf der Erde wird auf fünf mal zehn hoch dreißig ($5x10^{30}$) geschätzt – das sind fünf Quintillionen, eine Zahl mit dreißig Nullen. Vorstellen kann man sich das nicht mehr, aber es bleibt festzuhalten: Die Zahl der Winzlinge ist gigantisch, unsichtbarerweise stellen sie den Hauptteil der Biomasse auf der Erde und sind der bedeutsamste Speicher für lebensnotwendige Nährstoffe.

Zwei Beispiele: Man nimmt an, dass Bakterien ungefähr die gleiche Menge Kohlenstoff speichern wie alle Landpflanzen sowie zehnmal mehr Phosphor und Stickstoff als diese.[3] Bakterien unterscheiden sich von allen anderen Lebewesen, egal ob Pilz, Pflanze oder Tier, weil sie ihr Erbgut nicht mit einem Zellkern umhüllen. Das verhalf ihnen zu dem Namen Prokaryoten – »vor dem Kern«, im Gegensatz zu den Eukaryoten, deren Kern »εὖ«, also »gut« oder »tüchtig« ist. Bakterien hatten ausgesprochen lange Zeit, um sich an die unterschiedlichsten Lebensbedingungen und -grundlagen anzupassen. So existiert heute kein organisches Material, das nicht auf dem Speiseplan irgendeiner Bakterie stünde. Aber nicht nur das: Auch Licht können die Kleinen nutzen, um Energie zu gewinnen (wie Pflanzen), und manche verspeisen gar Metalle oder Schwefel. Einige Bakterien produzieren Sauerstoff, andere nicht. Und auch ihr Aussehen ist vielfältig, es gibt gerade und gekrümmte Stäbchenformen, Kugeln und Spiralen. Manche Bakterien sind tausendmal größer als andere, zum Teil können sie sich mit kleinen Wimpern oder Rudern bewegen, einige bauen winzige Magneten in ihre Zellwände ein, um sich an der Erdanziehung zu orientieren. Sehr nachvollziehbar, dass der schwedische Botaniker Carl von Linné die Bakterien in seiner umfassenden Systematik der Pflanzen, Tiere und Mineralien zu den zweifelhaften Arten zählte und sie in die Klasse des »Chaos« einordnete.[4]

Kennzeichnend für diese Lebewesen ist eben ihre schier unermessliche Vielfalt. Erst siebentausend Arten sind bislang beschrieben, von vermuteten Milliarden. Überwiegend vermehren sie sich durch Zellteilung, doch sind sie auch in der Lage zu sexueller Fortpflanzung und können ihr Genmaterial austauschen. Dazu benutzen sie Bakteriophagen, also Viren. Wie alle Viren verfügen diese über keinen eigenen Stoffwechsel und benötigen einen Wirt, damit sie überleben können, zum Beispiel eben eine Bakterie. Den Phagen wird eine Kopie von einem Teil oder dem ganzen Erbgut eines Bakteriums übertragen und der winzige Virus kann von Zelle zu Zelle wandern und die Erbinformationen so übertragen. Das erklärt auch Resistenzbildungen: Hat es eine Bakterie durch eine Mutation geschafft, sich etwa gegen einen Penicillin-Pilz zu wehren, kann es die Mittel dazu an seine Kollegen weiterreichen. Das heißt, die Einzeller kommunizieren und bilden komplexe Lebensgemeinschaften, nicht nur untereinander, sondern auch mit Tieren und mit Pflanzen. Die noch immer gültige Sprachregelung von den »höher organisierten« Pflanzen und Tieren gegenüber den »primitiveren« Einzellern ist also fraglich. Sie sind schlicht einen anderen Weg der Evolution gegangen. Sie haben sich nicht zu komplexen Individuen fortgebildet, »sondern haben eine riesige Zahl an Stoffwechseltypen und Anpassungsmechanismen entwickelt, um auf der Erde fast alle Habitate zu erobern – auch die, welche für die höheren Organismen lebensfeindlich sind«[5].

Ungefähr 4,6 Milliarden Jahre ist die Erde alt. Zumindest hat man in Westaustralien, in Südafrika und auf Grönland Gestein entdeckt, das fast so alt ist; als ältestes Gestein gilt der Itsaq-Gneis-Komplex im Südwesten Grönlands, der nach Radioaktivitätsmessungen auf 3,8 Milliarden Jahre geschätzt wird. In etwas jüngerem Gestein, das etwa 3,5 Milliarden Jahre alt ist, finden sich schon fossile, also Stein gewordene Zellreste. Demnach haben sich einzellige Lebewesen schon nach einer Milliarde Jahren gebildet, zu einem sehr frühen Zeitpunkt der Erdgeschichte. Die derzeit gängige Theorie ihrer Entstehung lautet in etwa: Nachdem sich die Erde nach einigen Millionen Jahren so weit abgekühlt hatte, dass Wasser kondensieren und Meere bilden konnte, mischten sich in der Atmosphäre vor allem Methan, Kohlendioxid, Wasserstoff, Stickstoff und Ammoniak. Auch Vorräte an Sulfid und Blausäure dürften vorhanden gewesen sein, ebenso wie große Mengen an Eisensedimenten. Das sogenannte »Miller-Experiment« des kalifornischen Chemiestudenten Stanley Lloyd Miller zeigte 1953, was dann möglicherweise geschehen ist. Miller erhitzte in einem geschlossenen Glaskolben Wasser, Methan, Ammoniak und molekularen Wasserstoff und wollte sich mit seinem Experiment den vor Milliarden Jahren herrschenden Bedingungen annähern. Er schickte als Energiequelle Funkenladungen durch die »experimentelle Uratmosphäre«; damit simulierte er zum Beispiel Blitzeinschläge oder Vulkanausbrüche. Nach einigen Tagen hatten sich aus den Gasen organische Moleküle gebildet: Aminosäuren, Zucker, Purine und Pyrimidine, die allesamt zum Aufbau der Erbsubstanz notwendig sind.

Weil es zur Entstehungszeit des Lebens logischerweise noch keine Mikroorganismen gab, muss die Erde steril gewesen sein und die organischen Substanzen konnten sich in den Meeren anhäufen. Schließlich könnten sich daraus einfache, einzellige Organismen, Bakterien, entwickelt haben. Man geht davon aus, dass in den Ozeanen große Mengen von Eisenionen trieben. Die frühen Organismen dürften sie gefuttert und zur Energieerzeugung genutzt haben – wählerisch durfte man zu damaligen Verhältnissen wahrlich nicht sein. Durch Mutation und Auslese entstanden unterschiedliche Bakterientypen, unter anderem die Cyanobakterien. Diese führten langsam, aber sicher eine frühe Umweltkatastrophe herbei: Sie begannen nämlich vor etwa 2,8 Milliarden Jahren, bei der Photosynthese Sauerstoff zu produzieren. Der war zuvor nicht Bestandteil der Atmosphäre und wirkte auf viele Bakterien als Gift. Vor etwa zwei Milliarden Jahren hatten die Cyanobakterien – die wir heute noch fälschlich als Blaualgen bezeichnen – so viel Sauerstoff in die Atmosphäre geblasen, dass aerobe Organismen einen Überlebensvorteil bekamen. Sie können nämlich Sauerstoff atmen und dabei Kohlenstoffverbindungen wie Kohlenhydrate zu Wasser und Kohlendioxid verbrennen (oxidieren), also ganz anders als ihre anaeroben Verwandten, die stattdessen etwa auf Methan oder Schwefel angewiesen waren und die sich daher in sauerstofffreie Gegenden zurückziehen mussten. Dieser Prozess dauerte ewige Zeiten, unsere heutige atmosphärische Sauerstoffkonzentration – und damit die Luft, die wir atmen, in der wir leben können – hat die Erde erst vor 570 Millionen Jahren erreicht. Durch Mutation, evolutionäre Auslese und den »kooperativen Zusammenschluss« von unterschiedlichen Zellen entstanden neue Lebensformen. Auch die Bakterien entwickelten sich fort und besetzten unterschiedliche ökologische Nischen.

Für die wesentlichen Stoffkreisläufe der Erde, den Kohlenstoff-, Stickstoff-, Phosphor-, Schwefel- und Sauerstoffkreislauf, sind Bakterien von grundlegender Bedeutung. Sie wandeln die essentiellen Stoffe jeweils in Formen um, die sie für Pflanzen und Tiere verfügbar machen. Ihre riesige Vielfalt macht sie noch heute schwer fassbar; die frühen Naturforscher trieben sie schier zur Verzweiflung. Die ganz unterschiedlichen Erscheinungsformen der winzigen Lebewesen führte sie immer wieder in die Irre. Das ganze 19. Jahrhundert hindurch beschrieben Biologen Mikroorganismen, die sie unter ihren Mikroskopen beobachteten, ihr Aussehen, die Bedingungen ihrer Kultur, ihre Wirkungen. Sie konnten nicht wissen, dass sie selten Reinkulturen einer Art zu Gesicht bekamen und somit stets ganz unterschiedliche Lebensgemeinschaften unter dem Mikroskop hatten. Kein Wunder, dass sie bei ihren Beobachtungen jeweils zu ganz anderen Ergebnissen kamen – ein Umstand, den sie sich selbst jedoch nicht erklären konnten.

Aber sie lösten doch die ersten Rätsel der Mikroorganismen, Schritt für Schritt. Seit der Antike hatten interessierte Kreise das Konzept der »Spontanhypothese« oder »Generatio spontanea« diskutiert: Demnach konnten zumindest einfache Lebewesen spontan aus toter Materie entstehen. Aristoteles vertrat in seiner *Naturgeschichte der Tiere* die Ansicht, Tiere könnten auch aus Erde, Pflanzen oder anderer Materie abstammen. Sein Werk prägte über zweitausend Jahre lang das Denken über dieses Thema. Die Generatio spontanea war ja auch durchaus plausibel: Lässt man etwa ein tadelloses Stück Fleisch einige Zeit herumliegen, verändert es sich; es riecht anders, sieht anders aus; schließlich finden sich darin sogar Larven oder Würmer. Woher sollten sie gekommen sein, wenn nicht spontan, aus dem Fleisch heraus? Skeptiker hatte es allerdings auch schon immer gegeben. Sie vermuteten, in der Luft seien Samen oder Keime vorhanden, die sich auf dem Fleisch niederließen.

Louis Pasteur, geboren 1822 im ostfranzösischen Städtchen Dole, hielt die spontane Entstehung von Leben für Unfug und wollte den uralten Streit endgültig entscheiden: Er entwickelte einen Glaskolben mit einem gebogenen, einem sogenannten Schwanenhals und befüllte ihn mit Fleischbrühe. Erhitzte er die Flüssigkeit lange genug und sterilisierte sie somit, blieb die Brühe, wie sie war. Kippte er seinen Kolben ein wenig, so, dass die Brühe mit den Rückständen in Kontakt kam, die sich durch das Erhitzen im gebogenen Flaschenhals gesammelt hatten, waren einige Zeit danach deutlich mehr Mikroorganismen feststellbar als zuvor. Sie waren also nicht aus sich heraus entstanden, sondern waren schon zuvor vorhanden oder kamen über die Luft, nahm Pasteur an. 1860 veröffentlichte er eine Reihe von Aufsätzen, die diesen Effekt beschrieben. Schon einige Jahre zuvor hatte er in einem Weinfass Organismen entdeckt, die er mit den Gärungsprozessen des Alkohols in Verbindung brachte. Weil die Winzlinge wie Stäbchen aussahen, nannte er sie »bacterion« (Griechisch für »Stäbchen«). Von Justus von Liebig, Begründer einer »wissensbasierten Landwirtschaft« in Deutschland, erntete er heftigen Widerspruch. Der Chemiker konnte sich beim besten Willen nicht vorstellen, dass unsichtbare, kleine Organismen dafür verantwortlich sein sollten, Stoffe umzuwandeln.

Doch Pasteur lag richtig. Seine Entdeckungen hatten praktische Folgen: Milch und andere Lebensmittel konnten nun mittels der Pasteurisierung – einem Verfahren, das nach ihm benannt wurde – haltbar gemacht werden. Zudem räumte er mit uralten Mythen auf, die sich auf dem Land allerdings noch lange hielten. Die Wirkung von Bakterien beobachteten Menschen nämlich schon lange, doch verstanden sie ihre Wirkung nicht. So war etwa »Milchfrevel« ein Tatbestand der grausamen Hexenverfolgungen der angehenden Neuzeit. Die kostbare und hart erarbeitete Milch war sauer geworden, färbte sich gar braun oder orangerot oder bekam grün fluoreszierende oder violette Flecken? Da konnte nur eine Milchhexe am Werk gewesen sein.[6] Zahlreiche »Methoden« waren bekannt, mit denen Frauen Milch verhexen, schädigen oder in ihre Gewalt bringen konnten. Es war Louis Pasteur, der die wahren Übeltäter entlarvte: Bakterien. Heute erhitzt man daher Milch während des Pasteurisierungsverfahrens für eine halbe Minute auf 71 bis 74 Grad Celsius. Noch immer wird allerdings darüber gestritten, was gesünder sei: eine möglichst naturbelassene oder eine weitgehend sterile Milch, ohne Keime, aber auch mit weit weniger gesunden Milchsäurebakterien. Rohmilch, also weder erhitzte noch gefilterte Milch, darf in Deutschland heute nur noch von zertifizierten Bauernhöfen direkt vermarktet werden.[7]

Pasteur wollte die krankmachenden Bakterien zwar aus Lebensmitteln eliminieren, doch er war auch fasziniert von der mit bloßem Auge nicht sichtbaren Welt der Bakterien und Mikroorganismen. Dabei konnte er sich auf die Erkenntnisse eines neugierigen Tuchhändlers stützen: Der Niederländer Antoni van Leeuwenhoek überprüfte, wie damals üblich, die Qualität der gehandelten Leinenstoffe mit einer guten Lupe. Derart vergrößert konnte er zum Beispiel die Fäden zählen, aus denen das Tuch gewebt war. Die beginnende Industrialisierung und mit ihr der wachsende Handel mit Tuchen, aber auch der Schiffsbau hatten vor allem in England und Holland einen Bedarf an neuartigen Techniken geschaffen, etwa zur Navigation oder zur Warenkontrolle. Unter anderem war daraus das Mikroskop hervorgegangen. Wer es letztlich erfunden hatte, ist nicht bekannt, aber im 17. und 18. Jahrhundert arbeiteten schon diverse Wissenschaftler damit. So auch Leeuwenhoek. Mit seinen einfachen, selbst geschliffenen Linsen konnte er Dinge immerhin bis zu 270-mal vergrößern.

1676 untersuchte er also mit einem seiner Instrumente einige Tropfen Pfefferaufguss, um herauszufinden, warum der Pfeffer pfeffrig schmeckte. Darauf fand er zwar keine Antwort; doch er entdeckte ein lebendiges Gewimmel sich immer weiter vermehrender Tierchen, so winzig, dass eine Million von ihnen nicht einmal die Größe eines Sandkornes erreichen würde; Leeuwenhoek – übrigens Freund und Nachlassverwalter des Malers Johannes Vermeer – dürfte der erste Mensch gewesen sein, der tatsächlich Bakterien gesehen hat.[8] 1684 veröffentlichte er Zeichnungen, auf denen er seine Anschauungsobjekte darstellte: gepunktete Formen, Stäbchen und Spiralen.[9] Der Händler und Wissenschaftler teilte seine Erkenntnisse der Royal Academy in London mit, der maßgeblichen Wissenschaftsorganisation der Zeit, und korrespondierte in der Folge regelmäßig mit ihr. Der Prozess der katholischen Kirche gegen den italienischen Universalgelehrten Galileo Galilei, der das kopernikanische Weltbild propagiert und die Erde damit aus dem Mittelpunkt des Universums gerückt hatte, war da erst gut fünfzig Jahre her.

Richtig Furore machten die Bakterien allerdings erst im 19. Jahrhundert, als der Botaniker Ferdinand Cohn, der Chemiker Louis Pasteur und der Arzt Robert Koch mit der »Bakteriologie« eine der Grundlagen der modernen Medizin schufen. Eine uralte Überzeugung nach der anderen warfen die Naturwissenschaftler in diesem Jahrhundert über den Haufen; neben der Spontanhypothese zum Beispiel auch die Miasmentheorie, nach der Krankheiten als »schlechte Winde« über das Land zogen und Mensch und Tier infizieren konnten, oder die Auffassung, verschiedene Mikroorganismen seien nur Anpassungsformen des Organismus an seine Umgebung. Der Breslauer Biologe Cohn war über das Studium der Pflanzen zunächst bei den Algen und schließlich bei den Bakterien gelandet. Er entdeckte, dass sich lebende Bakterien abtöten lassen, indem sie erhitzt werden, Endosporen aber nicht. Das sind Zellen im Ruhezustand, die die DNA der Bakterie enthalten und durch einen besonderen Aufbau geschützt sind. Endosporen können Millionen von Jahren schlafen, bis sie bei günstigen Umweltbedingungen zum Leben erwachen. Cohn fand heraus, dass Hitze also nicht in jedem Fall eine zuverlässige Art der Sterilisation darstellt.

Diese Erkenntnis verwendete später Robert Koch bei seinen Arbeiten. Der Arzt Koch, als dessen Fürsprecher und Förderer Cohn waltete, war zu Lebzeiten so berühmt wie berüchtigt. Als Robert Koch, das dritte von dreizehn Kindern einer Bergmannsfamilie, in Clausthal im Harz geboren wurde, war Tuberkulose eine der häufigsten Todesursachen. Rund ein Siebtel der erfassten Todesfälle gingen auf die »Schwindsucht« zurück. Noch im Jahr 1900 starben in den USA hundertachtzig von hunderttausend Menschen an Tuberkulose – nur der Grippe und Lungenentzündungen fielen mehr Menschen zum Opfer. (Einhundert Jahren später taucht die Grippe in der entsprechenden Statistik nur noch auf Platz sechs auf – an der Spitze stehen nun Herzerkrankungen und Krebs.) Koch widmete sich also einem dringlichen Problem. Er entwickelte Methoden, um Bakterien zu kultivieren, zu vermehren und durch Färbung sicht- und zählbar zu machen. Mit seiner systematischen Forschung entdeckte er etwa die Erreger des Milzbrandes, der Tuberkulose und der Cholera (diese hatte ein italienischer Kollege schon Jahrzehnte zuvor beschrieben, in der Fachwelt aber kein Gehör gefunden). Eine Menschheitsplage nach der anderen wurde als durch Bakterien verursacht entlarvt: Tripper, Typhus und bestimmte Fälle der Magen-Darm-Erkrankung Gastroenteritis. 1905 bekam Koch für seine Forschungen zur Tuberkulose den Nobelpreis.

Viel ausrichten konnte er gegen die Krankheit hingegen nicht. Der von ihm entwickelte Impfstoff Tuberkulin erwies sich als nicht wirksam, im Gegenteil, einige Patienten starben nach der Impfung. Doch indem klar wurde, dass Bakterien und andere Mikroorganismen hinter Infektionskrankheiten steckten, konnten sie schließlich erfolgreich bekämpft werden – und das ist auch ein Verdienst Robert Kochs. Sauberes, gechlortes und gefiltertes Wasser und insgesamt hygienischere Verhältnisse beendeten die Herrschaft von Schwindsucht, Cholera und Co., zumindest in den entwickelten Regionen. In armen Ländern sind sie noch immer nicht ausgerottet; und wenn, etwa durch Erdbeben oder Überflutungen, die Wasseraufbereitung gestört wird und große Mengen Wasser verschmutzt werden, kann Vibrio cholerae durchaus auch in einem Industrieland wieder zu einem Problem werden. Diese Bakterie ist Auslöser der Krankheit, die mit Erbrechen und Durchfall einhergeht und mit hoher Wahrscheinlichkeit zum Tode führt, wenn sie nicht behandelt wird. Erhalten die Erkrankten aber ausreichend Flüssigkeit und Zucker sowie ein wirksames Antibiotikum, überleben sie die Choleraerkrankung in der Regel.

Antibiotika haben den durch Bakterien ausgelösten Krankheiten heute weitgehend ihren Schrecken genommen. Sie sorgen dafür, dass die Einzeller ihre Zellwände nicht aufbauen und sich damit nicht vermehren können. Trotzdem, wenn von Bakterien die Rede ist, lauten die Synonyme meist »Keime«, »Bazillen« oder »Erreger«. Vermehrt tauchen sie wieder in den Schlagzeilen auf. Eigentlich hochwirksame Antibiotika haben wir in den vergangenen Jahrzehnten zu unachtsam eingesetzt; zahlreiche Bakterien haben, etwa in Hühnerställen oder Krankenhäusern, Resistenzen gegen die Medikamente entwickelt und sind jetzt kaum noch zu bekämpfen.

Die Horrormeldungen über die in der Tat beunruhigenden »Krankenhauskeime« verstellen bisweilen den Blick darauf, dass Bakterien nicht nur Bazillen sind, sondern ganz selbstverständlich zum Menschen gehören. Wir bestehen aus Zellen – und aus zehnmal mehr Mikroben (also winzigen Lebewesen wie Bakterien). Genau wie das »Genom«, also die Gesamtheit des Erbmaterials eines Menschen, ist inzwischen das Mikrobiom als ein Merkmal jedes Individuums anerkannt. Das National Institute of Health der USA will die riesige Wissenslücke schließen helfen, die sich uns hier noch immer auftut; bis 2015 erstellt es im Rahmen des »Human Mikrobiome Project« ein Datenset über die Mikroben, die uns Menschen besiedeln. Dabei wollen die Forscher nicht den alten Fehler machen und Bakterien im Labor züchten, um sie dann zu untersuchen. Zu unterschiedlich sind ihre Anforderungen an die Umwelt. Um wirklich alle zu erfassen, werden Proben etwa von der Haut, aus dem Darm oder aus dem Mund genommen und die Funde dann genetisch analysiert.[10] Die Millionen bis Billionen Bakterien des Organismus übernehmen zum Teil aufwändige Steuerungsaufgaben, etwa in der Verdauung oder in der Abwehr von Krankheitserregern auf der Haut – wie gesagt, so richtig viel wissen wir über dieses Zusammenspiel noch nicht.

Unsere nur groben Vorstellungen nutzt übrigens die Lebensmittelindustrie, um uns allerlei überteuertes Zeug anzubieten. So preisen sie »probiotische« Nahrungsmittel an, etwa Joghurt, dessen sich irgendwie drehende Bakterien unseren Darm sanieren sollen. Nun tötet unser mit Säuren verseuchter Magen eindringende Bakterien verschiedenster Couleur relativ zuverlässig ab, sodass sie kaum noch wirksam im Darm ankommen dürften. Außerdem stecken Milchsäurebakterien in jedem Joghurt. Denn ohne es zu wissen, benutzen Menschen schon lange Bakterien, um Lebensmittel herzustellen und zu verfeinern oder haltbar zu machen. Bereits Römer und Griechen stopften Weißkohl und Salz in Töpfe, beschwerten das Gemisch mit Steinen und genossen nach einigen Wochen leckeres Sauerkraut: Milchsäurebakterien hatten den Kohl haltbar gemacht; in kühleren Gefilden lieferte er auch im Winter die wichtigen Vitamine A, B, C und K sowie Mineralstoffe. Milchsäurebakterien sorgen auch dafür, dass sich Milch verdicken und somit zu Joghurt, Kefir oder Buttermilch verwandeln lässt. Bei der Käseherstellung werden Bakterien eingesetzt; auf Romadur, Appenzeller, Harzer oder Handkäse liefern Rotschmierebakterien die rötliche Rinde und einen besonders würzigen Geschmack. Im Sauerteig sorgen Milchsäurebakterien für lockeres Brot, und Hefepilze, die zu den Schlauchpilzen gehören, lassen Kuchenteig aufgehen und vergären Hopfen, Wasser und Gerste zu Bier. Essigsäurebakterien verwandeln Wein, Sherry oder vergorene Himbeeren in Essig und sind an den Verfahren beteiligt, in denen Bier, Wein oder Cidre hergestellt werden.

Doch auch schon eine Stufe früher beteiligen sich Bakterien an unserer Nahrungsmittelproduktion: Im Grunde beruht das gesamte landwirtschaftliche System auf Bakterien und anderen Mikroben. Hülsenfrüchtler (oder Leguminosen), also etwa Bohnen, Erbsen, Klee oder Lupinen, leben symbiotisch mit Bakterien. An ihren Wurzeln bilden die Pflanzen Knollen aus und locken Knöllchenbakterien an, die sich zu den Wurzeln bewegen und sich dort ansiedeln. Sie besitzen die Fähigkeit, Stickstoff aus der Luft zu binden, den Pflanzen für ihr Wachstum brauchen. Diese Fähigkeit ist außerordentlich, denn Stickstoff liegt in der Atmosphäre in Form eines äußerst stabilen Moleküls vor. Für lebensnotwendige Funktionen muss es aber gespalten werden. Während die Knöllchenbakterien diesen Prozess bei Umgebungstemperatur bewältigen, brauchen wir Menschen für die technische Trennung des Stickstoffs, der sogenannten Ammoniaksynthese, mehrere hundert Atmosphären Druck und einige hundert Grad Temperatur. Wir sind noch weit entfernt von den eleganten Lösungen, die uns die Natur vormacht und kostenlos zur Verfügung stellt. In der Tat integrieren Bauern aber Leguminosen in die Fruchtfolge auf ihrem Acker und benötigen dafür weniger Stickstoffdünger.

Überhaupt, der Boden: In einem gesunden Boden nehmen Regenwürmer organisches Material, Bakterien und Pilzsporen auf und verdauen sie mit Hilfe von Darmbakterien, um sie als fruchtbaren Humus wieder auszuscheiden. Im Boden frei lebende Bakterien bauen das Material weiter ab und stellen es den Pflanzen so zur Verfügung, dass sie es wiederum als Nahrung nutzen können. Besonders um die Wurzeln von Pflanzen drängen sich Mikroorganismen, um Stoffwechselprodukte wie Zucker oder Vitamine zu ergattern, die dort ausgeschieden werden. So kann man davon ausgehen, dass in einem Kubikzentimeter fruchtbaren Bodens einige Milliarden Mikroorganismen in unglaublich komplexen Kaskaden von Stoff- und Energieumwandlungen werken und wirken. Auch im Pansen von Kühen oder Schafen finden sich Mikroorganismen, die die hartleibige und nährstoffarme Cellulose verdauen. Die neue Pflanzenbiotechnologie als eine Branche der Landwirtschaft nutzt heute Bakteriophagen, um Erbmaterial von einer Pflanze zur nächsten zu transferieren. Die Milliarden Jahre alten Instrumente der Bakterien zur Weitergabe ihres Erbgutes heißen nun »Vektoren«. Aber auch Mikroorganismen wie Pilze und Bakterien selbst werden inzwischen in großem Umfang gentechnisch verändert.

Einige Bakterien haben es im Laufe der Evolution gelernt, Metalle als Nahrungsgrundlage zu nutzen. Sie können etwa Eisen oder Eisen-Schwefel-Verbindungen in ihre Zellen einbauen und daraus Energie gewinnen oder mit ihnen organisches Material herstellen. Das eröffnet für uns Menschen weitere Einsatzmöglichkeiten für Bakterien: Bestimmte Arten vertragen gar

Schwermetalle wie Quecksilber, Arsen oder Bor und können verseuchte Böden oder Gewässer reinigen. An der alten sächsischen Bergakademie in Freiberg wird nach Mitteln gesucht, um ein altes, aber bislang ineffektives Verfahren zum Abbau von Seltenen Erden und anderen begehrten – und zukünftig knapper werdenden – Metallen zu verbessern. Gleich zwei Forschungseinrichtungen befassen sich vor Ort mit der Methode, mit Mikroorganismen Bergbau zu betreiben. Bergbauingenieure, Biologen, Chemiker, Geologen, Verfahrenstechniker und Metallurgen arbeiten an einem Forschungskolleg der Bergakademie, das die private Krüger-Stiftung mit sechs Millionen Euro finanziert: Am Freiberger Biohydrometallurgischen Zentrum für strategische Elemente untersuchen sie Wege, Germanium und Indium mittels Bakterien zu gewinnen. Die beiden Metalle sind begehrt in der Kommunikationstechnologie und liegen in verschiedenen Erzen meist in sehr geringen Konzentrationen vor. Bakterien wie etwa Acidithiobacillus ferrooxidans sollen, in Umgebung und unter Zugabe von Kohlendioxid, Metallionen zur Energiegewinnung nutzen. Dazu lösen sie diese aus dem Gestein heraus. Diese Vorgänge sollen entweder auf unten abgedichteten Halden oder in Bioreaktoren stattfinden. Millionen Bakterien tummeln sich allein in einem Milliliter Wasser. Welche Bakterienstämme am ehesten geeignet sind und in welcher Korngröße sie die Erze am besten aufschließen können, sind knifflige Fragen für Biologen. Das Ergebnis der Arbeit der Mikroorganismen ist jedenfalls eine Lösung, in der sich je nach Ausgangserz alle möglichen Metalle wie Zink, Kupfer, Zinn und Eisen, aber auch Aluminium und Spuren von Indium und Germanium sowie von Schwermetallen wie Cadmium und Blei befinden. Hier wird es spannend für die Chemiker: Sie müssen herausfinden, wie sie die Metalle möglichst getrennt voneinander aus der Flüssigkeit herausholen können.

Am Helmholtz-Institut Freiberg für Ressourcentechnologie wird an einem ähnlichen Projekt geforscht. Hier wird nach geeigneten Bakterien gesucht, mit denen sich die Kupfervorkommen in der sächsisch-brandenburgischen Lausitz erschließen ließen. Mit konventionellen Methoden wird Kupfer gewonnen, indem das Gestein aus der Mine gebrochen und als Brocken ans Tageslicht befördert wird; sie werden zerkleinert, gemahlen und schließlich erhitzt, um das Metall abzutrennen. Übrig bleibt immer noch erzhaltige Schlacke, die auf hügelgroßen Halden gelagert oder als minderwertiges Baumaterial, etwa im Straßenbau, eingesetzt wird. Effizient ist das nicht, denn zum Beispiel im Kupferschiefer, einem goldgetupften, schwarzen Gestein, kommt das Erz sehr fein verteilt vor. Um nur geringe Mengen Metall zu erhalten, müssten große Mengen Gestein fein gemahlen werden. Die Idee ist, auf diese energieaufwändige Methode zu verzichten und lieber Mikroorganismen auf die Erze anzusetzen. Doch auch herkömmlichen biotechnologischen Methoden widersetzt sich der Kupferschiefer bislang. Anders als die weltweit am häufigsten vorkommenden Kupferporphyre ist er für Bakterien nur schwer verdaulich. Darum gilt es herauszufinden, welche Bakterien oder auch Pilze überhaupt geeignet sein könnten, die kohlenstoffreichen heimatlichen Kupfererze abzubauen.

Allerdings: Bergbau mit Mikroben ist nicht per se umweltfreundlich. Das zeigt die inzwischen bankrotte Mine Talvivaara in Finnland. Auf über sechzig Quadratkilometern Fläche sollten dort Nickel, Zink, Kobalt und Kupfer abgebaut werden, zum Teil auch per Biomining. Rund 24 Millionen Tonnen erzhaltiges Gestein wurden dort jährlich zu großen Halden aufgetürmt und mit Bakterienkulturen behandelt. Regelmäßig geriet das Unternehmen in die Schlagzeilen, weil es das Wasser zwar in geschlossenen Systemen halten wollte, ihm das aber nicht gelang. Heute sind Böden und Gewässer im Umkreis von über hundert Kilometern mit Schwermetallen und Uran verseucht. Abwasser geriet außer Kontrolle, hunderte Millionen Liter Klärbrühe mit hohen Gehalten an Nickel, Cadmium und Sulfaten ergossen sich in angrenzende Seen und Bäche. Aber trotzdem: Acht bis zwanzig Prozent des Kupfers wird weltweit mittels Biomining gewonnen, doch gilt die Technik längst nicht als ausgereift.[11]

Die chemische Industrie wiederum setzt Bakterien schon länger routiniert ein: Seit 1999 bieten Pharmaunternehmen Zuckerkranken das Hormon Insulin an, das sie nicht mehr aus der Bauchspeicheldrüse von Schweinen oder Rindern gewinnen, sondern mittels gentechnisch veränderter Mikroorganismen wie Bakterien oder Hefen (also Pilzen). Nach langen Vorbehalten und Diskussionen ist das Verfahren heute Standard. Auch Penicillin oder bestimmte Vitamine, etwa das »Wachstumsvitamin« B2 oder Vitamin C, werden aus Zuckern von Mikroorganismen hergestellt. Andere Bakterien wurden so manipuliert, dass sie eiweißspaltende Enzyme produzieren können. Eingesetzt in Waschmitteln, zersetzen sie zum Beispiel Blut-, Eigelb- oder Saucenflecken auf Textilien auch bei niedrigen Temperaturen in der Waschmaschine.

Die vielfältigen Stoffwechselprozesse, die Bakterien im Laufe ihrer langen Evolution entwickelt haben, machen sie attraktiv für weitere industrielle Anwendungen – und viele sind ein wirklicher Fortschritt. Die Produktion von Insulin aus gentechnisch veränderten Bakterien zum Beispiel ist gegenüber der Produktion aus Tieren zu bevorzugen. Den Tieren wird Leid erspart und Zuckerkranken ein günstiges Medikament zur Verfügung gestellt. Metallverarbeitende Bakterien, die das Recycling von legierten Gewürzmetallen ermöglichen, die bislang in Müllverbrennungsanlagen in Rauch aufgehen, wären zu begrüßen (siehe das Kapitel »Abfall – aus Müll werden schillernde Rohstoffe«). Franz-Theo Gottwald und Anita Krätzer etwa verdammen in ihrer Streitschrift *Irrweg Bioökonomie. Kritik an einem totalitären Ansatz* die Biotechnologie in Bausch und Bogen, weil sie für ein Konzept stehe, dass die Ökonomisierung des gesamten Lebens betreibe.[12] Damit stehen sie an der Seite eigentlich aller Umweltorganisationen, die Gentechnik per se und im Grundsatz ablehnen, weil sie die ökologischen Risiken für nicht überschaubar noch kontrollierbar halten und den Nutzen nur für wenige (Chemie-)Konzerne sehen.

Eine postfossile Wirtschaft, die den Menschen der Industrieländer einen akzeptablen und denen der Schwellen- und Entwicklungsländer einen erstrebenswerten Lebensstandard anbietet, wird aber schwerlich ohne Biotechnologie auskommen. Suffizienz, also eine genügsame Lebensführung, die nicht auf materiellen Wohlstand und Besitz, sondern auf ein mehr an Zeit und menschlichem Miteinander setzt, ist ein wunderbarer Ansatz. Aber er fasziniert bislang nur einen kleinen Teil der Bevölkerung in den Industrieländern und einen noch kleineren in den aufstrebenden Ökonomien. Die globalen Ressourcenprobleme sind aber so gravierend, dass es nicht reicht, eine Minderheit für alternative Lebensentwürfe zu begeistern. Lokale Kreisläufe und ein entschleunigter, bewusster Konsum sind notwendig; aber ohne Industrie sind Gesellschaften, deren Finanz- und Sozialsysteme von Wachstum und einer hohen Wertschöpfung abhängen, schwer vorstellbar. Nach dem Motto von Ralf Fücks gilt es also, auch in der Bioökonomie »intelligent zu wachsen«[13].

Andererseits erscheinen die Vorstellungen der öffentlich großzügig geförderten Bioingenieure, sie könnten Bakterienkulturen »effizient und planbar« einsetzen, nach jahrzehntelangen Diskursen über die Komplexität von Ökosystemen und die Erfahrungen mit Nichtwissen allzu plakativ und simpel. Zudem wecken sie ungute Erinnerungen an das Selbstverständnis derjenigen Ingenieure und Physiker, die dasselbe fünfzig Jahre lang von der Atomkraft geglaubt haben (oder es noch immer glauben). Die Reaktorunfälle von Tschernobyl und Fukushima haben gezeigt, dass Technologien menschliche Fehler und die Gewalt der Natur tolerieren müssen und nicht in Katastrophen münden dürfen, wenn sie doch eintreten. Die meisten Sorgen und Ängste der Zivilgesellschaft in Bezug auf die Atomkraft haben sich letztlich bewahrheitet, vom nicht beherrschbaren Störfall über den militärischen Hintergedanken der »friedlichen Nutzung« der Kernenergie bis hin zur nicht lösbaren Endlagerproblematik. Heute wiegeln Wissenschaftler oder Industrielobbyisten die Befürchtungen von Umweltorganisationen oder von Teilen der Bevölkerung vor der Gentechnik ab, weil diese nicht »wissensbasiert« und »pure Ideologie« seien; damit sprechen sie, ganz in der Tradition der alten Atomlobby, den Nicht-Experten das Rederecht ab.[14]

Ein verweigerter Dialog schafft jedoch Misstrauen und Wut und damit genau das Gegenteil von Akzeptanz – offensichtlich hat sich das noch immer nicht überall herumgesprochen. Zwar gibt es inzwischen eine Reihe von Gesprächsangeboten von Forschung, Politik und Industrie an die Bürger – etwa in Form des schon erwähnten Nanodialogs der Bundesregierung. Auch der Bioökonomierat, das Gremium, das die Bundesregierung in Sachen pflanzenbasierter Ökonomie berät, veranstaltet öffentliche Diskussionsveranstaltungen. Er sucht die Nähe zur Bevölkerung und bewusst jenseits der breiten öffentlichen Wahrnehmung auch durchaus das Gespräch mit der Umweltbewegung. Das sind gute Schritte; allerdings entspricht die Zusammensetzung des Rates selbst nicht den Gedanken von Transparenz und Offenheit. Hier versammeln sich Fachwissenschaftler mit Industrielobbyisten. Das ist als personelle Basis für ein so wichtiges Gremium, das den »Stoffwechsel« der Wirtschaft maßgeblich mit begleitet, zu eng. Die mangelnde Bereitschaft, in einen ernsthaften Dialog gerade mit der kritischen, ökologisch interessierten Öffentlichkeit zu treten, diskreditiert die Bioökonomie damit besonders bei denjenigen, die für einen Ausstieg aus der konsumorientierten, erdölbasierten »Plastikgesellschaft« zu haben wären.

Sicher: Mit denkfaulen Verbandsfunktionären, die Biotechnologie für nicht mehr als einen Sektor der Chemiebranche halten und denen zur Energiewende nur das Thema »bezahlbarer Strompreis« einfällt, lohnt keine Auseinandersetzung; aber es lohnt durchaus, in Wirtschaft und Wissenschaft die Nachdenklichen aufzusuchen und mit ihnen ins Gespräch zu kommen. Es ist deprimierend, dass das Bundesforschungsministerium hier als Organisator von Plattformen versagt, auf denen sich die gesprächsbereiten Vertreter aus Umweltbewegung und Bioökonomie treffen und austauschen könnten. Das raubt beiden die Gelegenheit zu konstruktivem Streit und zu neuen Einsichten – sowie erstrebenswerten und realisierbaren Lösungen.

Wie eine Wirtschaft ohne fossile Rohstoffe genau aussehen könnte, lässt sich derzeit von niemandem seriös überblicken. Darum ist es so nötig, vielfältige Entwicklungspfade offen zu halten. Eine kluge politische Strategie für den unausweichlichen Wechsel zu einer auf nachwachsenden Rohstoffen basierenden Wirtschaft würde also sowohl auf Forschung zu Protozellen setzen, die Kunststoff erzeugen können, als auch auf die Förderung traditioneller und verschwundener Wertschöpfungsketten in der Textilindustrie, die auf Rohstoffe wie Leinen oder Hanf aufbauen. Die evolutionäre Strategie der Bakterien, die auf eine möglichst breite Varianz gesetzt hat, ist für ein solches Vorgehen durchaus ein Vorbild. Die unüberschaubaren Möglichkeiten, aus den Gaben der Erde Energie und Nahrung zu erzeugen, lassen Mikroorganismen seit Milliarden Jahren überleben. Weil sich das Leben aus und mit Mikroorganismen entwickelt hat, ist es dicht mit ihnen verwoben. Ihre lange Geschichte teilen die Bakterien mit einem Stoff, der auch die Geschichte des Menschen bis heute prägt: Eisen.

10 Eisen – alles auf Anfang

Den einen erschien die neue Eisenbahn als »himmelstürmende Vermessenheit« des Menschen, der die natürliche Ordnung der Dinge zerstörte, den anderen als Bote von Fortschritt und Demokratie. Kalt ließen die oft schnurgeraden eisernen Schienen, die sich in der ersten Hälfte des 19. Jahrhunderts schnell übers Land ausbreiteten, und die monströsen Dampfmaschinen, die auf ihnen vorbeibrausten, auf jeden Fall niemanden. Bislang hatten die Maschinen, Symbol der Industrialisierung, ihr Werk verborgen in Fabrikhallen verrichtet. Jetzt kamen sie für jedermann sichtbar ans Tageslicht und gaben Zeugnis von einem ganz neuen Eisenzeitalter. Auf deutschem Territorium nahm 1835 die erste Eisenbahn, die mit der Kraft von Wasserdampf und nicht mehr von Pferden betrieben wurde, zwischen Nürnberg und Fürth ihren Betrieb auf. Es folgte die elf Kilometer lange Strecke zwischen Potsdam und Zehlendorf bei Berlin im September 1838, Braunschweig–Wolfenbüttel und Düsseldorf–Elberfeld im Dezember des gleichen Jahres. Zwischen 1840 und 1873 stieg die Transportleistung in Tonnen pro Kilometer um dreißig Prozent, die Leistung des Personentransports um fünfzehn Prozent.

Die Eisenbahn befeuerte die industrielle Revolution in Deutschland, weil sie immer mehr und immer schneller Rohstoffe und Produkte transportierte und dadurch Wirtschaftsregionen und Märkte miteinander verknüpfte, aber auch aufgrund ihrer Rückkopplungseffekte auf die Stahl- und die Maschinenbauindustrie.[1] Eine ganz neue Berufsgruppe entstand, nämlich die des naturwissenschaftlich gebildeten und unternehmerisch denkenden Ingenieurs. Hatten Ingenieure im 18. und am Anfang des 19. Jahrhunderts typischerweise in Staatsdiensten gestanden und den Bergbau, den Bau von Kasernen und Festungen oder Waffen überwacht, wechselten die Absolventen der im Laufe des Jahrhunderts überall entstehenden Technischen Schulen zunehmend in die privaten Unternehmen – oder gründeten gleich selbst welche.[2]

Wer technisch interessiert war, blickte vor allem nach England und auf die dort blühende innovative Eisen- und Stahlindustrie. In Coalbrookdale, einem Ort in der Grafschaft Shropshire und eine der Keimzellen der industriellen Revolution in England, ist noch heute die erste ganz aus Gusseisen gefertigte Brücke aus dem Jahr 1779 zu besichtigen (und für Fußgänger zu begehen).[3] Mitgebaut hat Abraham Darby III die filigrane »Iron Brigde« über das Flüsschen Severn. Darby III wurde in eine »Eisenfamilie« hineingeboren: Sein Großvater, Abraham Darby I, hatte 1704 eine Metallgießerei gekauft und die Technik der Eisenverarbeitung entscheidend weiter entwickelt. Er erfand das »Sandgießen«, eine noch heute gebräuchliche Methode. Dabei bildet gepresster Sand das Formteil, in das heißes Eisen gefüllt wird. Anschließend wird die Sandform zerstört, weshalb sie auch als »verlorene Form« bezeichnet wird. Mit seinen Sandformen stellte Darby vor allem Haushaltswaren wie Töpfe her. Zunehmend trieb ihn der vor allem durch den expansiven Schiffsbau vermehrte Holzmangel um, benötigte er für die Eisenverhüttung doch ebenfalls Unmengen davon. Um ein Kilogramm Eisen zu erzeugen, wurden 130 Kilogramm Holzkohle verbrannt. Schließlich schaffte er es, die bis dahin in der Eisenverhüttung gebräuchliche Holzkohle durch Steinkohle zu ersetzen, die unbegrenzt verfügbar schien. Sie konnte bis dahin aufgrund ihres hohen Schwefelgehaltes nicht eingesetzt werden, weil sie mit dem Schwefel das Eisen verdarb. Also entschwefelte er Steinkohle und erhielt somit Koks.

Das ganze 18. Jahrhundert hindurch experimentierten die Eisenhütten, um den Herstellungsprozess zu verbessern, bis der Unternehmer Henry Cort 1783 die Lösung fand und damit die moderne Stahlherstellung einleitete. Er konstruierte einen speziellen Ofen, in dem er flüssiges Eisen mit Luft vermischte; als Ergebnis erhielt er einen Stahl, der kaum noch schädliche Inhaltsstoffe wie

Schwefel und eine sehr geringe Kohlenstoffmenge enthielt. Die Arbeit an diesen Öfen war hart und gefährlich, denn der Stahl musste, um überall in Kontakt mit dem Luftsauerstoff zu kommen, ständig gerührt werden (auf Englisch »to puddle«). Dafür war der Puddelstahl, der nicht nur die Insel, sondern auch den Kontinent eroberte, schmiedbar und überaus beständig. Der zur Pariser Weltausstellung 1889 errichtete Eiffelturm zum Beispiel besteht vollständig aus Puddelstahl, auch wenn zu dieser Zeit daneben längst andere Methoden angewendet wurden. Die Engländer erhielten ihre Technologieführerschaft nämlich mit weiteren Erfindungen, insbesondere dem Bessemer- und später dem Thomas-Verfahren. Der Industrielle Henry Bessemer erdachte 1855 einen Konverter, einen geschlossenen Kessel; dreißig Jahre später entwickelte der Chemiker Sidney Gilchrist Thomas das System weiter. In den geschlossenen, birnenförmigen Behältern – der Bessemer-Birne und der Thomas-Birne – konnte Eisen effizienter verarbeitet werden. Damit verkürzten sie die Produktionszeiten enorm. Wer etwas auf sich hielt, ahmte diese englischen Verfahren nach.

Eine weitere maßgebliche Erfindung in Sachen Stahlproduktion erfolgte aber auf dem Kontinent selbst, und zwar Mitte des 19. Jahrhunderts. Die Brüder Friedrich und Wilhelm Siemens erfanden in Zusammenarbeit mit dem Franzosen Pierre-Émile Martin und seinem Vater den Siemens-Martin-Ofen. Auch in ihm wurde aus Roheisen Stahl erzeugt, erstmals allerdings unter Zugabe von Schrott. Das machte ihn besonders effizient und verweist schon früh auf eine der praktischsten Eigenschaften des Metalls: Es lässt sich ohne Qualitätseinbußen unendlich oft wieder verwenden. Der Stahlfabrikant Alfred Krupp, der in seiner Essener Hütte schon besonders früh die Bessemer- und die Thomas-Birne eingeführt hatte, erkannte das Potential des Siemens-Martin-Ofens und produzierte ab 1869 als Erster in Europa damit hochwertigen Stahl. Zunächst zögerte er, das neue Verfahren auch für die Rüstungsgüterproduktion einzusetzen, mit der er vor allem sein Vermögen machte. Einst war sein Unternehmen in eine

Krise geraten, weil es dem preußischen Staat mangelhafte Kano-
nen verkauft hatte. Darum war Krupp zunächst vorsichtig,
schließlich erhielt das neue Verfahren aber auch in die Rüstungs-
produktion Einzug. Die DDR nutzte es übrigens bis zu ihrem
Ende; in Brandenburg an der Havel arbeitete ein Siemens-Martin-
Ofen noch bis 1993; die Stahlarbeiter von damals zeigen ihn
heute Besuchern des Industriemuseums als Denkmal.

Ende des 19. Jahrhunderts stand diese Technik aber für nichts
als Zukunft; der hochwertige und vergleichsweise günstige Stahl,
den sie lieferte, ermöglichte präzise und haltbare Werkzeugmaschinen. Ab den 1870er Jahren lösten Bergbau und Maschinenbau
die Eisenbahn als Schrittmacher der wirtschaftlichen Entwicklung
ab. Die bahnbrechenden Erfindungen geschahen zunehmend nicht
mehr in der Eisenverhüttung, sondern im Maschinenbau, der aber
wiederum eine große Nachfrage nach Stahl erzeugte. Die deutsche
Stahlindustrie wurde technologisch führend; schließlich überholte
sie ihre ewige Konkurrentin in England.

Um Eisenerz in den Universalrohstoff Stahl zu verwandeln,
sind diffizile Prozesse und weitreichende Kenntnisse über das Erz
nötig. Zunächst gilt es, aus Eisenerz Eisen zu gewinnen. Das Erz
liegt überwiegend als Gestein vor und enthält, neben Eisen, weitere Bestandteile wie Sauerstoff oder Kohlenstoff, Kalk, Kiesel-
säure, Phosphor oder Schwefel. Eisenerze kommen weltweit in
unterschiedlichen Formen vor; vielen gemein ist ihre gelblich-
orange-rote Farbe. (Es gibt auch wirklich schöne Rosttöne, auch
wenn die meist keiner so gerne anschaut.)

Kräftig rot, rotbraun bis fast schwarz ist der häufig vorkom-
mende Hämatit, ein reines, natürliches Eisenoxid; es wird auch
Roteisenerz oder Bluteisenstein genannt (das Wort Häm kommt
aus dem Griechischen und bedeutet »Blut«). Als »Häm« wird aber
außerdem eine enorm wichtige Verbindung aus Eisen und einem
komplizierten organischen Farbstoffmolekül bezeichnet; bestimmte Häme kommen auch im menschlichen Blut vor, andere in
Pflanzen und Tieren. Für uns Menschen ist die Häm-Gruppe, der
rote Blutfarbstoff, für den lebenswichtigen Transport von Sauer-

stoff und Kohlendioxid im Blutkreislauf unverzichtbar. Schon den Steinzeitmenschen fiel die hübsche Färbung auf, sie nutzten pulverisierte Hämatite für ihre Malereien. Noch heute tauchen sie bisweilen als Rötel in Malerfarben auf. Zwar sind sie mit einem Eisengehalt von fünfzig bis sechzig Prozent nicht die reichhaltigsten Erze, dafür enthalten sie wenig störenden Phosphor und Schwefel, zudem sind Sauerstoff und Eisen in ihnen nur locker miteinander verbunden und lassen sich leicht trennen. Für die Stahlproduktion ist das ein großer Vorteil, darum sind Hämatite ein beliebter Rohstoff, der noch dazu weltweit sehr häufig vorkommt.

Ein weiteres wichtiges Eisenerz stellen die Magnetite dar. Wie ihr Name verrät, sind sie stark magnetisch und zur Abwechslung mal nicht rötlich, sondern metallisch glänzend oder grau. In vulkanischem Gestein sind sie in großen Mengen zu finden, vor allem in Schweden, Norwegen, Russland und den USA. Sauerstoff und Eisen liegen in ihnen fest verbunden vor; für Eisenhütten sind sie damit ein harter Brocken.

Ganz anders der Limonit. Das Brauneisenerz ist eine feste Verbindung mit Wasser eingegangen, das macht es weich. Zwar ist die Konzentration an Eisen in Limoniten nur gering, dafür kommt es aber als Sediment mit am häufigsten vor. Brauneisenerze fanden die Schmiede und Hüttenmänner der Eisenzeit direkt an der Erdoberfläche, denn sie lagen als »Rasenerze« vor. Eisenhaltiges Grundwasser hatte sein Metall vor allem am Rande von Mooren abgelagert, dort hatte es sich, an der Grenze zu den sauerstoffhaltigen Bodenschichten, abgesetzt und gesammelt – und konnte ohne viel Aufwand abgebaut werden. Manchmal liegen Limonite auch als weiche Gesteine vor, die sich ebenfalls leicht gewinnen lassen. Gemahlen ergeben sie natürliche Farbpulver, je nach Färbung Ocker, Siena oder Umbra. Auch sie waren schon den Steinzeitmenschen geläufig. Kommen sie, fein verteilt, in Lehm- oder Tonschichten des Bodens vor, geben sie etwa Terrakotta ihre sonnig-warmen Erdfarben.

Die vermutlich ersten Erze, die von Menschen überhaupt zu Eisen und Stahl verarbeitet wurden, spielen heute wirtschaftlich keine große Rolle mehr, weil es Erze mit höheren Eisenanteilen gibt: Siderite. Dieses Carbonat, eine Verbindung zwischen Eisen und Kohlensäure, enthält nur vierzig Prozent des begehrten Metalls, doch es lässt sich leicht herauslösen. Häufig ist zwar besonders wenig Phosphor enthalten, dafür aber Mangan – das verleiht dem späteren Stahl Härte. Als Gold für Narren (Narrengold) oder Katzengold war der Pyrit früher verschrien: Er glänzt ähnlich goldgelb wie das Edelmetall, besteht aber aus einer Eisen-Schwefel-Verbindung. Das seltene Meteoriteisen schließlich ist als Teil eines Himmelskörpers auf die Erde gestürzt, denn bei den energiereichen Prozessen im All wird, neben anderen Metallen, auch Eisen gebildet. Erstaunlicherweise ist der erste von Menschen für einen frühen ägyptischen Pharaonen erzeugte Eisendolch aus Meteoriteisen gefertigt – die technische Eisenerzeugung war da noch lange nicht erfunden.

Die großen irdischen Eisenlagerstätten entstammen aber dem Erdinneren. Vulkanische, eisenhaltige Gesteinsmasse wurde durch die Erdkruste gepresst; durch Vulkanausbrüche gelangte sie ans Festland, durch Löcher im Meeresboden auf den Grund der Ozeane. Im Laufe von Millionen Jahren haben sich auf diese Weise gewaltige Erzlagerstätten gebildet. Hob sich der Meeresgrund aufgrund der Kontinentalverschiebung über den Wasserspiegel, wurden sie zu Festland. Auf diese Weise ist etwa der mächtige Erzberg in der Steiermark entstanden. Auch Wasser kann Eisen aus Gestein auswaschen und an die Erdoberfläche tragen – geschehen etwa beim Raseneisenerz.

Eisen kommt auf der Erde sehr häufig vor, als Metall allerdings fast nie in seiner reinen Form. Aus Erz wird Eisen, indem es auf neunhundert bis tausenddreihundert Grad erhitzt wird. Das Roheisen enthält allerdings noch immer Verunreinigungen; ganz reines Eisen ist nur sehr schwer herzustellen. Mit dem so erzeugten Roheisen lässt sich noch immer nicht allzu viel anfangen, denn es ist gleichermaßen spröde und weich, zudem ausgesprochen reaktionsfreudig: Gerne und schnell geht es Verbindungen mit Luft und Wasser ein – der Flugrost lässt grüßen (diese karminroten

Partikel, die sich rasch auf Eisen bilden, wenn es Feuchtigkeit ausgesetzt ist). Form- und haltbar wird metallisches Eisen erst, nachdem es mit Kohlenstoff angereichert wurde. Das liegt am Aufbau der Eisenatome und an ihrem originellen Umgang mit unterschiedlichen Temperaturen. Bis 911 Grad Celsius ordnen sich die Eisenatome in Würfeln, an jeder Ecke eines und eins ganz in der Mitte. Ein Barren Eisen besteht aus unzähligen dieser Würfel, angeordnet in einem relativ gleichmäßigen Raumgitter. Es ist deswegen weich, weil die Atome sich in diesem Gitter leicht bewegen und Druck im Rahmen ihrer Möglichkeiten nachgeben können. Bei Temperaturen über 911 Grad Celsius verändert sich diese Struktur jedoch. Die Atome wandern; sie ordnen sich zwar wieder in Würfel, aber dessen Mittelpunkt verschwindet, stattdessen rutscht je ein Atom in jede Würfelaußenfläche. Es entsteht also ein Würfel, der auf allen Seiten eine »Eins« zeigt und an jeder Ecke über ein Atom verfügt. In diesem Zustand ist Eisen nicht mehr magnetisch, lässt sich aber gut walzen. Ab einer Temperatur von 1 392 Grad wiederum bildet sich die alte Struktur mit dem Atom im Zentrum zurück. Die wanderfreudigen Atome machen es möglich, das Material zu härten. Bricht man ihre Wanderung nämlich plötzlich ab, können sie sich nicht auf ihren gewohnten Platz bewegen und erstarren ungeordnet; das Raumgitter, das die leichte Verschiebung der Atome ermöglicht hatte, existiert nicht mehr, die Atome behindern sich quasi in ihrer Bewegungsfreiheit. Dies lässt sich beobachten, wenn ein Hufschmied ein frisch geschmiedetes Hufeisen in kaltes Wasser taucht und es zischend abkühlt.

Die atomare Struktur macht es außerdem möglich, Eisen mit anderen Elementen zu mischen, seien es Metalle wie Nickel, Kobalt, Chrom, Vanadium, Tantal, Niob, Molybdän oder Wolfram oder nichtmetallische Elemente wie Kohlenstoff. Und der ist, wie oben schon erwähnt, mal wieder entscheidend: Bauen die Eisenatome nämlich Kohlenstoffatome in ihre Struktur ein, wird das Material härter. Darum wird, um aus weichem Eisen harten Stahl herzustellen, immer eine Kohlenstoffquelle benötigt. Wichtig ist jeweils, bei welcher Temperatur die verschiedenen Elemente mit dem Eisen zusammentreffen, ob sie langsam oder schnell erhitzt oder abgekühlt wurden; auch die Umgebung spielt eine Rolle. So mussten Siemens, Martin, Thomas und Co. lange mit den Wänden ihrer Öfen experimentieren, bis sie darauf kamen, sie mit entsprechenden Steinen auszukleiden, die dem Stahl den Schwefel oder Phosphor abnehmen und ihn so von Verunreinigungen befreien konnten. Selbst im Zeitalter von Elektronenmikroskopen und Atomsonden (siehe unten), mit denen sich ein Stoff bis in seine kleinsten Strukturen betrachten und analysieren lässt, ist das noch immer eine Kunst. Es kommt darauf an, welche Atome welcher Elemente sich in einem Stahl befinden und dementsprechend spezifische Legierungen bilden und wie diese Atome angeordnet sind. Diese beiden Parameter bestimmen die Eigenschaften des Stahls. Die frühen Hochkulturen rund um das Mittelmeer beherrschten diese Kunst aber auch schon ohne die naturwissenschaftlichen Erkenntnisse der vergangenen zweihundert Jahre.

Als erster Eisenverarbeiter gilt das zu Unrecht vergessene Volk der Hethiter, das seit dem zweiten Jahrtausend vor Christus ein Großreich ungefähr auf dem Gebiet der heutigen Türkei errichtet hatte und es zeitweilig bis nach Palästina und Syrien ausdehnte. Ob die Hethiter schon in der Lage waren, Eisenerz zu verhütten, ist umstritten, doch dass sie Eisen kannten und schätzten, steht fest. »Die Worte des Großkönigs sind von Eisen. Sie sind nicht zu verwerfen, nicht zu zerbrechen. Wer sie vertauscht, dem wird man das Haupt abschlagen.« Diese Formel stand Verträgen des Königs voran. Nicht aus Gold oder Bronze waren die Worte des Königs, sondern aus Eisen. Das gab es reichhaltig in Anatolien, es lag buchstäblich herum, in der seltenen Form von Eisenmeteoriten. Diese Bruchstücke von Himmelskörpern, die aus Legierungen von etwa achtzig Prozent Eisen und zwanzig Prozent Nickel bestehen, lassen sich zu Schmuck oder einfachen Werkzeugen formen. Eine Konkurrenz zur vielfältig verarbeiteten Bronze, etwa als Rohstoff für Werkzeuge, Rüstungen oder Waffen, stellte das Eisen aber erst dar, als die Menschen lernten, die irdischen Erzlagerstätten auszubeuten und Eisenerz zu Stahl zu verhütten.

In Griechenland begannen sie damit etwa um 1100 vor Christus und leiteten so den Übergang von der Bronze- in die Eisenzeit ein, die für die Region etwa bis zum achten Jahrhundert vor Christus datiert wird. Der lahme und rachedurstige Schmied Hephaistos schmiedete in der griechischen Mythologie nicht nur Gold, sondern auch Eisen. Der einzige Handwerker unter den Göttern des Olymps fertigte unter anderem die Kette, mit der Prometheus an den Kaukasus gefesselt wurde, und die Waffen des Achilles. Nicht nur in Griechenland war das Eisen ein Synonym für Zähigkeit und Härte – was mit seinen Eigenschaften, aber auch seiner vorherrschenden Verwendung für militärische Zwecke zu tun haben mag. Eisen war zwar sehr gebräuchlich, aber auch sehr teuer. Um 700 vor Christus beschrieb Hesiod in seinem alltagsnahen Lehrgedicht *Werke und Tage* den Mythos der »Weltzeitalter«. Auf die goldenen, silbernen und erzenen Geschlechter folgte das eiserne: »Dass ich wäre gestorben zuvor, dass später geboren! Denn jetzt hauset ein eisern Geschlecht, das weder am Tage ausruhn wird von Mühen und Leid, noch während der Nachtzeit …«

Ähnlich sahen die Römer das Metall: Den Namen »ferrum« für Eisen leiteten sie von »ferreus« (kräftig, hart, unerschütterlich) ab. Vor allem das Militär fragte Rüstungen, Waffen und Werkzeuge aus Stahl nach. Eine sechstausend Mann starke Legion benötigte über zwanzig Tonnen Stahl im Jahr. Im gesamten Römischen Reich brannten deswegen hunderttausende von Rennöfen, um die hohe Nachfrage zu bedienen. Diese Technik der Eisenverhüttung gab es in Mitteleuropa seit Beginn der Eisenzeit (nach einem Gräberfeld im österreichischen Salzkammergut bei Hallstatt auch Hallstatt-Zeit genannt) um 800 vor Christus. Die Rennöfen haben ihren Namen von der aus ihnen herausrinnenden Schlacke erhalten. Die frühen Hüttenmänner bauten ein bis drei Meter hohe, hohle Kegel aus Lehm und Lehmziegeln. An der Basis hatten sie eine Öffnung, durch die Luft eindringen und so durch den Ofen streifen konnte. Sie befüllten die Kegel mit trockenem Gras und Holz, die als Brennmaterial dienten. Darauf wurden Holzkohle und Eisenerzklumpen geschichtet. Diese Rennöfen baute man in der Nähe von Eisenerzlagerstätten in Wäldern auf, denn sie verbrauchten große Mengen an Holzkohle, die von Köhlern in Kohlemeilern erzeugt wurden. Im Zweifel wurden eher die Erze über weite Strecken zu den Holzvorräten transportiert als das Holz zu den Erzlagerstätten. Zentren der Eisenverarbeitung entstanden, wo sich beide Bedingungen trafen.

Die Rennöfen funktionierten wie folgt: Durch die untere Öffnung wurde Luft in den Ofen gefächert. Diese Sauerstoffzufuhr und die Schichtung des Materials sorgten im Inneren für Temperaturen von bis zu 1 300 Grad Celsius, mehr als doppelt so hoch als in einem normalen Herdfeuer. Das Erz musste einige Tage im Rennofen verbleiben, bis die unerwünschten Elemente wie Phosphor und Schwefel verbrannt und andere Bestandteile sich in der Schlacke gelöst hatten. Zurück blieb metallisches Eisen – unter anderem. In der Schlacke hatten sich Schwermetalle wie Cadmium oder Blei angereichert, die sich auf den Schlackehügeln um die Rennöfen herum sammelten und nur noch wenigen spezialisierten Pflanzen einen für alle anderen Organismen ziemlich giftigen Lebensraum boten. Auch Filteranlagen besaßen die Rennöfen nicht; so verteilten sich kleine Partikel der Schwermetalle über den Rauch in der Luft und setzten sich in der Umgebung ab – eine unbemerkte, aber umfängliche Vergiftung der Eisenerzregionen. Nach jedem Verhüttungsvorgang wurde die Lehmwand des Ofens aufgeschlagen, um das gewonnene Eisen herauszuholen; dabei wurde der Ofen in der Regel zerstört und musste danach neu aufgebaut werden.

Die Stahlerzeugung war aber noch nicht beendet, denn jetzt musste das entstandene Eisen mit Kohlenstoff angereichert werden, um es zu härten. Dazu gab es verschiedene Methoden. Das Roheisen wurde zum Beispiel einige Tage in einem Bad aus Kohlenstaub auf tausend Grad erhitzt. Dabei reicherte sich der Kohlenstoff im Metall an. Die Bewohner der syrischen Stadt Damaskus erreichten den Effekt, indem sie den Stahl zu dünnsten Lagen klopften und ihn dann zusammenschmiedeten; es entstand der berühmt-gefürchtete Damaszenerstahl mit der charakteristischen Maserung. Bei dem langen Schmiedeprozess wurde Kohlenstoff in das Metall eingearbeitet. In der germanischen Mythologie verfüttert Wieland der Schmied – ein Kollege im Geiste des Griechen Hephaistos – sein Eisen erst an seine Gänse, bevor er seine sagenhaft scharfen Schwerter daraus herstellt. Diese konnten angeblich, in einen Bach gehalten, eine vorbeischwimmende Feder spalten. An dem Umweg über die Gans könnte tatsächlich etwas dran sein, denn Stoffwechselprozesse im Darm reichern das Metall mit Kohlenstoff an. Wie auch immer die beiden Elemente zueinander gebracht werden – auf die Menge kommt es an. Weder zu viel, noch zu wenig Kohlenstoff durften die Hüttenmänner zugeben, zwischen 0,3 und zwei Prozent. In dieser Konzentration erhielten sie schmiedbaren, zähen Stahl. Steigt der Kohlenstoffgehalt über dieses Maß, wird das Eisen zwar sehr hart, aber auch spröde. Es lässt sich nicht mehr durch Schmieden in Form bringen, sondern muss gegossen werden – es entsteht Gusseisen.

Eine Hochzeit erlebte die Eisenverarbeitung in der vorrömischen La-Tène-Zeit, benannt nach dem Fundort einer Siedlung oder Festung am Neuenburgersee in der Schweiz. Franken, Germanen oder Kelten schmiedeten aus Stahl nicht nur Waffen, sondern vor allem kunstvolle Ackergeräte wie Hacken und Pflugscharen. Damit konnten sie den Boden nicht nur ritzen, wie mit Pflügen aus Bronze oder Stein, sondern die Erde dabei auch umgraben. Im immerwährenden Kampf gegen Unkraut auf dem Acker war das ein großer Fortschritt.

Die Chinesen begannen vergleichsweise spät damit, Eisen zu verarbeiten, etwa um 600 vor Christus – dafür gelangten sie aber schnell zu einer hohen Meisterschaft und entwickelten viel schneller effiziente Techniken. So sind einige kunstvolle gusseiserne Pagoden etwa aus dem 11. und 12. Jahrhundert erhalten.

Sie bauten die reich verzierten Bauwerke zwar meist aus Holz oder Lehm, einige Exemplare aber auch aus Eisen – und kleine, pagodenförmige Schmuckstücke in großer Zahl. Sehr früh übten sich auch die Inder in der Kunst der Eisenverarbeitung. In Delhi lässt sich eine rund 1600 Jahre alte Eisenstehle besichtigen, die einst entweder als Sonnenuhr oder astronomisches Gerät gedient haben mag. Zum Erstaunen von Metallurgen rostet die »Säule von Kuttub« nicht. Warum auch immer sie Luft und Wasser zu widerstehen vermag, legt sie jedenfalls Zeugnis von der hohen Schmiedekunst der damaligen Inder ab.

Im mittelalterlichen Europa waren es wiederum Krieger, die die Nachfrage nach Eisen ankurbelten: Für Ritterrüstungen und Waffen benötigte man jede Menge guten Stahls. Mittelalterliche Eisenregionen waren die Steiermark und die Oberpfalz, der Weichselbogen im heute südöstlichen Teil von Polen, der Harz, das Erzgebirge, das Siegerland sowie Schleswig-Holstein. In Aichach bei Augsburg erkunden Archäologen Trichter, die sie im Wald finden. Diese Löcher mit einem Durchmesser von etwa fünf Metern gruben mittelalterliche Bergleute in den Boden, um Eisenerz zu gewinnen und ihn zu überaus widerstandsfähigem Stahl zu verwandeln, der sich zu Waffen oder Pflugscharen schmieden ließ. Was sie nicht wussten: Ihr Erz enthielt Mangan, ein Metall, das Stahl härtet, weil es ihm Sauerstoff und Schwefel entzieht. Ohne es zu bemerken, verarbeiteten sie eine Legierung, die heute extra hergestellt wird, um bestimmte Eigenschaften zu erzeugen. Die Kenntnisse über die Eigenschaften von Eisen und Stahl aus bestimmten Metallen eigneten sich die Metallverarbeiter früher durch empirische Forschung an, die sie von Generation zu Generation weitergaben und weiterentwickelten. Das funktionierte nicht nur in der Metallverarbeitung; der Begründer der griechischen Geschichtsschreibung, Herodot, empfahl gegen die Bleichsucht, alte Nägel für einen Tag in Äpfel zu stecken und diese dann zu verspeisen. Damit hatte er nicht nur den Zusammenhang zwischen Blässe und Eisenmangel erkannt, sondern auch, dass der menschliche Stoffwechsel Eisen besser aufnehmen kann, wenn es zusammen mit Vitamin C (Ascorbinsäure) oder anderen organischen Säuren in gelöster Form eingenommen wird.

Das Spurenelement Eisen spielt für die Ernährung von Menschen, Tieren und Pflanzen eine essentielle Rolle – wie praktisch, dass es in fast unerschöpflichen Mengen vorkommt (auch wenn sich nicht alle wirtschaftlich von Bergbauunternehmen ausbeuten lassen). Das Innere der Erde besteht aus einer glühend heißen, flüssigen Eisen-Nickel-Schmelze, die die Erde übrigens in einen riesigen Magneten verwandelt. Mit einem Anteil von 4,7 Prozent an der Erdkruste ist es eines der häufigsten Metalle. Eisen diente den ersten Bakterien als Nahrungsquelle und ist heute noch allgegenwärtig. In jedem Menschen zirkulieren etwa zweieinhalb bis vier Gramm Eisen, das meiste davon im Blut. Dieses enthält mit dem Hämoglobin ein Molekül, in dessen Zentrum ein Eisenatom sitzt. Das Häm gehört zur gleichen Gruppe von Verbindungen aus Eisen und Farbstoffen, die auch im Hämatit vorkommen; im Blut liegt das Häm zusammen mit dem Globin vor, einem Eiweiß. Diese Verbindung verleiht dem Blut seine rote Farbe sowie die Fähigkeit, Sauerstoff zu binden.[4]

Der tägliche Bedarf an Eisen liegt bei Männern bei einem, bei Frauen bei zwei Milligramm. Weil der Körper das Element nur sehr ineffizient verwertet, müssen täglich fünf bis neun Milligramm (Männer) beziehungsweise vierzehn bis achtzehn Milligramm (Frauen) Eisen aufgenommen werden. Reichlich findet sich das in Rind- und Schweinefleisch, in Eigelb, Petersilie, Spinat und Hafer. Wer Eier lange genug kocht, kann das Eisen darin auch sehen: Rund um das Eigelb bildet sich ein blau-grüner Ring: Das Eisen ist dort mit dem im Eiklar enthaltenen Schwefel eine Verbindung zu Eisensulfid eingegangen (und kann natürlich bedenkenlos gegessen werden, vorausgesetzt, das Ei stammt von einem glücklichen Huhn). Pflanzen benötigen Eisen für die Photosynthese sowie für den Aufbau von Kohlenhydraten und Chlorophyll, manche Bakterien können Eisen als Nahrungs- und Energiequelle nutzen und in organisches Material und Sauerstoff umwandeln.

So universal Eisen als Spurenelement und als Erz in der Natur vorkommt, so universal wird es auch als Werkstoff in der modernen Industriegesellschaft eingesetzt. Seitenlang ließen sich die Anwendungen von Stahl auflisten, je nachdem, in welchen Legierungen er vorliegt: Sie reichen von Alltagsgegenständen im Haushalt wie Sägen, Schraubenzieher, Messer, Töpfe oder Büroklammern über Maschinen, Turbinen, Pumpen, Armaturen, medizinische und chirurgische Instrumente, Sportgeräte, Vakuumapparaturen bis hin zu Windrädern und Turbinen in Gas- und Wasserkraftwerken. Stahl wird in U-Booten und Raumschiffen verwendet, im Ofenbau und für die Verbindungsfedern in Wäscheklammern. Nanopartikel aus Eisenoxid, winzigstkleine Strukturen aus nur wenigen Atomlagen können etwa bei der Diagnose und Behandlung von Krebs eingesetzt werden; sie werden aber auch benutzt, um mit Schwermetallen oder halogenierten Verbindungen verseuchte Böden oder Gewässer zu reinigen. Welche Wirkungen das Nanoeisen auf die Biosphäre selber hat, ist dabei noch nicht ausgemacht.

Den Rohstoff für all diese Dinge, Eisenerz, beziehen die Unternehmen heute zu hundert Prozent aus dem Ausland. Die ertragreichen Vorkommen in Mitteleuropa sind schon lange erschöpft. In Deutschland ist ein einziges Eisenerzbergwerk übriggeblieben: Barbara Erzbergbau am Rande des Wesergebirges in Porta Westfalica. Seit 1883 gewinnt es Eisenerz im nördlichen Nordrhein-Westfalen. Der Eisengehalt des dortigen Erzes ist allerdings sehr niedrig, daher dient es nur als rotfärbende Beigabe etwa zu Beton für die Bauindustrie. Stahl wird daraus nicht hergestellt.

Zwar kommt Metall in der Erdkruste häufig vor, doch zu wirtschaftlich abbaubaren Erzlagern hat sich das Erz nur an wenigen Stellen gesammelt – oder die Vorkommen wurden durch fast dreitausend Jahre Bergbau geleert. So stammt das Eisenerz auf dem Weltmarkt heute vor allem aus riesigen Abbaustätten in Australien, Brasilien, Schweden, Kanada und Südafrika: Allein die ersten beiden haben einen Anteil an den weltweiten Eisenerzexporten von jeweils einem Drittel, und nur sieben Länder mit den weltweit größten Eisenerzminen teilen sich drei Viertel des globalen Marktes.[5] In Australien und Brasilien liegen die riesigen Vorkommen zur Freude der Bergbauunternehmen auch noch oberirdisch und können im Tagebau gewonnen werden. Kilometerlang ziehen sich gigantische, terrassenförmige Gräben in die rote Erde. Die beiden britisch-australischen Rohstoffkonzerne Rio Tinto und BHP Billiton, die auf vielfache Weise miteinander verflochten sind, teilen das Geschäft nahezu vollständig unter sich auf und exportieren den größten Teil des dort geförderten Eisenerzes nach China. Ebenso hält es der Weltmarktführer Vale aus Brasilien.

Diese drei Konzerne bestimmen den Markt und verfügen daher über einen immensen Einfluss. Sie diktieren den Abnehmern die Preise – womit vor allem die Verarbeiter in komplett importabhängigen Staaten wie Deutschland zu kämpfen haben; außerdem können die Konzerne, die die jeweilige Wirtschaft in den Abbauregionen dominieren, dort politischen Einfluss ausüben. Immer wieder berichten Menschenrechts- und Umweltorganisationen über den Machtmissbrauch der Konzerne. Siedlungen der örtlichen Anwohner müssen dem Tagebau in Australien oder Indien weichen; in Brasilien dringt der Bergbau in die ökologisch so empfindliche wie wertvolle Amazonasregion vor.[6] Zudem wird immer wieder moniert, dass die Bevölkerung vor Ort selten vom Rohstoffreichtum profitiert.

Für – autokratisch regierte – Entwicklungsländer ist der Zusammenhang zwischen Bergbau, Korruption und Armut umfänglich belegt; aber auch im Westen Australiens tragen die gigantischen Erzvorkommen nur wenig zu einer nachhaltigen Entwicklung der Region bei. Arbeiter und Ingenieure werden eingeflogen und wohnen übergangsweise in der Nähe ihres Arbeitsortes. Es wird Erz abgebaut und abtransportiert, aber vor Ort entsteht daraus nichts. Mit ihrem »Dodd-Frank-Act« hat die US-amerikanische Regierung einen Versuch unternommen, den »Ressourcenfluch« zu brechen. Zwar geht es um spezielle Metalle (etwa Coltan und Zinn) aus einer speziellen Region (dem kriegsgebeutelten Kongo und seine Nachbarländer). Doch hat das Gesetz, das genaue Herkunftsnachweise für diese Konflikt-mineralien vorschreibt, immerhin eine Debatte über fairen Berg-bau angestoßen. Die EU plant inzwischen ein ähnliches Regula-rium, stößt damit allerdings auf die Skepsis von Experten. Das Freiburger Öko-Institut hat die Wirkungen des Dodd-Frank-Acts untersucht und kommt zu einem zwiespältigen Ergebnis: Die Debatte über Konfliktmineralien wird begrüßt und auch die Notwendigkeit zum Handeln erkannt. Allerdings sei der büro-kratische Aufwand für die Unternehmen so hoch, dass sie Erze aus dem Kongo inzwischen gänzlich mieden. Damit erwiesen sie der Region einen Bärendienst, denn die Bergbauunternehmen – kleinste Firmen und Einzelpersonen – erhielten kein Einkom-men mehr. So bewirke das Gesetz das Gegenteil von dem, was es erreichen wolle: Die Armut nehme zu. Der Vorschlag des Insti-tuts: Die EU solle Minen dazu verpflichten nachzuweisen, dass sie fair arbeiteten, die Unternehmen aber von solchen Verpflich-tungen frei halten.

Etwas mehr Transparenz in den Rohstoffhandel hat die EU im April 2013 gebracht; damals einigten sich Parlament, Kommis-sion und Rat in Brüssel darauf, dass größere Unternehmen dieser Branche ihre Zahlungen an Regierungen ab einer Summe von hunderttausend Euro offenlegen müssen. Bis 2015 haben die Mit-gliedsstaaten jetzt Zeit, die Vorgabe der EU in nationale Gesetze umzusetzen. Die Forderung nach mehr Transparenz war von Nichtregierungsorganisationen schon lange erhoben worden, um die Korruption in den Rohstoffländern zu mildern und der Bevöl-kerung zu ermöglichen, am natürlichen Reichtum ihrer Länder teilzuhaben und nicht nur die Kosten und Schäden zu tragen. Denn um Eisenerz abzubauen, wird viel Land, Energie und Was-ser benötigt; giftige Chemikalien wie beim Kupfer- oder Gold-bergbau (Regionen mit Kupferbergwerken sind Belastungen durch Schwefelsäure und Schwefeldioxid ausgesetzt; und wo Gold gewonnen wird, bleiben Zyanid und Schwermetalle zurück) entstehen zwar weniger, sie treten vermehrt erst während des Verhüttungsprozesses auf.

In der Stahlproduktion ist der Einsatz von Sekundärrohstoffen hoch: Zwischen vierzig und fünfundfünfzig Prozent ihres Rohstoffbedarfes decken die deutschen Hersteller durch Stahlschrott. 42,6 Millionen Tonnen Stahl haben sie 2013 produziert, weltweit waren es 1 607 Millionen Tonnen. Davon hat 779 Millionen alleine die traditionsreiche Eisennation China hergestellt. Im weltweiten Maßstab sind die deutschen Erzeuger also eher klein. Der Essener ThyssenKrupp-Konzern, der deutlich größte Stahlproduzent in Deutschland, schafft es international nur auf Platz elf der Branche. Mit Abstand folgen die Salzgitter AG und ArcelorMittal Bremen.[7] Jedoch sind sie bekannt dafür, die ausgesprochen wettbewerbsfähige hiesige Maschinen- und Autoindustrie mit speziellen Stählen zu beliefern. Stahl steht nämlich am Anfang der Wertschöpfungskette und muss ganz unterschiedlichen Anforderungen gerecht werden. Die Autobauer etwa wollen Stahl, der bei einem Unfall weich wie Gummi ist und die Energie eines Aufpralls aufnimmt, dabei aber nicht reißt. Maschinenbauer wiederum fragen nach besonders hartem und beständigem Stahl; für andere Verwendungen muss er säurefest, rostfrei oder besonders hitzeverträglich sein. Das wird erreicht, indem ihm andere Metalle beigemischt werden, etwa Kobalt, Molybdän, Wolfram, Vanadium oder Niob. Chemiker, Physiker, Materialkundler und Ingenieure denken sich immer neue Anwendungen aus: Mit Atomsonden untersuchen sie verschiedene Stähle bis auf die Ebene der atomaren Strukturen und stellen sie dreidimensional dar.[8]

Obwohl die Vorräte an Eisenerz reichlich sind und bei jetzigem Abbautempo noch Jahrhunderte reichen, machen diese Beimischungen den Hightech-Stahl von heute zu einem kritischen Rohstoff. Denn ob Molybdän oder Kobalt, Wolfram oder Niob – sie alle stehen aus verschiedenen Gründen auf den schwarzen Listen der Rohstoffexperten. Die Industrie kann sich ihrer in Zukunft nicht sicher sein. Molybdän zum Beispiel, ein Metall der Chromgruppe: Als Element erst spät (1782) entdeckt und beschrieben, ist es in Japan schon im 14. Jahrhundert benutzt worden, um besonders rostbeständige Schwerter zu schmieden. Es hat einen der höchsten Schmelzpunkte aller Metalle; erst ab 2617 Grad wird es flüssig und wird, wie in Japan früher, Stählen heute zum Korrosionsschutz beigemischt. Geographisch ist es zwar angenehm verteilt: Es wird in den USA, China, Chile, Peru und Kanada abgebaut und steht somit dem Markt zur Verfügung. Doch das silberweiße Metall ist nicht zu ersetzen, und »nicht substituierbar« bedeutet für Rohstoffstrategen: kritisch. Niob hingegen ist ein sehr seltenes Element in der Erdkruste. Das Schwermetall kommt nur in Verbindung mit anderen Metallen vor und muss unter Einsatz von Säuren von ihnen getrennt werden. Wird es Stahl beigemischt, ist er korrosionsbeständiger und lässt sich besser schweißen. Wolfram wird von der Bundesanstalt für Geowissenschaften und Rohstoffe im Zusammenhang mit starken Preisschwankungen genannt und könnte für Unternehmen somit ökonomisch kritisch werden.

Problematisch ist aber nicht nur die Beschaffung mutmaßlich seltener, teurer oder ökologisch nicht nachhaltiger Metalle, sondern auch ihre Vermischung mit dem Eisen. Denn einmal verbunden, sind sie nur unter großen Mühen und dem Einsatz teils korrosiver, teils giftiger Chemikalien (etwa Salpetersäure) voneinander zu trennen. Zwar wird an Methoden gearbeitet, Legierungen mit Hilfe von Bakterien zu trennen, die Metalle verarbeiten können. Aber die Zyklen, in denen riesige Mengen verschiedenster Metalle verarbeitet, benutzt und wieder entsorgt werden, stimmen nicht mit den Rhythmen der Bakterien überein: Die unglaublich selektive Arbeit der Mikroorganismen dauert Jahre und Jahrzehnte – die Industrie rechnet in Monaten.

Nicht nur die absichtsvolle Legierung von Metallen bereitet dem Recycling Schwierigkeiten, sondern auch die zufällige. In vielen elektronischen Geräten ist, neben den bekannten Hightech-Metallen wie Gold, Silber, Kupfer, Germanium oder den Seltenerdmetallen, auch Eisen enthalten. Als Smartphone oder Computer landen diese Metalle gemeinsam im Schrott. Auseinandergebaut werden sie nicht, das ist zu teuer, weil es um jeweils sehr kleine Mengen geht, und technisch zum Teil gar nicht möglich. Eine Verbindung aus Eisen und Kupfer jedoch ist beispielsweise als Sekundärrohstoff kaum noch zu gebrauchen, weil Kupfer den Stahleigenschaften abträglich ist. Zwar ermöglichen Metalle und ihre Verbindungen eine Vielzahl von Eigenschaften, Funktionen und entsprechende Anwendungen, ohne die moderne Kommunikationstechnik und Energieerzeugung bislang nicht denkbar sind; und auch eine postfossile Ökonomie wird daher ganz wesentlich auf Metallen und ihren Legierungen aufbauen. Doch unbedacht und beliebig vermischen lassen sie sich nicht. Je nach Metallkombination können Entmischungen auftreten und die Eigenschaften der nunmehr nicht mehr reinen Stahlphase sind nicht mehr klar zu definieren. Das bedeutet: Mikroskopisch kleine Körnchen aus unterschiedlichen Stoffen gehen Verbindungen ein und verleihen dem ganzen Gemisch zum Teil neue Eigenschaften; der Stahl ist an manchen Stellen nicht mehr so korrosionsbeständig, besitzt eine andere Hitzebeständigkeit als erwartet, und so weiter. Die Unternehmen haben aber sehr präzise Erwartungen an das Material, das sie verwenden wollen – für sie werden solche wilden Mixturen folglich unbrauchbar.

Umgekehrt lassen sich durch Mischungen mikroskopisch kleiner Metall- oder Legierungsteilchen Materialien mit ganz außerordentlichen Eigenschaften und Funktionen erzeugen. Die Welt der Metalle gleicht einer Büchse der Pandora, in der sich noch viele unerwartete, gezielt angestrebte und nutzbringende Funktionsmaterialien entdecken und erfinden lassen. Aber Vorsicht, die Nutzung dieser Schätze führt oft dazu, dass sich die Metalle in ganz kleinen Mengen in der Umwelt verteilen und so verlorengehen. Wenn sie dabei, wie zum Beispiel die Schwermetalle Blei, Quecksilber, Cadmium und Co., toxische Eigenschaften aufweisen, können sie gar zur Bedrohung von Mensch und Tier werden. So wird in manchen Spielzeugen immer noch Cadmium gefunden, das als Cadmiumsulfid ein gelbes Farbpigment bildet. Durch liebevolles Lutschen, Werfen und Schubbern gelangen Cadmiumpartikel in die Umwelt – oder in den Kindermund. Anderes Beispiel: In jedem modernen Display, sei es bei Fernsehern oder Handys, ist in kleinen Mengen das seltene Metall Indium verarbeitet. Die Flüssigkristalldisplays werden kaum recycelt, zu gering ist die Ausbeute an Metallen, zu billig sind die primären Rohstoffe; Indium wird als ein Nebenprodukt des Zinkbergbaus gewonnen. Der Bergbau selbst ist übrigens eine große Emissionsquelle, rund elf Prozent aller Quecksilberemissionen weltweit werden im Goldbergbau verursacht.[9] Es ist daher wichtig, Strategien zu entwickeln, um Metalle nutzen zu können, ohne dass sie sich unserer Obhut entziehen.

Seit beinahe dreitausend Jahren ist das Eisen nun ein treuer Begleiter der Menschheit, in guten und in schlechten Zeiten hat es Kultur, Wirtschaft und Technik der auf vielfache Weise verflochtenen Zivilisationen mitgeprägt – und hat dabei nichts von seiner essentiellen Bedeutung eingebüßt. Lange Zeit bestimmte es den Alltag der ländlichen Bevölkerung, die Eisenerze abbauten, verhütteten und verarbeiteten. Eisen war der Grundstoff für die Industrialisierung – und hat bislang all ihre Entwicklungssprünge, von der Entwicklung der Dampfmaschinen und Eisenbahnen über die Elektrifizierung bis zur Elektronik maßgeblich begleitet. Es ist unsere Aufgabe, dieses Geschenk des Planeten verantwortungsvoll zu nutzen und es unseren Nachkommen zu erhalten. Wir müssen sinnvolle Recyclingstrukturen einrichten, die sich nicht nur nach den Marktpreisen der Primärrohstoffe richten. Wie wäre es, wenn Unternehmen, die eine neue Legierung für eine bestimmte Anwendung erstellen, gleich die Lösung für die Wiederverwertung präsentieren müssen?

Während uns das Eisen seit Jahrtausenden begleitet, teilen wir mit dem silberweißen Gallium erst ein kurzes Kapitel unserer Technikgeschichte. Was hätten wohl Wieland der Schmied oder Hephaistos zu einem Metall gesagt, das in der Hand schmilzt und Lichtsignale übertragen kann?

11 Gallium – der Lichtbringer der Zukunft

Fünf Jahre, nachdem der französische Chemiker Paul Émile Lecoq de Boisbaudran ein lange nur vermutetes Element zwischen Aluminium und Silizium entdeckte und ihm den Namen Gallium verpasst hatte, meldete der amerikanische Tüftler Thomas Alva Edison sein Patent auf eine Glühlampe an. 1880 war das. Mit seiner Erfindung war Edison aber beileibe nicht der Erste – im Laufe des 19. Jahrhunderts hatten etliche Techniker verschiedene Modelle einer mit Strom betriebenen Lampe erfunden. Aber Edisons Birne war billiger und einfacher herzustellen, und darum ging er als ihr Erfinder in die Geschichte ein. In seinem Modell umschloss ein Glaskolben ein Vakuum, in dem zwei Drähte einen hauchdünnen und äußerst hitzebeständigen Kohlefaden hielten, bis zu 2 100 Grad Celsius kann er heiß werden. Gallium brauchte Edison für seine Wärmelampe, die nebenbei auch Licht abgab, nicht; fraglich, ob er das Element überhaupt kannte. Bis das Gallium, dieser Lichtbringer der Zukunft, Wohnungen, Häuser und Straßen beleuchten, weltweite Kommunikationsnetze und miteinander sprechende Maschinen ermöglichen würde, sollte es noch mehr als hundert Jahre dauern.

Thomas Edison hatte für theoretische Chemie oder Grundlagenforschung nicht viel übrig, ihn interessierten Innovationen, mit denen sich Geld verdienen ließ: Er erfand einen Börsenkursanzeiger und den ersten Phonographen, mit dem sich Stimmen aufzeichnen und wiedergeben ließen. An der Erfindung der Schreibmaschine, des Telefons, der 35-Millimeter-Filmtechnik und, weniger amüsant, an der des elektrischen Stuhles war er beteiligt. Edison hatte einen Sinn für neue technische Produkte – und dafür, sie an den Markt zu bringen. Mit seiner Glühbirne wurde künstliches Licht erschwinglich für jedermann, erst recht, als die Städte anfingen, ein flächendeckendes Stromnetz aufzubauen.[1] Edison selbst ließ in New York 1882 unterirdische Kabel verlegen und ein großes Dampfkraftwerk errichten. 59 Kunden wurden in dem Jahr ans Stromnetz angeschlossen, ein Jahr später waren es schon 513. Ende des 19. Jahrhunderts war Edisons Konzern mit dreitausend Mitarbeitern und einem Kapital von zehn Millionen Dollar einer der großen der Welt.

Die Glühlampe ermöglichte es, die Nacht zum Tag zu machen, in den Wohnungen, Werkstätten und Fabriken. Sie steht damit in einer Reihe der großen Erfindungen wie die der Dampfmaschine oder des mechanischen Webstuhls, die der Industrialisierung den Weg bereiteten oder sie begleiteten. Ihre früheste Phase gilt heute auch als Industrie 1.0.[2] Mit Kohle betriebene Dampfmaschinen bewegten Wasserpumpen in den Kohleminen, Webmaschinen oder Lokomotiven und ersetzten so menschliche und tierische Arbeitskraft. Mit dem Auftauchen der Glühlampe und ihrer massenhaften Verbreitung ging diese erste Phase der Industrie schon langsam ihrem Ende entgegen. Nur ein gutes Jahrhundert hat es gedauert, bis die Fertigung in Fabriken der oft in Heimarbeit organisierten Handwerkstradition ein Ende bereitet hatte. Dieser für viele Zeitgenossen unfassbar rasche Wandel war nur möglich durch eine rasante Beschleunigung der Wissensproduktion – eine Erfindung jagte die nächste, Entdeckung reihte sich an Entdeckung.

Eine der ganz großen Erfindungen kam eher unscheinbar daher: in Form einer schlichten Tabelle, die unter ihren Zeitgenossen recht wenig Beachtung fand. In Russland entwickelte der junge Chemiker Dmitri Mendelejew ein System, das, in mehrfach modifizierter Form, heute noch Gültigkeit besitzt. Erstmals veröffentlichte er es 1869 in seinem Lehrbuch *Grundlagen der Chemie*, in dem er seinen Studenten an der St. Petersburger Universität eine dringend benötigte Einführung in das Fach in russischer Sprache zur Verfügung stellte.[3] In dieser Einführung bot er seinen Schülern ein logisches System der damals bekannten Elemente an, in dem er sie nach ihrem Atomgewicht und ihren Eigenschaften ordnete. Das Geniale an den Überlegungen des 1907 verstorbenen Russen (der nie den Nobelpreis erhielt und auf dessen Name lediglich, Jahrzehnte nach seinem Tod, das Mendelevium getauft wurde, ein bislang unbedeutendes und rasch zerfallendes Element), das Geniale also war, dass er Lücken in seinem »periodischen System« erkannte. Nach seinen Berechnungen musste sich zwischen den schon bekannten Elementen Aluminium und Silizium ein weiteres Element befinden. Und tatsächlich: Sein französischer Kollege Lecoq de Boisbaudran entdeckte sechs Jahre nach Erscheinen des Lehrbuches in einer Zinklegierung aus den Pyrenäen das fehlende Element – und nannte es der patriotischen Mode der Zeit entsprechend nach seinem Heimatland »Gallium« (dass er über den Umweg »Gallo« für »Le Coq« sich selbst ein chemisches Denkmal setzen wollte, ist sicherlich nur üble Nachrede seiner Neider). De Boisbaudran bestätigte in Messungen die theoretischen Vorhersagen Mendelejews über das Metall. Weitere Lücken in dessen System der Elemente füllten sich in den folgenden Jahren: Zwischen Calcium und Titan rutschte das in Schweden entdeckte Scandium, zwischen Silizium und Zinn das Halbmetall Germanium, entdeckt an der Bergakademie Freiberg im sächsischen Erzgebirge.

Dem Gallium aber kommt es zu, als erstes Beweisstück für die Theorie Mendelejews zu gelten. Das war dann aber auch erst mal alles, es gab keine Verwendungsmöglichkeit für das eigenartige Metall: Gallium ist flüssig schwerer und besitzt eine höhere Dichte als in festem Zustand. Normalerweise ist das anders herum. Außerdem wird es schon bei knapp unter dreißig Grad Celsius flüssig – wer ein Bröckchen des ansonsten sehr hitzefesten Galliums (der Siedepunkt dieses Elements liegt bei 2 205 Grad Celsius!) mit der Hand umschließt, kann es also zum Schmelzen bringen. Ansonsten entsprechen seine chemischen Eigenschaften dem Aluminium. Karriere hatte zu dieser Zeit längst ein ganz anderes Metall gemacht, das Eisen. Geformt zu Stahl ermöglichte es kühne Bauwerke wie den Eiffelturm in Paris, die Central Pacific Railroad, die als schnurgerade Eisenbahnstrecke den Westen der USA mit der Pazifikküste verbindet, oder die Iron Brigde in der englischen Grafschaft Shropshire, die erste Eisenbrücke der Welt. Eisen hat also, neben der Baumwolle, die Stoffgeschichte der industriellen Revolution geschrieben. Diese trat 1913 in eine neue Epoche ein: Henry Ford erfand das Fließband und entwickelte so die Fabrik des 19. Jahrhunderts weiter. Er unterteilte die Fertigung in kleine Schritte und machte die Arbeit so erheblich schneller, allerdings auch eintöniger. Das legendäre Fahrzeug des Typs »Modell T« wurde durch die serielle Produktion massentauglich und der Preis für das Auto fiel von 850 Dollar auf 370 Dollar. Maschinen oder auch ganze Fabriken wurden immer häufiger mit Strom angetrieben, nicht mehr mit Wasserdampf; dadurch arbeiteten sie zuverlässiger und waren leichter zu steuern. Kurz vor dem Ersten Weltkrieg war damit die Industrie 2.0 geboren, die ersten Anfänge des auf fossile Energien gestützten Massenkonsums.

Zu dieser Zeit brannte sie schon seit über zehn Jahren: die Glühbirne in der Feuerwache des kleinen kalifornischen Örtchens Livermore nahe San Francisco. Eine 60-Watt-Lampe mit Kohledraht, so wie Edison sie erfunden hatte. Das noch hitzebeständigere Wolfram wird erst seit 1910 in Glühlampen eingesetzt. Seit 1901 brennt die Livermorer Leuchte, heute berühmt als Centennial Light, als Jahrhundertlicht. Ursprünglich mit einer Leistung von sechzig Watt ausgestattet, bringt sie es heute noch auf vier Watt, aber sie leuchtet – und ist inzwischen ein Star. Unter der Adresse *www.centennialbulb.org* führt sie eine eigene Website, auf der sie per Livecam beobachtet werden kann. Den Kritikern der Wegwerfgesellschaft gilt sie als Beweis für die »geplante Obsoleszenz«, also den Einbau von Sollbruchstellen in Gebrauchsgegenständen, damit sie schneller kaputt gehen und durch neue Geräte ersetzt werden müssen. Diese Glühbirne zeige doch, wie lange Dinge halten könnten, würden sie nur ordentlich konstruiert und gepflegt, so die Argumentation.

Allerdings steht die langlebige Glühbirne aus Kalifornien noch für etwas anderes: Für die geringe Innovationsdichte im Bereich der Beleuchtung. Kaum verändert wurde Edisons Modell bis in unsere Tage hinein verwendet. Das Bild der Leuchte in der Feuerwache erstaunt den heutigen Betrachter viel weniger als etwa das Bild eines Oldtimers aus jener Zeit. Während sich Autos, Nähmaschinen oder Fernseher seit ihrer Erfindung rasant verändert haben, ist die Glühbirne im Wesentlichen ein ganzes Jahrhundert lang immer die Gleiche geblieben. Eine neue Technik der Beleuchtung hat sich erst vor wenigen Jahren durchgesetzt – und dabei lustigerweise einen Sturm der Entrüstung ausgelöst. Aber das kommt später.

Zunächst brennt die Livermore-Birne friedlich in der Feuerwache, nach dem Ersten verwüstet der Zweite Weltkrieg die Kontinente – und das Gallium führte noch immer ein Aschenputteldasein auf Mendelejews Elementtafel. In einer 1959 an der TU Aachen vorgelegten Dissertation über das Vorkommen verschiedener Metalle und ihren Verbleib im Verhüttungsprozess heißt es, die technischen Verwendungsmöglichkeiten für Gallium seien bisher »nicht sehr groß«. In Betracht gezogen wird es als harmloser Quecksilberersatz in Thermometern, weil es bei Raumtemperatur schmilzt, auch könne es wohl in Legierung mit anderen Metallen als Zahnplombe oder bei der Konstruktion von Atomkraftwerken Verwendung finden. Lobend erwähnt der Autor nur die Ungiftigkeit des Galliums. Schon einige Jahre später allerdings wird dem Element in einem Lehrbuch über seltene Metalle aufgrund seiner Halbleitereigenschaften eine »besondere Bedeutung« zugesprochen und für Anwendungen in der neuzeitlichen Technik empfohlen. Da nähern wir uns langsam den Siebzigern – und damit dem Übergang in die Industrie 3.0, die durch die Erfindung der Mikroelektronik und der Massentelekommunikation gekennzeichnet ist.

Jetzt schlägt die große Stunde der Gewürzmetalle. Ähnlich einem Curry, das zwar nur kleine Mengen Bockshornklee, Zimt, Kardamom, Paprika, Salz und Pfeffer für seinen typischen Geschmack braucht – diese aber unbedingt –, ermöglichen Metalle und Halbmetalle wie Gallium, Germanium, Indium oder Seltene

Erden moderne Produkte wie Computer, Smartphones, Flachbild-schirme oder Techniken wie die schnelle Datenübertragung in Glasfasernetzen. In der Industrie 3.0 sind Chips in die Fabriken eingezogen, sogenannte »speicherprogrammierbare Steuerun-gen«. Sie steuern Roboter, die zu einem unglaublichen Produkti-vitätssprung geführt und immer mehr Arbeitskräfte ersetzt ha-ben. Wer heute die fast menschenleeren Hallen etwa der großen Stahlwalzwerke betrachtet, gelenkt aus einem kleinen, sauberen, schallisolierten Cockpit mit zahlreichen Bildschirmen, der sieht das vorläufige Ende dieser Entwicklung. Die Mikroelektronik be-ruht auf den Eigenschaften der sogenannten Halbleiter, etwa der Elemente Silizium, Germanium oder der Verbindung Galliumar-senid. Ihren Namen haben sie erhalten, weil sie Strom leiten kön-nen – oder auch nicht, je nach ihrem Zustand. Beeinflusst wird das von unterschiedlichen Faktoren, etwa der Temperatur, der Helligkeit beziehungsweise der eingestrahlten Lichtstärke oder aber der Mischung mit Atomen anderer Elemente. Wie genau die Halbleitertechnik und ihre ganz verschiedenen Anwendungen funktionieren, wollen wir Ihnen an dieser Stelle ersparen, nur so viel: Sie beruhen sämtlich auf der Umwandlung elektrischer Energie in Licht – und umgekehrt.

In der milliardenschweren Lichtbranche dreht sich viel, aber längst nicht mehr alles um die Beleuchtung. Die Photonik gilt mittlerweile als Schlüsseltechnologie wie die Nano- oder die Bio-technologie und ist wichtig für den Maschinenbau, die Mikro-elektronik, die Medizin und die Messtechnik. Gallium ist Teil der Kupfer-Indium-Gallium-Diselenid-Basis moderner Dünnschicht-Solarzellen (die sogenannte CIGS-Technologie), die wesentlich effizienter arbeiten als herkömmliche Panels aus Silizium. Aller-dings können sie ihre Vorteile nur dann ausspielen, wenn das Gallium sehr rein verwendet wird – eine Herausforderung für die Produzenten.[4] Halbleitermaterialien sind auch Bestandteil von Lasergeräten. Laserstrahlen (Laser bedeutet »Light Amplification by stimulated Emission of Radiation«, also Lichtverstärkung durch die stimulierte Aussendung von Strahlung) sind stark gebündeltes und verstärktes Licht, das in Form von Mikrowellen oder Röntgenstrahlung, als infrarotes oder ultraviolettes Licht auftreten kann. Die Einsatzgebiete für Laser sind unüberschaubar: Das energiereiche Licht schneidet Materialien, von Metallen über Carbonfasern bis zur Haut; es verschweißt Kunststoffe untereinander oder mit Metall; es misst Abstände und leuchtet neuerdings sogar als Autoscheinwerfer und soll dort die gerade erst entwickelten LEDs ablösen.

LEDs sind ein weiterer großer Anwendungsbereich von Halbleitern, sie haben der über hundert Jahre alten Glühbirne mit ihrer überlegenen Technik endlich den Garaus gemacht – und das Centennial Light zum Museumsstück. In einer LED (»light-emitting diode«, also Licht aussendende Diode) werden zwei Schichten von Halbleitermaterialien miteinander derart kombiniert, dass elektrische Energie in Strahlungsenergie transformiert werden kann. Entsprechend der Zusammensetzung der Halbleitermaterialien kann die Farbe des emittierten Lichts gesteuert werden. Für Gallium-basierte Systeme ergeben sich beispielsweise folgende Möglichkeiten: Galliumarsenidphosphid leuchtet rot, Galliumphosphid grün, Galliumnitrid blau und Galliumarsenid infrarot; um weißes (Tages-)Licht zu erhalten, werden rote, grüne und blaue LEDs kombiniert. Besonders viel Energie entwickelt die blau leuchtende Galliumnitrid-Verbindung, mit dieser »künstlichen Sonne« lassen sich Leuchtstoffe (zum Beispiel Verbindungen der sogenannten Seltenerdmetalle) anregen, die dann Licht im sichtbaren Bereich emittieren. Die Ausbeute, mit der sie Energie in Licht umwandeln, ist mit derzeit dreißig Prozent und stark steigender Tendenz deutlich besser als die der klassischen Glühlampe: Diese hatte nur fünf Prozent der eingespeisten Energie in Licht umgewandelt. Der Energieverbrauch der LEDs ist darum insgesamt niedriger. Zudem bescheinigen ihnen etwa die Tester der Stiftung Warentest eine Lebensdauer von im Schnitt zwanzig Jahren.

Trotz ihrer technischen Vorteile schafften es die LED-Leuchten nicht von alleine in die Wohnzimmer und Büroräume, zu vertraut waren die Verbraucher mit der guten alten Glühbirne. Für die Revolution der Beleuchtung war ein Anstoß der Politik nötig. 2005 beschloss die EU-Kommission ein Gesetz, dessen Name zwar kaum jemand kennt, das aber bis heute weitreichende Folgen für Industrie, Handel und Konsumenten hat: die Ökodesign-Richtlinie. »Design« ist dabei eine irreführende Übersetzung aus dem Englischen, gemeint ist eigentlich: Konstruktion. Die Richtlinie schreibt vor, dass sich Unternehmen, Gesetzgeber, Wissenschaftler und Zivilgesellschaft für ganz bestimmte Produkte wie Leuchtmittel, Staubsauger, Pumpen oder Elektromotoren auf Standards zum Beispiel im Energieverbrauch einigen. Geräte, die ab einem festgelegten Zeitpunkt mehr Strom fressen, dürfen nicht mehr hergestellt oder gehandelt werden. Die Verhandlungen darüber, welche Produkte ab wann wie viel Strom verbrauchen dürfen, sind langwierig, weil die beteiligten Gruppen immer wieder angehört werden; zudem gelten lange Übergangsfristen.

Trotzdem gibt es jedes Mal einen öffentlichen Aufschrei, wenn für eine weitere Produktgruppe neue Standards veröffentlicht werden. Irgendein Politiker nutzt immer die Gelegenheit, um gegen den angeblichen Bürokratiemoloch Brüssel zu wettern, obwohl auch die nationalstaatlichen Regierungen selbstverständlich in den Entscheidungsprozess einbezogen sind. Als 2011 die erste Stufe des Glühbirnenverbots in Kraft trat, ließ die *taz* eine Kolumnistin jammern: »Morgen ist es so weit; ein Zeitalter geht zu Ende. Höchste Zeit für einen Nachruf. Vielleicht so: Teure Verlöschende! Du warst das Licht dieser Erde! Es wird ein anderes Leben sein ohne Dich. Kälter wird es sein und fremder. Und vielleicht werden auch wir kälter und fremder werden im giftig verstrahlenden Quecksilber-Schein nach dir. Wer könnte Dich ersetzen?«[5] Der *Spiegel* schwadronierte unter dem Stichwort »Bürokratie« mehr oder weniger sinnfrei über die »Öko-Falle«, die das Glühbirnenverbot darstelle.[6] Die Händler ersannen Tricks, wie sie die alten Lampen auch über die gesetzliche Frist hinaus verkaufen könnten, Verbraucher horteten die Birnen zu Hause. Jüngst flammte eine ähnliche Debatte auf, als die Ökodesign-

Richtlinie sich den Staubsauger vorknöpfte. Ende 2013 traten neue Vorschriften für den Stromverbrauch der Geräte in Kraft – nach fünfjährigen Verhandlungen, an denen, wie gesagt, neben dem Gesetzgeber auch die Industrie und die Zivilgesellschaft beteiligt waren.

Wenn möglichst viele Akteure mitentscheiden, führt das selbstverständlich zu einer großen Menge Akten. Das mag bürokratisch erscheinen, doch anders ist die demokratische Teilhabe an Regeln für die Industrie nicht zu haben. Gerne argumentieren die Hersteller, der Markt würde sie schon von ganz alleine dazu bringen, die jeweils effizientesten Produkte mit den effizientesten Verfahren herzustellen. Doch fragen Kunden nicht immer (oder besser: eher selten) die umweltfreundlichsten Produkte nach, Preis oder Marketingstrategien spielen eine größere Rolle. Berater, die Unternehmen auf den sparsamen Einsatz von Wasser, Energie oder Rohstoffen untersuchen, finden in der Regel zahlreiche Möglichkeiten, Ressourcen zu sparen. Die Ökodesign-Richtlinie ist somit ein effektives und wirkungsvolles Instrument, um Produkte und Verfahren der Industrie umweltfreundlicher zu machen.

Inzwischen haben LEDs in vielen Innenräumen, in öffentlichen Gebäuden und auf Straßen Glühbirnen ersetzt, und das Abendland ist nicht untergegangen. Längst dient Licht aber nicht mehr nur der Beleuchtung. Eher im Verborgenen tun LEDs schon lange ihren Dienst. Die Welt haben sie damit mindestens so sehr verändert wie die elektrische Glühbirne, als sie die Nacht zum Tag werden ließ. Infrarot-LEDs etwa erzeugen ein für das menschliche Auge unsichtbares Licht, das in Fernbedienungen, Nachtsichtgeräten oder Lichtschranken eingesetzt wird. Die Leuchtkraft der LEDs kommt in tageslichttauglichen Bildschirmen in Smartphones, elektronischen Lesegeräten oder Flachbildschirmen zum Einsatz; besondere Bedeutung erlangen LEDs aber vor allem als Quelle für die Lichtimpulse, mittels derer Glasfaserkabel Daten übertragen.

Ohne diese Infrastruktur wäre das weltumspannende Internet nicht denkbar gewesen. 1969 fand es seinen Anfang, als die »Advanced Research Projects Agency« unter dem Dach des US-Verteidigungsministeriums das Projekt »Arpanet« auflegte und damit begann, Großrechner von Universitäten und Forschungseinrichtungen miteinander zu vernetzen, um deren Rechenleistung besser zu nutzen. Als das zuständige Gremium, die National Science Foundation, 1990 beschloss, dieses Netz der Wissenschaft öffentlich zugänglich zu machen und es zu kommerzialisieren, war der Startschuss für das Internet gegeben, das wir heute kennen. Medien, Handel, Logistik, Politik – die gesamte Lebenswelt der Konsumenten änderte sich grundlegend: In seinem *Weltjahrbuch 2000* schreibt der *Spiegel* über die »Mausklick-Ökonomie«, Online-Unternehmen wie Amazon veränderten die Wirtschaft »mit revolutionärer Wucht«. Schon zehn Prozent der US-Haushalte nutzten 1999 das Internet, um Einkäufe oder Bankgeschäfte zu erledigen – die Amerikaner als traditionelle Katalog-Shopper gingen voran, in Deutschland kauften damals erst drei Prozent der Haushalte online. Allerdings warnt der Artikel davor, wer in fünf Jahren keine Internetgeschäfte mache, mache gar keine mehr.[7]

In der Tat haben heute 85 Prozent der Deutschen einen Zugang zum Internet; der Onlinehandel zeigt die größten Wachstumsraten und bereitet Geschäften vor allem kleiner Städte Kopfzerbrechen. Im für den Einzelhandel wichtigen Weihnachtsgeschäft legte er im Vergleich zum Vorjahr um fünfzehn Prozent zu; insgesamt gaben die Verbraucher 81 Milliarden Euro aus, 8,5 Milliarden davon im Internet. Händler mit stationären Läden sehen ihr Heil inzwischen nur noch darin, sich an diesem wachsenden Segment zu beteiligen. Ob der Möbelhändler Ikea oder die Brillenkette Fielmann, alle sehen Wachstumschancen vor allem im Netz; sogar Shoppingmalls, selbst ein Inbegriff neuer US-amerikanischer Konsumkultur, die gewachsene Innenstädte bedroht, müssen umdenken. Sie testen Apps, mit denen sich Kunden in den Einkaufszentren über Rabattaktionen oder Neuigkeiten informieren können. Vor allem, seit der Onlinezugang auch mit mobilen Endgeräten wie Smartphones oder iPads möglich ist, dominiert das Netz den Alltag.

Der rasend-schnelle, immer und überall mögliche Zugriff auf die Daten des Netzes erzählt zahlreiche neue Stoffgeschichten. Seltenerdmetalle wie Yttrium oder Europium werden zusammen als rote Leuchtstoffe eingesetzt, Yttrium-Eisen-Granat ist Grundlage von Speicherchips. Die oben schon erwähnten Gallium-Verbindungen wie Galliumarsenid oder Galliumnitrid sind dabei vollkommen unschädlich, in Wasser unlöslich und an der Luft chemisch äußerst träge. Unschädlich sind sie selbst dann, wenn sie für sich genommen giftige Bestandteile wie Arsen enthalten. Als »Schadstoff« stellen sie kein Problem dar. Problematisch ist vielmehr der verschwenderische Umgang mit diesen Metallen, die für zukunftsträchtige Technologien so wichtig sind, und ihre aufwändige Produktion. In der Natur kommen sie nur in äußerst geringen Konzentrationen vor; Gallium besitzt zwar ein eigenes Erz, den Gallit; eigene Minen, in denen es ausschließlich oder auch nur vordringlich abgebaut würde, existieren aber nicht. Dies gilt für alle Gewürzmetalle, die als sogenannte Koppelprodukte stets in Vergesellschaftung mit anderen Erzen vorliegen. So enthält die wichtigste Galliumquelle Bauxit in etwa 0,0025 bis 0,01 Prozent des begehrten Metalls; um sechzig Gramm Gallium zu erhalten, wird eine Tonne Bauxit benötigt. Dieses Mineral wird vor allem abgebaut, um daraus Aluminium zu gewinnen.

Nicht nur die Produktion von Gallium ist an ein anderes Metall gekoppelt. Auch Indium fällt etwa als Nebenprodukt bei der Gewinnung von Nickel oder Platingruppenmetallen an. Für die Industrie hat das weitreichende Folgen: Ein größeres Angebot der seltenen Industriemetalle erhält sie nur dann, wenn auch die entsprechenden Hauptmetalle wie Nickel, Kupfer und Zink verstärkt abgebaut werden. Das setzt eine stabile globale Konjunktur voraus. Zudem geben einzelne Rohstoffstaaten immer wieder Warnschüsse ab. Am 12. Januar 2014 verkündete etwa der indonesische Wirtschaftsminister mit großer Verve, ab Mitternacht sei die Ausfuhr unbearbeiteter Erze und Mineralien verboten.[8] Betroffen davon sind auch Bauxit und Aluminium. Ziel des Exportstopps ist es, eine verarbeitende Industrie ins Land zu holen und selbst eine höhere Wertschöpfung aus dem Rohstoffreichtum zu erzielen – ein nachvollziehbares Anliegen. Nun besitzt Indonesiens Kunde China große Lager dieser Erze und Indonesien ist nicht das einzige Land, das über die beiden Rohstoffe verfügt. Die Wirkungen der Maßnahme sind also wahrscheinlich nicht sehr groß. Experten gehen vielmehr davon aus, dass Indonesien selbst am meisten unter dem Verbot leidet und es nicht allzu lange durchhalten wird. Aber es zeigt, wie fragil die Rohstoffversorgung der Industrie ist.

Die raren Elemente zu gewinnen ist zudem aufwändig: Mit viel Energie, Wasser und zum Teil giftigen Säuren werden sie von ihren Gastgebern in der Erdkruste getrennt, sodass die Produktion die Umwelt häufig stärker belastet als etwa der Eisenerz- oder Kupferbergbau. Weltweit verfügen nur wenige Unternehmen über die technologischen Mittel, um überhaupt reines Gallium zu gewinnen, die Marktführer kommen laut der amerikanischen Bergbaubehörde aus China, Deutschland, Kasachstan und der Ukraine.[9] Das ist es, was die Versorgungslage von Gallium, Indium und Co. so kritisch macht: Ihr Weltmarkt ist abhängig von den großen Entwicklungstendenzen, die auf die Massenmetalle wirken; etwa, wenn der Bausektor in China lahmt und deswegen weniger Aluminium nachfragt oder wenn Bergbauunternehmen wegen mieser Konjunkturaussichten und Rohstoffpreise nicht oder nur wenig in neue Kupferminen investieren. Zudem liegt der Handel in den Händen weniger Unternehmen in zum Teil zweifelhaft regierten Ländern. Alternativen sind häufig noch nicht gefunden. Ob und wie weitgehend etwa Galliumarsenid in Photovoltaikmodulen durch organische Materialien ersetzt werden kann, ist derzeit nicht absehbar, auf jeden Fall bedarf es zeitaufwändiger Forschung und Entwicklung.

Erst mühsam gewonnen, werden die Gewürzmetalle zu neuen Verbindungen legiert – und in den Geräten anschließend wieder fein über den Erdball verteilt. Diese Mobilisierung der Metalle ist kaum rückgängig zu machen und wird uns in Zukunft vor große Probleme stellen. Zwar sind sie in Ansätzen begriffen und nach

Lösungen wird gesucht (siehe das Kapitel »Abfall – aus Müll werden schillernde Rohstoffe«), aber angesichts der steil ansteigenden Produktionszahlen von Geräten, die auf Halbleitertechnik beruhen, dauert das zu lange. LEDs zum Beispiel sind zwar die ökologisch bessere Alternative zur Halogen- oder Energiesparlampe. Doch sie enthalten eine Vielzahl an Gewürzmetallen. Gut für die Umwelt sind sie nur dann, wenn sie hochwertig hergestellt und somit sehr dauerhaft sind – und in Stoffkreisläufen geführt werden. Eine LED, die nur wenige Jahre genutzt und schließlich in eine Restmülltonne geworfen wird, erzählt eine Geschichte, die dem Gallium nicht gerecht wird. Diese Dissipation der Metalle, also ihre feine Zerstreuung oder Verteilung über den Erdball, hat sich in unseren Tagen immens beschleunigt. Ein Kind des Internetzeitalters ist sie aber nicht: Britische Metallurgen schätzten schon in den fünfziger Jahren, dass jährlich rund eine Million Kilogramm Gallium in Asche und Ruß von verbrannter Kohle verlorengehen – auch in Kohle ist das Metall enthalten.[10] Manchmal sorgen wir eben ganz unabsichtlich – und zum Teil wohl unbemerkt – für die Dissipation wertvoller Metalle.

Gleich den Metallen verteilen sich auch die Informationen über Chips, Kabel und Lichtleiter (die die Stromkabel langsam ablösen) über den Globus. Die Medienwelt hat das Netz mit seinen Möglichkeiten der direkten Kommunikation von Grund auf verändert. Der Leser ist zum Nutzer geworden, der Inhalte nicht nur konsumiert, sondern auch selbst mitverfasst oder kommentiert. Weil die Verlage das Netz lange nicht verstanden und es darum versäumt haben, sich auch dort die Leistungen ihrer Journalisten bezahlen zu lassen (in welcher Form auch immer), kämpfen viele von ihnen jetzt ums Überleben. Kaum eine Redaktion, in der die Mitarbeiter nicht darüber streiten, welches das richtige Bezahlmodell der Zukunft sei. Inwieweit dieser technische Fortschritt zu einer Demokratisierung der Kommunikation geführt hat oder führen wird, ist indes noch nicht absehbar. Ohne Herrschaftswissen kommt das angeblich chaotische Netz nicht aus – von der Spionage der Geheimdienste in dem riesigen Datenverkehr einmal ganz abgesehen. Die Algorithmen, nach denen die Suchmaschine Google etwa das Netz nach Informationen durchforstet, liefern durchaus keine »neutralen« Ergebnisse. Unterschiedliche Internetnutzer erhalten jeweils unterschiedliche Treffer, mit viel Knowhow und Kapital lassen sich Webseiten leichter auffindbar machen. Und in der Europäischen Union wird heftig darüber gestritten, wie Netzneutralität zu erreichen sei, dass also alle Inhalte gleich schnell übertragen werden müssen, unabhängig davon, wer sie anbietet oder was sie darstellen.

Derweil stellt das Internet die Industrie vor ihren nächsten großen Entwicklungssprung: Zwischen 2020 und 2030 erwarten Experten den Schritt in die Industrie 4.0 und damit das »Internet der Dinge«: Maschinen, Fabriken und Gegenstände sollen miteinander kommunizieren und an die Stelle riesiger Schleif-, Schneide-, Press- oder Schweißmaschinen treten flexible Werkzeuge, die mit Licht arbeiten. Bislang verrichten etwa Maschinenbauer ihre Arbeit mit Werkzeugen aus Metall oder Diamanten, die nur für eine oder wenige Anwendungen taugen und zeitaufwändig umgebaut werden müssen, um neue Formen oder Materialien zu bewältigen. Die lichtbasierten Maschinen in den Fabriken der Industrie 4.0 sind da flexibler. Es existieren allerdings sehr unterschiedliche Vorstellungen davon, was das genau bedeutet: Werden Unternehmen – vom Mittelständler bis zum Großkonzern – künftig in »anderen« Fabriken produzieren und ihr Geld weiter auf den globalen Märkten verdienen, indem sie die Konsumwünsche von Milliarden von Menschen erfüllen? Oder wird in der Industrie 4.0 mit ihren technischen Möglichkeiten Arbeit, Produktion und Konsum ganz neu definiert und organisiert?

Momentan zeichnen sich verschiedene Entwicklungspfade ab: Auf der Konferenz MaketechX zum Beispiel traf sich im November 2013 in Berlin ein illustres Volk. Das Motto der Veranstalter: Es ist höchste Zeit, dass die Menschen die Kontrolle über die Technik zurückgewinnen. Die alten Grenzen zwischen dem Produzenten hier und dem Konsumenten dort seien angesichts von 3D-Druckern und den Informationsflüssen mittels mobiler Endgeräte nicht mehr zeitgemäß. Die Konferenz produzierte eingängige Slogans: »Vom Konsumenten zum Macher« lautete eines, oder »Selber programmieren statt programmieren lassen«. Prominentestes Beispiel dafür ist der südafrikanische Schreiner Richard van As, der vier Finger bei Arbeiten an einer Kreissäge verlor und sich keine teuren Prothesen leisten konnte. Also entwickelte er ein eigenes, bezahlbares Modell und fertigte es mittels einem 3D-Drucker. Solch ein Gerät steckt auch in der »CubeFactory«, einer Minifabrik im Würfelformat, die sich Wissenschaftler der TU Berlin ausgedacht haben. Versorgt mit Sonnenstrom aus der eigenen Solaranlage, spritzt der Drucker aus verflüssigtem Plastikabfall alles Mögliche, ohne Abfälle zu hinterlassen. Studenten im Nachbarbüro haben ein Fahrrad entwickelt, das sich mit Hilfe weniger Bauteile aus Aluminium sowie einem 3D-Drucker und etwas Werkzeug von jedermann herstellen lässt. Damit sollen lokale Wertschöpfungsketten entstehen oder erhalten bleiben und die Produktion aus den Händen von Spezialisten und Konzernen in die der Radler gelegt werden.[11]

Das alles klingt großartig, wirft aber Fragen auf. Die Dortmunder Bundesanstalt für Arbeitsschutz und Arbeitsmedizin (BAuA) zum Beispiel fragt in einer Pressemitteilung: »Wann sind Laserprodukte Maschinen?« Für die gilt nämlich unter anderem die Maschinenrichtlinie, die Benutzer vor Unfällen und Schäden bewahren soll. Die sich rasant weiterentwickelnden Laserprodukte müssten sicher sein, fordert die BAuA, und bietet Anwendern ein Merkblatt mit Auflagen.[12] Ein anderes Beispiel: Kunststoffrecycling unterliegt strengen Vorschriften, weil Plastikabfälle giftige Inhaltsstoffe enthalten können. Nicht alle Kunststoffe sind für alle Anwendungen – etwa als Behälter für Lebensmittel oder neben starken Wärmequellen – geeignet. Wie erhalten potentielle Besitzer von »CubeFactories« Informationen über ihren eingesetzten Rohstoff? Wie lässt sich in Do-it-yourself-Strukturen Verbraucherschutz organisieren, der auf Normung und Kontrolle setzt? Wer übernimmt die Haftung für ein marodes Teil des Do-it-yourself-Fahrrades? Und was bedeutet es für die seltenen und begehrten Gewürzmetalle, wenn sie in noch mehr Geräten als bislang eingesetzt und für spezielle Hightech-Anwendungen vermischt werden? Wie können wir die in den Minifabriken eingesetzten Metalle in Kreisläufen führen? Diese Fragen verlangen Antworten; doch Charme haben die Ideen der MaketechX-Aussteller allemal. In Open-Source-Formaten, also ohne Patente und Lizenzen, möchten sie ihr Wissen, ihre Ideen und ihre Erfindungen teilen.[13]

In Ostwestfalen-Lippe (OWL), diesem unscheinbaren Nordostzipfel Nordrhein-Westfalens, in dem einige Konzerne und viele mittelständische Weltmarktführer ihren Firmensitz haben, wird an einem gänzlich anderen Konzept der Industrie 4.0 gearbeitet. Von Paderborn aus wird das Spitzencluster »Intelligente Technische Systeme« mit der hübschen Abkürzung »It's OWL« geleitet. 174 Partner aus Unternehmen, wirtschaftsnahen Organisationen sowie Universitäten und Forschungseinrichtungen erkunden im Verbund die schlaue Fabrik von morgen: »Effiziente Großwäschereien«, in denen die Wasch- und Trockenmaschinen so zusammenarbeiten, dass sie möglichst wenig Energie und Wasser verbrauchen, sind ein Thema, genau wie die »Vernetzung von Landmaschinen«, in denen die Mähdrescher sich nicht nur selber über den Reifegrad des Erntegutes informieren, sondern auch für einen reibungslosen Abtransport vom Feld sorgen. Aber auch neue Werkzeugmaschinen oder Ladegeräte für Elektroautos stehen auf der Agenda. Die 45 ganz unterschiedlichen Forschungsprojekte kosten insgesamt hundert Millionen Euro, vierzig Millionen trägt die öffentliche Hand, sechzig Millionen steuern die Unternehmen bei.

Nicht nur in Paderborn hat die Wirtschaft die Bedeutung des Themas erkannt und schlägt Pflöcke ein, um es in ihrem Sinne zu gestalten. Verschiedene Unternehmensverbände haben die »Plattform Industrie 4.0« gegründet, in der sie ihre Interessen koordinieren und in die Öffentlichkeit tragen.[14] Vor allem die starken Maschinenbauer tüfteln an dem Konzept 4.0 und wollen ihre internationale Vormachtstellung auch künftig sichern. »Die Fabrik der Zukunft soll ›Deutsch sprechen‹ und somit hiesigen Unternehmen einen Wettbewerbsvorteil verschaffen«, beschreibt der Präsident der Deutschen Akademie der Technikwissenschaften acatech das Ziel.[15] Gesprochen wird in dieser Fabrik auf jeden Fall viel – und zwar von ganz neuen Akteuren. Haben bislang Menschen miteinander kommuniziert, sollen nun Maschinen und Produkte miteinander in Kontakt treten. Ein Beispiel: Alle Teile eines Autos tragen einen Chip, der ständig ihren Zustand überprüft. Leiert etwa ein Stoßdämpfer aus und droht, den Dienst zu quittieren, meldet der Chip dies einer Maschine in der Fabrik des Herstellers. Diese produziert rechtzeitig ein entsprechendes Ersatzteil, teilt dies dem Logistikzentrum mit, das den neuen Stoßdämpfer dann pünktlich in die Werkstatt des Autobesitzers liefert. Der Chip hat sich dort schon mal angemeldet und einen Termin gemacht. Der Autobesitzer bestellt sich unterdessen sein Frühstück im Internet. Kurz danach fährt eine mit einem Minirechner versehene Tüte durch eine »Müsli-Misch-Fabrik« und gibt an den entsprechenden Stationen ein Signal für die richtige Mischung an Getreideflocken, Rosinen oder Trockenobst. Damit wird Henry Fords standardisierte Fabrik zur Massenfertigung weitergeschrieben zu einer Massenfertigung individualisierter Produkte.

Die Industrie 4.0 ist auch Teil der Hightech-Strategie der Bundesregierung, die Fördermittel in Höhe von rund 200 Millionen Euro vergibt. Hier werden Entwicklungspfade in die Zukunft eingeschlagen und Inhaltsverzeichnisse für neue Stoffgeschichten geschrieben. Der Autorenkreis aus Politik, Wirtschaft und Wissenschaft ist allerdings ziemlich klein. In den Konzepten, die von der Industrie etwa in der »Plattform Industrie 4.0« oder im Forschungscluster »It's OWL« formuliert werden, kommen Bürger als Konsumenten vor, deren individuelle Wünsche künftig besser bedient werden können. Als handelnde Subjekte, die über die Entwicklung dieser neuen industriellen Epoche selbst mitbestimmten, tauchen sie jedoch nicht auf. Dabei wird über neue Formen der zivilgesellschaftlichen Mitbestimmung an technischen Entwicklungen in der Wissenschaft derzeit angeregt diskutiert. Interessierte Bürger, Umwelt- oder Verbrauchergruppen gelten nicht mehr nur als Störfaktoren, die es entweder zu ignorieren oder in hierarchisch organisierten Dialogprozessen zu überzeugen gilt.

Ein Patentrezept für demokratische Beteiligungsformen an der Forschung gibt es noch nicht, aber interessante Ansätze. So könnten von den millionenschweren Förderprogrammen, die Bundesregierung oder EU-Kommission vergeben, einige Millionen abgezweigt und zivilgesellschaftlichen Organisationen zur Verfügung gestellt werden; damit könnten sie eigene wissenschaftliche Fragestellungen entwickeln und an Wissenschaftler vergeben. Im Angelsächsischen gibt es den Begriff der »Citizen Science«, der »Bürgerwissenschaft«, in der Laien Forschung betreiben oder sich an ihr beteiligen. In Deutschland ist das »Tagfaltermonitoring« als Beispiel zu nennen: Schmetterlingsfreunde zählen im ganzen Land Falter und leiten die Daten an das Umweltforschungszentrum in Leipzig weiter. Auch Patienten, die an seltenen Krankheiten leiden und häufig über ein spezialisierteres Wissen verfügen als die Ärzte, können sinnvoll an Forschung mitwirken. Engagierte Laien und Experten aus der Zivilgesellschaft können durchaus auch den Horizont der Wissenschaft erweitern und sie somit bereichern.[16]

Im Forschungsfeld der Nanotechnologien wurde ein anderes Format gewählt; in einem mehrjährigen »Nanodialog« saßen neben Industrie, Wirtschaft, Wissenschaften und Politik auch Umweltverbände und Gewerkschaften mit am Tisch, um über Anwendungsmöglichkeiten, Auswirkungen auf Wirtschaft, Gesellschaft und Umwelt sowie notwendige Regulierungen der Nanotechnologie zu beraten. Herausgekommen ist allerdings wenig, vor allem, weil die Umweltverbände mit der Forderung nach einem Moratorium für die Technologie für die Zeit des Dialogs scheiterten. Forschung und Produktentwicklung gingen in dieser Zeit also unbeirrt weiter – was den Dialog ad absurdum führte (siehe das Kapitel »Weizen – von Kern und Korn«).

Im Rahmen des Sonderforschungsbereichs »Sustainable Manufacturing« der TU Berlin, in dem auch die »CubeFactory« entstand, halten Wissenschaftler zusammen mit Gewerkschaftern

Ringvorlesungen, um die Auswirkungen der Industrie 4.0 auf die Arbeitswelt auszuloten – das ist immerhin etwas. Der mechanische Webstuhl, die Dampfmaschine, die Glühbirne – sie sind Symbole des Erfindergeistes herausragender Ingenieure und Naturwissenschaftler. Ihr Erbe weiterzuentwickeln, es nachhaltig zu gestalten und damit für die Generationen nach uns zu erhalten, erfordert die Teilhabe möglichst vieler – das erzählt uns die Geschichte des Galliums. Sie endet, und das ist erschreckend, heute allzu häufig im Ofen einer Müllverbrennungsanlage, auf dem Boden irgendeines Hinterhofes oder auf riesigen Müllkippen in Afrika oder Asien. Nicht nur für dieses faszinierende Metall wird nach einer neuen Erzählung gesucht, die nicht nach der einmaligen Nutzung willkürlich abbricht, sondern für viele Stoffe. Die Geschichte des »Sekundärrohstoffs« zu erzählen ist besonders schwierig, so viele Anfänge und mögliche Enden treffen sich in ihr.

12 Abfall – aus Müll werden schillernde Rohstoffe

Im Bundeswirtschaftsministerium gibt es angeblich seit einiger Zeit eine neue Sprachregelung. In der zuständigen Abteilung wird das Wort »Abfall« flächendeckend ersetzt, durch »Sekundärrohstoff«. Als Müll werden die Reste unserer Konsum- und Industriegesellschaft in Fachkreisen ja schon lange nicht mehr bezeichnet. In einer effizienten Kreislaufwirtschaft bleibt eben nichts übrig, alles soll wieder in den Produktionsprozess eingespeist werden, und wenigstens in der Semantik eines der zuständigen Ministerien ist diese Idee schon verwirklicht. Nun ist »Abfall« ein wahrhaft weites Feld. Unter diesem Begriff sammeln und kreuzen sich eine vielfältige und verwirrende Zahl ganz unterschiedlicher Stoffgeschichten. Die verblühten Astern und Chrysanthemen, die von der städtischen Staudenrabatte in die Kompostieranlage wandern, gehören genauso dazu wie Plastiktüten und Einwegflaschen; aber auch Weltraumschrott, der die Erde umkreist und Satelliten gefährdet, ist Abfall, genau wie die strahlenden Reste der Atomkraftwerke. Giftmüll, Altpapier, Sperrholz und der marode Asphalt kaputter Straßen – alles ist Abfall. Es ist schwierig, die losen Enden dieser Geschichten aufzunehmen und zu einem sinnvollen Ganzen zu ordnen.

Der englische Mathematiker und Philosoph Michael Thompson hat in den siebziger Jahren versucht, den schillernden Begriff in seiner »Theorie des Abfalls« zu beschreiben. Er bezeichnete Müll dabei als »das Ausgeschiedene, das immer noch sichtbar ist, weil es immer noch stört«[1]. Allerdings könne ein Ding in die Kategorie Abfall wandern, sie aber auch wieder verlassen. Thompson nennt als Beispiel viktorianische Sammelbildchen, die im 19. Jahrhundert erst massenweise hergestellt und begeistert zu

Penny-Preisen gekauft wurden. Dann gerieten sie in Vergessenheit und landeten im Müll oder in der hintersten Schublade, bis sie, Jahrzehnte später, zu Kunstwerken umdeklariert eine Renaissance erfuhren und für viel Geld gehandelt wurden. Sowieso sind Müll und Kunst zwei Sphären, die harmonieren. Eine neue Ästhetik für das Alte, Dreckige, Ungewollte zu entwickeln stellt für Künstler wie für Designer einen Reiz dar; der Dadaist Kurt Schwitters setzte seine Collagen aus Müll zusammen, die japanische Bildhauerin Sayaka Ganz formt Pferde und Vögel voller Dynamik aus Plastikabfall. Was Kunst ist und was Müll, ist eine Sache der Definition; genau wie der Konsument bestimmt, wann ein Ding nicht mehr Werkzeug, Verpackung, Geschirr oder Kleidung ist – sondern Abfall.

In einer Kreislaufwirtschaft werden die Geschichten von Stoffen möglichst so erzählt, dass »Abfall« nur eine Station in der Existenz der Dinge ist. Das ist auch Gegenstand der Gesetzgebung. Eine umfangreiche juristische Literatur müht sich mit der Frage ab, wann die »Abfalleigenschaft« von Autos, Papier, Schrott oder Kunststoffverpackungen beginnt und wann sie endet. Je nachdem gelten nämlich unterschiedliche Regeln für ein und denselben Gegenstand: Für die Milchtüte im Kühlregal ist unter anderem die Bedarfsgegenständeverordnung zuständig; im Gelben Sack gilt für sie die Verpackungsverordnung – und nach der Behandlung in einer Recyclinganlage womöglich die EU-Verordnung 10/2011, die Vorschriften über die Zusammensetzung von Kunststoffen in Lebensmittelbehältern macht. Ein weiterer Versuch, die Stoffgeschichten der Dinge nicht in dem Sammelbegriff »Abfall« enden zu lassen, hat zu einem Wust an Gesetzen für alles Mögliche geführt: Allein in Deutschland regeln etwa die Altautoverordnung, das Batteriegesetz, das Elektro- und Elektronikgesetz, die Altholzverordnung und die Bioabfallverordnung den Umgang mit den entsprechenden Abfallarten; dazu kommen das Kreislaufwirtschaftsgesetz oder auch das Endlagergesetz für Atommüll und so weiter und so weiter.[2] Sie alle haben ihre Entsprechungen auf Ebene der Europäischen Union und in den Staaten, die sich ebenfalls aufgemacht haben in Richtung Kreislaufwirtschaft – Österreich, Dänemark, die Schweiz oder Großbritannien etwa.

Klassischerweise steht Abfall, verstanden als Schadstoff, im Fokus der Umweltpolitik. Ihr Ziel war und ist es, die Reste der Konsum- und Industriegesellschaft möglichst so zu beseitigen, dass sie keine Gefahr mehr für Umwelt und Gesundheit darstellen. Anfang der neunziger Jahre mündete das in Deutschland in verschiedenen Gesetzen und technischen Anleitungen für Abfalldeponien. Aus ihnen sollten möglichst keine Gifte in Luft oder Grundwasser entweichen. Seitdem muss ihr Untergrund so verdichtet werden, dass keine Abwässer in den Boden darunter sickern können. Drainagen führen Feuchtigkeit aus dem Inneren der Deponie, die von den Abfällen selbst oder von Regenwasser stammen, in Abfallbecken. Giftmülldeponien, wie etwa Europas größte Anlage Schönberg in Mecklenburg-Vorpommern in der Nähe Lübecks, decken ihre Müllberge zudem mit Folien ab, sodass Regenwasser nicht in größeren Mengen eindringen oder der Wind giftige Stäube in die Landschaft wehen kann. Für Müllverbrennungsanlagen gilt das Gesetz mit dem schönen Namen BImSchG: das Bundes-Immissionsschutzgesetz. Seit es die Anlagen zwingt, den Rauch ihrer Schornsteine mit Filtern aus Aktivkohle und Kalk, Wasser und anderen Mitteln zu reinigen, sind die ehemaligen Dreckschleudern relativ sauber.

In einigen EU-Mitgliedsstaaten wie Rumänien, Bulgarien oder Kroatien mit ihrer kaum entwickelten Abfallindustrie ist der Emissionsschutz noch immer das politische Instrument erster Wahl, um die negativen Folgen der Müllentsorgung zu begrenzen, ganz zu schweigen von Schwellenländern wie Indien, in denen an den Rändern der Städte große, unzureichend gesicherte Müllkippen ihre Umgebung und ihre Bewohner verseuchen.

Doch das Modell »Schadstoffeinhegung« hat seine Grenzen. Anwohner verdächtigen die Giftmülldeponie Schönberg zum Beispiel seit Jahren, sie entlasse doch Blei, Benzol, Cadmium und andere giftige Substanzen in Luft, Boden und Wasser – wogegen sich die Betreiber mit Gegenstudien wehren. Ganz offensichtlich wird diese Grenze beim Atommüll. Auch Jahrzehnte angestrengten Nachdenkens haben nicht zu einem Standort geführt, der den strahlenden Abfall wirklich endgültig und sicher aufnehmen könnte. Weil er nicht handhabbar ist, bleibt als logische Konsequenz nichts anderes, als seine Produktion zu vermeiden. Die Vermeidung von Abfällen ist denn auch generell nicht das einfachste, aber das sinnvollste Instrument im Umgang mit den Dingen, nicht nur im Falle des Atommülls. Im maßgeblichen Kreislaufwirtschaftsgesetz steht die Abfallvermeidung deshalb in der Hierarchie auch ganz oben. Diese Hierarchie bildet den Kern des Gesetzes, richten sich doch alle nachfolgenden Bestimmungen nach der darin festgelegten Reihenfolge, wie mit Müll umzugehen sei. Allerdings hat es Punkt eins, die Abfallvermeidung, in sich.

Morgendliche Redaktionskonferenz in der *taz* in der Berliner Rudi-Dutschke-Straße. Die Redakteure aus dem Ressort »Ökologie und Wirtschaft« sitzen um ihren Besprechungstisch und diskutieren die Themen des Tages. Die für die EU-Finanzkrise zuständige Kollegin regt sich über die Sparpolitik der Regierung Merkel auf, die jedes Wachstum in den betroffenen Staaten ersticke, und kämpft um möglichst viel Platz für einen gepfefferten Artikel. Ihr Ziel hat sie schnell erreicht, alle sind ihrer Meinung, dass das in die Zeitung müsse, plus Kommentar. Was noch? Eine Kollegin hat ein Interview mit einem Volkswirt geführt. Er plädiert für Entschleunigung, für die absolute Senkung des Ressourcenverbrauchs und eine Wirtschaft ohne Wachstum. Interessant, finden die anderen, das muss auf jeden Fall auch mit.

Ein Widerspruch in sich, eigentlich können beide Themen so nicht nebeneinander stehen. Doch die Kritik an wachstumsfeindlicher Politik einerseits und am Wachstum selbst andererseits führen in der *taz* eine friedliche Koexistenz. Diese »ideologische Flexibilität« der Redaktion hat einen guten Grund: Angesichts verzweifelter Menschen in Griechenland, Portugal oder Spanien, denen die Gehälter und Pensionen gekürzt, denen Bildungschancen genommen und zum Teil sogar die medizinische Versorgung vorenthalten wird, ist ein Wachstum der Wirtschaft der einzig vorstellbare Ausweg aus der Misere. Der Kuchen muss größer werden, damit es wieder mehr zu verteilen gibt und Schulden abgebaut werden können. Andererseits ist die Redaktion ständig konfrontiert mit den fatalen ökologischen und sozialen Auswirkungen des ständig steigenden Ressourcenverbrauchs in den Industrie- und Schwellenländern. Bislang notwendige Bedingung für Wachstum sind außer Kontrolle geratene Stickstoff- und Kohlenstoffkreisläufe, Plastikmüllstrudel in den Ozeanen und giftige Abraumhalden der Bergwerke. In einer Wirtschaft, die auf Wachstum aufbaut, ist jedes Produkt ab dem Zeitpunkt seines Verkaufs im Wartestand, endlich seine Abfalleigenschaft anzunehmen und Platz zu machen für ein neues Produkt. Mehr Effizienz in der Produktion, also weniger Verbrauch von Energie, Wasser oder anderen Rohstoffen pro Produkt, erscheint daher als angenehmer Ausweg, um den Konsumstand dennoch hochhalten zu können. Doch sogenannte »Rebound-Effekte« stehen dem leider entgegen. Die erzielten Einsparungen werden in der Regel durch mehr Konsum ausgeglichen – und der Ressourceneinsatz insgesamt bleibt konstant.

Benötigen etwa Fernseher weniger Strom, werden ihre Bildschirme größer konstruiert – bei gleichbleibendem Verbrauch. Teilweise liegen die Rebound-Effekte von Effizienzsteigerungen sogar über hundert Prozent, das heißt, der Rohstoffverbrauch steigt an. Spart eine Familie zum Beispiel durch ein verbrauchsarmes Fahrzeug und ein energieeffizientes Haus Kosten für Kraftstoff und Strom und nutzt das gesparte Geld für einen zusätzlichen Flug in den Süden, spricht man von »Backfire-Effekten«.

Effizienz allein ist also nicht die Lösung. Hieße die vordringlichste Aufgabe der Politik, den Verbrauch von Ressourcen effektiv zu senken (und damit Abfall zu vermeiden), wäre das Mittel erster Wahl eine ökonomische Schrumpfung. Kein Wunder, dass angesichts des Klimawandels, der letztlich auch ein »Abfall«-Problem darstellt, die Wachstumsdebatte in den vergangenen Jahren wieder an Fahrt aufgenommen hat. Bei aller inneren Logik: Sie wird wohl genauso wenig zu Ergebnissen führen wie die erste ihrer Art in den siebziger Jahren. Die Debatte verfehle die globale Wachstumsdynamik der kommenden Jahrzehnte, urteilt Ralf Fücks nüchtern, außerdem werde über das Wachstum in der Welt sowieso nicht in Europa entschieden.[3] Dem Vorsitzenden der den Grünen nahestehenden Heinrich-Böll-Stiftung geht der resignativ-kulturkritische Grundton der Wachstumskritiker gehörig auf die Nerven. Er empfiehlt stattdessen ein »ökologisch nachhaltiges, sozial-inklusives Wachstum« und neue Methoden aus der Biotechnologie, der Bionik, den erneuerbaren Energien oder dem ökologischen Bauen. An Fücks Befürchtung, in einer kultur- und konsumkritischen Nische werde sich die notwendige, breite ökologische Transformation von Wirtschaft und Gesellschaft nicht anstoßen lassen, ist zweifellos etwas dran. Das »Verzichtsmodell« der Wachstumskritiker, in dem ein Fahrradurlaub an der Elbe mit vegetarischem Picknick genauso schön ist wie ein Urlaub im mediterranen Ferienressort, ist bislang nicht mehrheitsfähig.

Das Deutsche Institut für Wirtschaftsforschung untersucht regelmäßig, wie zufrieden die Deutschen mit ihrem Dasein sind. Entfremdung, Konsumrausch, Leistungsdruck? Der Mehrheit geht es ganz gut damit; auch hält sie den inneren Widerspruch zwischen einer umweltbewussten Grundhaltung und einem hohen Ressourcenverbrauch gut aus. Andererseits ist der alte Ingenieurswitz zu beachten, dass zwar bislang noch jedes Problem mit einer neuen Technologie gelöst worden sei, dabei allerdings stets zwei neue Probleme geschaffen wurden. Die Solarenergie ist die Energie der Zukunft – doch bislang werden Solarmodule mit ihrem hohen Bedarf an speziellen Metalllegierungen weder nachhaltig erzeugt noch nachhaltig entsorgt. Vielleicht ist es nachhaltig, mittels genveränderter Algen und Bakterien Energie in Bioreaktoren herzustellen oder Kohlendioxid als Rohstoffquelle für Kunststoffe zu benutzen. Letztlich wird sich das wohl erst herausstellen, wenn diese Techniken einmal massenhaft genutzt werden sollten. Was bleibt, sind Widersprüche: Widersprüche in der Berichterstattung über Wirtschafts- und Klimakrisen, in den Überzeugungen und Konsumentscheidungen der Einzelnen, Widersprüche in der Gesetzgebung, die Abfallvermeidung und Wirtschaftswachstum zugleich postuliert. Es hilft nichts, sie in Begriffspaaren wie »grünes Wachstum« aufzulösen, die immer eine Floskel bleiben, wenn es ernst wird. Die Widersprüche zu benennen und auszuhalten kann aber dabei helfen, die unzähligen Stoffgeschichten zu sortieren, die sich im Abfall kreuzen und die zum Teil dort verloren gehen. Dabei lohnt es sich, diese Geschichten zu erzählen – und wenn möglich, ganz pragmatisch neue zu erfinden.

In den Müllcontainern großer Supermärkte lässt sich das Ende zahlloser Stoffgeschichten besonders sinnlich erfahren: Eben noch zum Verkauf appetitlich angerichtete Lebensmittel, oft mit einem großen Einsatz von Wasser, Stickstoff- und Mineraldünger, Boden, Erdöl und menschlicher Arbeitskraft erzeugt, bilden nach Ladenschluss in der Abfalltonne ein ekelhaftes Gemisch. Laut Bundeslandwirtschaftsministerium werden in Deutschland insgesamt jährlich elf Millionen Tonnen Lebensmittel in den Müll geworfen, das meiste davon Gemüse, Obst und Speisereste. Bei den missachteten Kohlköpfen, Bananen und Nudeln liegt die Problemlösung auf der Hand: Die Landwirte sollten weniger davon produzieren und die verknappte Ware teurer verkaufen. Größte Verschwender sind nämlich die privaten Haushalte. Eine mangelnde Wertschätzung von Lebensmitteln, bedingt auch durch die ständige Verfügbarkeit sowie das hierzulande im EU-Vergleich äußerst niedrige Preisniveau nennt das Ministerium als Gründe; die Verbraucher planten ihre Einkäufe nicht richtig, weil sie keinen Überblick über ihre Vorräte hätten, und bewahrten Lebensmittel falsch auf. Der Handel hingegen verursacht jede Menge Abfall, weil er seine Regale bis Ladenschluss mit frischer Ware füllt und Lebensmittel zum Teil falsch transportiert und lagert. Und auch Restaurants oder Kantinen könnten durch eine bessere Planung dafür sorgen, dass weniger Gemüse, Brot und Fleisch im Müll landen.

All dies führt zur Wurzel des Problems: Lebensmittel sind zu billig. »Essensretter« wie der Engländer Tristram Stuart werben unter großem medialem Interesse dafür, weggeworfenen Lebensmitteln mit Wertschätzung zu begegnen und sie zurück aus der Tonne auf den Teller zu befördern.[4] Sie bewegen sich damit auf der Ebene zwei der Abfallhierarchie, die im Kreislaufwirtschaftsgesetz formuliert ist – der »Vorbereitung zur Wiederverwertung«. Die Juristen hatten bei der Ausformulierung des Gesetzestextes aber wohl etwas anderes im Sinn als Mandarinen vom Supermarktparkplatz. Kaputte, aus der Mode geratene oder sonstwie überflüssige Produkte sollen noch einmal genutzt werden können, nicht nur ihre Rohstoffe. Schließlich sind Energie, Wasser oder menschliche Arbeitskraft investiert worden, um sie herzustellen; diese »Veredelung« sollte so lange wie möglich erhalten bleiben.

Durchaus immer mehr Menschen erschließt sich diese Logik, davon zeugen die Reparaturwerkstätten und Repair-Cafés, die allerorts gegründet werden. Die niederländische Stiftung »Repair-Café« mit Sitz in Amsterdam ist dabei, ein Netzwerk von Reparier-Treffs über Europa zu ziehen. Interessenten können auf der Website der Stiftung gegen Gebühr Informationen und das Logo beziehen und vor Ort eigene Initiativen gründen, in denen sich Menschen treffen und mit Hilfe von kompetenten Freiwilligen alte Dinge reparieren können.[5] Die US-Firma »IFixit« (etwa: »Ich habe es in Ordnung gebracht«) verkauft Anleitungen, mit denen Smartphones, Notebooks oder Computer repariert werden können. Ihr Firmenlogo: Eine geballte Faust mit einem Schraubenschlüssel in der Hand, ihr Motto: »Right to repair«.[6] Die Anleitungen finden sich auf Englisch, Deutsch, Spanisch und Französisch – das Unbehagen am Wegwerfen ist grenzüberschreitend. Ohne den Geruch von Szene und Avantgarde kümmern sich schon seit Jahrzehnten Initiativen, Recyclingbörsen oder Behindertenwerkstätten darum, alte Dinge wieder in Schuss zu bringen und zu reparieren. Die Branche ist kleinteilig und unübersichtlich. In Nordrhein-Westfalen haben sich die sozialwirtschaftlichen Reparatur- und Recyclingzentren – die laut Selbstauskunft rund fünftausend Menschen beschäftigen – in der Interessengemeinschaft »WIR« zusammengetan, um die neuen Möglichkeiten des Kreislaufwirtschaftsgesetzes ausschöpfen zu können. Auch Secondhand-Läden gehören in diese Kategorie der Wiederverwertung von Dingen. Und in Hanau und in Alzenau, also mitten im Rhein-Main-Industriegebiet, wird zur Zeit mit Mitteln der Regierungen Bayerns und Hessens ein Fraunhofer-Institut für Wertstoffkreisläufe und Ressourcenstrategie (IWKS) aufgebaut.

Sie alle greifen in neuem Gewand eine uralte Wirtschaftsform auf, die der Historiker Georg Stöger für die Städte Wien und Salzburg genauestens untersucht hat. Vor allem Kleidung und Schuhe wurden dort immer wieder ausgebessert und umgearbeitet und dann weitergetragen oder weiterverkauft. Stöger zitiert aus Briefen der Familie Mozart, in denen der Vater der Tochter rät, doch besser ein wenig mehr Stoff zu kaufen, als es für ein Kleid notwendig wäre, um bei Bedarf gleich einen passenden Flicken zur Hand zu haben. Ließen sich gar keine Textilien mehr aus der abgetragenen Kleidung herstellen, wurden sie schließlich zu Papier verarbeitet. So begehrt waren Lumpen, dass schon im 15. Jahrhundert eigene »Lumpensammelprivilegien« vergeben wurden, die an bestimmte Sammelbezirke gebunden waren. Auch im 18. Jahrhundert wurden Lumpen überregional nachgefragt (so wie heute), was zu Handelsverboten und Zollregelungen führte.[7]

Viele Verbraucher ärgern sich heute über nicht reparierbare Elektrogeräte, Kleidung oder Schuhe, und langsam werden solche wieder modern, die eine Reparatur wert sind. Doch Industrie und Handwerk registrieren das Reparier- und Secondhand-Treiben mit Skepsis. Markenhersteller treibt die Sorge um, es könnten schludrig instandgesetzte Geräte verkauft werden und das teuer aufgebaute und gepflegte Image ruinieren; Handwerksbetriebe fürchten die Konkurrenz. Allerdings haben beide das Reparaturgeschäft bislang nicht ernst genommen und bieten meist nur wenig Service für viel Geld: Im Zweifel verweisen sie darauf, dass ein neues Produkt günstiger sei. Dass dies häufig tatsächlich so ist, dafür sorgen allerdings auch die Hersteller selber. Fest verklebte Akkus in Mobiltelefonen, Gerätegehäuse, die nicht verschraubt sind, sondern verschweißt, oder Kinderjacken, deren

Reißverschlüsse nur einen Winter halten – das alles sind Beispiele für Waren, die auf eine einmalige Nutzungsperiode hin konstruiert wurden. Die Initiative »Murks? Nein danke« setzt sich dafür ein, dass Geräte so designet sein müssen, dass sie lange halten und ihre Reparatur überhaupt möglich wird. Auch das gehört zur »Vorbereitung zur Wiederverwertung«.

Bei den Gesetzgebern ist dieser Gedanke durchaus angekommen: Die EU-Kommission arbeitet fortlaufend daran, die Ökodesign-Richtlinie der Europäischen Union umzusetzen und auszuweiten. In jeweils mehrjährigen Arbeitsprogrammen nimmt sie sich Produktgruppen vor, etwa Leuchtmittel oder Haushaltsgeräte. Als Nächstes stehen Fenster, Boiler und wasserführende Geräte und Installationen wie Toilettenspülungen auf der Agenda. In den vergangenen Jahren hatte die Kommission eher die Energieeffizienz von Produkten im Visier; nun betrachtet sie auch vermehrt die Haltbarkeit und Reparierbarkeit der Dinge. Das Umweltministerium in Berlin hat im Sommer 2013 ein Abfallvermeidungsprogramm auf den Weg gebracht. Das enthält vor allem gute, aber wenig konkrete Worte. Es pflückt auch die Trauben nicht, die niedrig hängen: Zum Beispiel haben in den Regalen der Supermärkte in den vergangenen Jahren Einwegflaschen ökologische Mehrwegsysteme verdrängt. Mittlerweile werden nur noch fünfzig Prozent aller Getränke in Deutschland in Mehrwegflaschen oder in ökologisch vorteilhaften Einwegverpackungen aus Pappe verkauft. Gesetzlich vorgeschrieben sind achtzig Prozent. Würde diese Lücke von dreißig Prozent geschlossen, ließen sich jährlich vierhunderttausend Tonnen Kunststoffabfall vermeiden, teilte der Naturschutzbund NABU im November 2013 mit.

Die Gründe für die verfehlten Ziele sind vielfältig: Weil auf den Cola-, Bier- oder Wasserflaschen das Recyclingzeichen prangt, können viele Verbraucher sie nicht von Mehrwegflaschen unterscheiden, die tatsächlich öfter wieder befüllt werden. Die großen Brunnen und Brauereien versuchen zudem, mit ausgefallenen Flaschen Marktanteile zu gewinnen, und verabschieden sich daher immer öfter von den standardisierten Einheitskästen. Die sind aber Voraussetzung für ein umweltfreundliches Mehrwegsystem, denn anders als Spezialanfertigungen müssen sie nicht immer wieder zum Ursprungsort ihrer Abfüllung zurückkehren. Transportwege sind in der Gesamtbilanz ein entscheidender Faktor. Reist eine schwere Glasflasche mehrere hundert Kilometer, um in ihrer »Heimatbrauerei« neu mit Bier oder Limonade befüllt zu werden, verschlechtert sich ihre Ökobilanz deutlich; eine leichte Recyclingflasche aus PET schneidet besser ab – das Material ist also nicht allein ausschlaggebend. Eine Mehrwegflasche aus Glas, mit kurzen Transportwegen, ist allerdings die beste Wahl.

Um beurteilen zu können, welche Flasche die umweltfreundlichste ist, benötigen Verbraucher eine Fülle von Informationen, die im Supermarkt nicht zu erhalten sind. Selbst Spezialisten für Abfall und Recycling holen erst tief Luft und dann weit aus, wenn sie Fragen nach der »umweltfreundlichsten Getränkeverpackung« beantworten sollen. Im Supermarkt also die »ökologisch richtige« Entscheidung zu treffen ist ausgesprochen schwierig (wenn man nicht nur Leitungswasser trinken möchte). Die Stiftung »Initiative Mehrweg« fordert deshalb seit Jahren eine klarere, verständlichere Kennzeichnung und vor allem eine Lenkungsabgabe auf Einmalverpackungen. Die Getränkeverpackungen sind letztlich ein schönes Beispiel dafür, dass aufwändige technische Lösungen nicht immer der effizienteste Weg sind: Zwar ist es sinnvoll, mehr Kunststoff zu recyceln. Regional (also in einem Umkreis von rund fünfzig Kilometern) organisierte Mehrwegsysteme mit Glasflaschen, vor wenigen Jahren für Bier und Wasser noch gang und gäbe, sind aber sinnvoller.

Kann Abfall weder vermieden noch ein Produkt erneut oder anders genutzt werden, sollte wenigstens seine stoffliche Grundlage erhalten bleiben. Die »stoffliche Verwertung« steht deshalb auf Platz drei der Abfallhierarchie im Kreislaufwirtschaftsgesetz. Bei Glasflaschen oder Papier funktioniert das schon hervorragend. In Deutschland und Österreich werden über 85 Prozent des Glases wiederverwertet; im Schnitt besteht jede Glasflasche aus sechzig Prozent Recyclingmaterial, bei grünen Flaschen sogar bis zu neunzig Prozent. Jeder Schweizer sammelte 2012 statistisch 24 Kilogramm Glas ein, das ergibt eine Quote von 95 Prozent.[8] Bei diesen Produkten beziehungsweise Verpackungen sind die Verbraucher daran gewöhnt, zu sammeln und zu sortieren. Allerdings sehen die Glasrecycler auch hier noch Potential nach oben: So weisen sie darauf hin, dass nicht alle »Gläser« in die Glastonne gehören, Glühbirnen oder Vasen aus Bleikristall etwa stören ihre Schmelzprozesse, weil sie zu viel Blei enthalten. Energiesparlampen und Neonröhren gehören in den Sondermüll, Trinkgläser in die Restmülltonne.[9] Das recycelbare Glas wird dann – nach Farben sortiert – bei rund 1 600 Grad Celsius eingeschmolzen und, meist zusammen mit den Primärrohstoffen Sand, Soda und Kalk, zu neuen Flaschen oder Gläsern verarbeitet. Probleme mit aufgeklebten Folien wie bei Kunststoffen gibt es bei solch hohen Temperaturen nicht.

Auch die rund zwanzig Millionen Tonnen Papier, die in Deutschland 2012 verbraucht wurden, sind zu rund achtzig Prozent recycelt worden; der Markt für Altpapier funktioniert so gut, dass sich Kommunen und private Entsorger immer wieder vor Gericht treffen, um zu klären, wer den begehrten (Sekundär-)Rohstoff einsammeln und verkaufen darf. Etwa siebenmal kann eine Papierfaser wieder zu neuem Papier verarbeitet werden. Ihre Qualität nimmt jedes Mal etwas ab, weil die Faser immer kürzer und das Papier damit immer weniger reißfest wird. Darum müssen auch Recyclingpapieren immer wieder frische Cellulosefasern beigefügt werden. Trotzdem schneiden sie ökologisch deutlich besser ab als Papier aus reinem Holz: Die Herstellung von Recyclingpapier verbraucht weniger Wasser und Energie als die aus frischen Fasern – und außerdem schont sie den Wald. Es lohnt sich, Papier sauber zu sammeln und es in die blaue Tonne zu schmeißen, denn aus verdrecktem Papier lässt sich kein hochwertiges neues herstellen.

Hohe Recyclingquoten erreichen auch die sogenannten Massenmetalle. Laut dem Internationalen Ressourcenpanel der UN, einem Wissenschaftsgremium ähnlich dem Weltklimarat, werden weltweit über die Hälfte des eingesetzten Kupfers, Zinns, Nickels,

Eisens, Goldes und Silbers wieder verwertet. Die hohen Zahlen kommen auch zustande, weil die Abfälle der Industrieanlagen aus dem Produktionsprozess hineingerechnet werden und somit in die Statistik einfließen. Schon aus Kostengründen sorgen die Unternehmen dafür, dass so wenig Material wie möglich verloren geht. Abgesehen davon werden viele dieser Metalle großflächig eingesetzt, etwa im Bau. Es ist demnach verhältnismäßig leicht, Kupferrohre oder Stahlträger aus einem Abbruchhaus zurückzugewinnen und sie erneut zu nutzen.

Bei Metallen, die in geringeren Mengen verwendet werden, etwa in Smartphones, Computern, Energiesparlampen oder Photovoltaikanlagen, ergibt sich allerdings ein komplett anderes Bild. Die Recyclingquoten der sogenannten Gewürzmetalle wie Indium, Lithium, Seltene Erden, Gallium oder Germanium liegen im Schnitt bei unter einem, zum Teil bei null Prozent.[10] Bei den stetig steigenden Produktions- und damit Abfallmengen ist das eine erschütternde Nachricht. Die Initiative StEP – »Solving the E-Waste-Problem«, gegründet von Regierungen, Unternehmen, Verbänden und internationalen Organisationen unter dem Dach der Vereinten Nationen, hält Elektroschrott für eines der weltweit am meisten unterschätzten Umweltprobleme. 2012 hat jeder Mensch der Erde statistisch sieben Kilogramm Elektroschrott erzeugt, rund fünfzig Millionen Tonnen. In den letzten fünf Jahren ist diese Menge um ein Drittel angestiegen, bis 2017 rechnet StEP mit 65 Millionen Tonnen Elektromüll, einem weiteren Drittel mehr als heute. Deutschland gehört mit jährlich 23 Kilogramm Elektroschrott pro Person weltweit zu den führenden Müllproduzenten. Jeder US-Amerikaner verursacht statistisch 29 Kilogramm Elektroschrott im Jahr, jeder Norweger 33 Kilogramm. Die Mengen des erzeugten Schrotts der Bewohner von Guinea oder Eritrea liegen hingegen im Grammbereich. China und Indien produzieren aufgrund ihrer hohen Einwohnerzahl absolut gesehen zwar große Mengen: elf Millionen Tonnen China, 9,9 Millionen Tonnen Indien. Die Pro-Kopf-Mengen liegen mit acht und 3,5 Kilogramm aber eher niedrig.[11]

Dramatischer als die Menge an Elektroschrott ist allerdings der Umgang mit ihm. Das Problem in Deutschland: Die Sammlung elektronischer Geräte funktioniert nur schlecht. Mitte Februar 2014 hätte die Bundesregierung ein neues Gesetz über Elektroschrott der EU umsetzen müssen, doch hat sie den Zeitplan nicht eingehalten. Immerhin diskutiert die traditionell zerstrittene Abfallbranche nun einen Gesetzentwurf aus dem Bundesumweltministerium, der Zuständigkeiten und Umgang mit alten Computern, Lampen, Föhnen und Fernsehern neu regeln soll. Bisher zuständig sind die Kommunen, die sich ganz unterschiedlich organisiert haben: In einigen Städten stellen die Bürger in Absprache mit der Gemeinde alte Fernseher, Computer oder Kühlschränke an den Straßenrand und ein Entsorger holt sie ab; in anderen bringen sie ihren Elektroabfall zu Wertstoffhöfen, wo sie häufig in Container geworfen werden. In beiden Fällen können noch reparaturfähige Geräte zerstört werden. Viele Elektrokleingeräte lagern zudem in Schubladen oder Kellern – oder landen in der Restmülltonne und damit in der Müllverbrennung. Der Bonner Bundesverband Sekundärrohstoffe und Entsorgung schätzt, dass in Deutschland jährlich 500 000 alte Geräte nicht in Recyclinganlagen ankommen und entweder gar nicht oder nicht fachgerecht entsorgt werden.

Schon der erste Schritt vom Haushalt zur Sammelstelle ist also nicht systematisch an der Abfallhierarchie ausgerichtet. Der zweite, von den Sammelstellen zur Verwertung, erst recht nicht. Obwohl sich die Abfallbranche in den vergangenen Jahren professionalisiert hat, sind noch jede Menge schwarze Schafe unterwegs. Genaue Zahlen über illegale Exporte sind logischerweise nicht verfügbar, aber eine Aktion von Interpol Anfang 2013 liefert Hinweise auf die Dimensionen: Die Internationale Kriminalpolizeiliche Organisation durchsuchte vier Häfen in Deutschland, Belgien, den Niederlanden und Großbritannien. Diese Länder gelten als Hauptumschlagsorte für illegalen Elektronikschrott aus Europa. Bei einem Drittel der überprüften Exporte wurden die Ermittler fündig. 240 Tonnen elektronischer Geräte und Zubehör stöberten sie auf und leiteten Ermittlungen gegen vierzig beteiligte Unternehmen ein. Als Zielländer des Handels gelten Guinea, Nigeria und Ghana in Westafrika. Die Bedingungen, unter denen die Geräte dort ausgeschlachtet werden, sind erbärmlich. Nur, was leicht entfernt werden kann, wird wiedergewonnen und verkauft, der Rest bleibt einfach liegen. Blei, Cadmium und andere giftige Inhaltsstoffe treten aus und vergiften Mensch und Umwelt. Außerdem gehen viele der wertvollen Metalle verloren, die sich nicht in Handarbeit, sondern nur in industriellen Prozessen erhalten lassen.

Das Recycling scheitert aber nicht nur an Intransparenz in der Sammelkette. Auch die Konstruktion der Geräte ist problematisch, außerdem besteht zum Teil großer Forschungsbedarf. Metalle werden in der Regel in hauchdünnen Schichten aufgedampft oder in Materialverbünden verwendet. Bislang ist es kaum möglich, sie zu wettbewerbsfähigen Preisen wieder voneinander zu trennen; auch, weil die im Bergbau gewonnenen Primärrohstoffe noch immer vergleichsweise billig sind. Seit deren Preise auf dem Weltmarkt aber extrem schwanken und die wachstumshungrigen Schwellenländer Rohstoffe aufsaugen beziehungsweise eigene für sich behalten, hat die Bundesregierung 2012 mit einer Fördersumme von dreißig Millionen Euro zahlreiche Forschungsprojekte auf den Weg gebracht, um die Technologielücke zu schließen. So ist PhotoRec zum Beispiel nicht nur der Name einer bekannten Software zur Datenrettung, sondern auch ein Forschungsprojekt verschiedener Recyclingunternehmen. Sie suchen wirtschaftliche Verfahren, um Indium, Tellur oder Gallium aus Dünnschicht-Solarmodulen zurückzugewinnen. Dazu werden die Solarmodule zunächst nach Bautypen sortiert, dann auseinandergebaut und mechanisch bearbeitet. Dabei entstehen im Glas der Module feine Risse. Werden sie anschließend in einer speziellen Destillationsanlage erhitzt, verdampfen die wertvollen Metalle durch die Risse aus dem Glas. In einem Kondensator werden sie abgeschieden und somit zurückgewonnen. 2014 werden erste Ergebnisse der Tests erwartet.

In dem Projekt Upgrade verfolgen unter anderem die Technische Universität Berlin und die FH Münster noch bis 2015 einen breiteren Ansatz. Sie untersuchen alle Stufen der Recyclingkette von Elektrogeräten. Die Forscher interessieren sich für die Organisation der Sammelketten, der Recyclingtechnik bis hin zu den Lebenszyklen elektronischer Geräte. In einem ersten Schritt bauen sie ein Wertstoffkataster für Elektro- und Elektronikgeräte auf, um eine solide Datengrundlage für die weiteren Arbeitsschritte zu erhalten. Es folgen Stoffstromanalysen, um die Verluste von Gewürzmetallen entlang der Entsorgungskette aufzuspüren. Empfehlungen für das Design von Elektronikprodukten an die Hersteller, speziell für wenig verwendete Metalle, sollen folgen.

Das Projekt Bo2W, koordiniert vom Freiburger Öko-Institut, sucht nach nachhaltigen Recyclinglösungen in Entwicklungs- und Schwellenländern; geplant ist es, entsprechende Strukturen in Ägypten und Ghana aufzubauen beziehungsweise ihre Entwicklung zu unterstützen. In Pilotvorhaben werden lokale Wertschöpfungsketten geschaffen. Geräteteile, die vor Ort nicht hochwertig bearbeitet werden können, werden zurück nach Europa exportiert, wo es entsprechende Anlagen gibt. Bo2W bedeutet »Best of Two Worlds«: Die Stärke der Entwicklungsländer (bezahlbare Arbeitskräfte, die Geräte ressourcenschonend manuell zerlegen können) sollen mit der Stärke der Industriestaaten (hocheffiziente Hightech-Unternehmen) kombiniert werden.

Erkenntnisse für Recyclingunternehmen könnten auch Forschungsprojekte aus dem Bergbau bringen: An der TU Freiberg im sächsischen Erzgebirge widmen sich Bergbauingenieure, Metallurgen und Verfahrenstechniker dem »Biomining«. Auch unter Tage finden sich viele Metalle wie Zink, Kobalt, Nickel, Indium und Germanium nicht in reinen Erzen, sondern im Verbund mit anderen Metallen (siehe das Kapitel »Bakterien – die Zelle lebt«). Herkömmlich müssen sie dann mit viel Energie und Chemie voneinander getrennt werden. Die Idee des Biominings ist es, diese Arbeit von Bakterien erledigen zu lassen. Um das wirtschaftlich und umweltfreundlich anwenden zu können, ist noch einiges an Forschungsarbeit zu leisten. Für Recyclingunternehmen ist der Ansatz der bakteriellen Metalltrennung aber hochinteressant, vor allem weil die Metalle im Abfall viel konzentrierter vorliegen als im Erz. So enthalten etwa 41 Mobiltelefone so viel Gold wie eine Tonne Erz.

Ein schlechtes Sammelsystem und Erkenntnislücken in der Technologie verhindern höhere stoffliche Verwertungsquoten. Ein weiterer Grund sind die politischen und ökonomischen Rahmenbedingungen. Sie betreffen die Gewürzmetalle, vor allem aber Kunststoffe, Verpackungen und Biomüll. Private und besonders öffentliche Unternehmen haben enorme Kapazitäten für die Verbrennung von Müll aufgebaut. Laut dem Statistischen Bundesamt Destatis hat sich die Menge verbrannten Abfalls in den vergangenen zehn Jahren vervierfacht, viel zu viel für die hiesigen Abfallmengen, denn die sind nicht etwa mitgestiegen. Um ihre Anlagen auszulasten, unterbieten sich die Betreiber daher gegenseitig und verbrennen Müll zu äußerst günstigen Preisen. Recyclinganlagen können da oft nicht mithalten.

Zwei Drittel davon wurden in Biomassekraftwerken verbrannt, die Holz, Stroh, Klärschlamm, Reste aus dem Altpapierrecycling oder eben Biomüll aus der Restmülltonne benutzen, um daraus Energie und Wärme zu produzieren. Die Berliner Stadtreinigung BSR wirbt regelmäßig dafür, dass die Hauptstädter ihre gebrauchten Teebeutel, Kartoffelschalen oder Essensreste hübsch ordentlich in der Biotonne entsorgen. Kein Wunder, hat sie doch im Bezirk Spandau ein Kraftwerk errichtet, das jährlich sechzigtausend Tonnen Biomüll zu Biogas vergären kann. Die BSR will mit ihrer Anlage jährlich 2,5 Millionen Liter Diesel einsparen, weil die Hälfte ihrer Müllfahrzeuge mit dem selbst erzeugten Biogas fahren kann. Würden noch mehr Berliner ihre Abfälle ordentlich trennen, könnte eine zweite Anlage entstehen, lockt die BSR. Ab dem 1. Januar 2015 muss sie dafür allerdings nicht mehr werben, denn dann wird die Biotonne bundesweit in allen Kommunen Pflicht.

Nun ist es eine gute und auch effiziente Idee, Müll in Biogas zu verwandeln und dieses dann zur Energieerzeugung zu nutzen. Allerdings sind »Reststoffe« inzwischen zur Allzweckwaffe für viele Bereiche geworden, bewährte Verwendungszwecke geraten dabei ins Hintertreffen. Abfall soll, verwandelt in Biogas, die Energiewende stützen; als flüssiger Brennstoff soll er Biosprit aus Raps, Palmöl oder Weizen und Mais ersetzen. Schon bangen die Hersteller von Kompost um ihren Rohstoff – und im Widerspruch zu der Notwendigkeit, die Menge an weggeworfenen Lebensmitteln generell zu reduzieren, stehen die Begehrlichkeiten erst recht.

Abfall ist eben ein ganz besonderer Rohstoff. Noch immer gilt: Je weniger wir davon zur Verfügung haben, desto besser ist es. Am Beginn der Wertschöpfungskette steht dabei in den allermeisten Fällen der Verbraucher. Sein Verhalten an der Mülltonne trägt entscheidend dazu bei, ob aus alten Dingen neue gemacht werden können, oder ob sie in Rauch aufgehen. Es ist ein alter Mythos, dass Mülltrennung nicht nur spießig sei, sondern vor allem vollkommen unnütz: Je sauberer der Abfall getrennt wird, desto weniger Energie ist nötig, ihn weiterzuverwenden. Mit »sauber« ist übrigens nicht gemeint, der Müllabfuhr penibel ausgewaschene Joghurtbecher zu liefern: Reinigen können die Aufbereitungsanlagen den Abfall mit ihren geschlossenen Wasserkreisläufen billiger und effizienter.

Beim Abfall greift aber auch die gleiche Erkenntnis wie bei der Geschichte des Leins: Nicht immer ist es Hightech alleine, das den Weg in die Zukunft weist. Sicher, wir brauchen verbesserte metallurgische Technologien, um Metalle voneinander zu trennen; doch sozialwirtschaftliche Recyclinghöfe, in denen Mitarbeiter sorgfältig alte Elektrogeräte entgegennehmen und so ihre Reparatur ermöglichen, sind mindestens genauso wichtig. Die zahllosen Stoffgeschichten, die sich im Abfall treffen, werden wesentlich von ihrem Anfang bestimmt. Wenn altgediente Abfallexperten darüber rätseln, warum das Bild des Kreislaufes so positiv wirke, schließlich seien doch viele Abfälle kontaminiert und in einer

Müllverbrennungsanlage oder einer sicheren Deponie besser aufgehoben als in einer Recyclinganlage[12] – dann haben sie die Notwendigkeit nicht verstanden, Abfall ganz neu zu definieren, nämlich als nur einen Teil des Lebenslaufes der Dinge. Sie müssen schlicht so konstruiert und produziert werden, dass sie auch als Abfall keine Sorgen bereiten, sondern lange halten, immer wieder genutzt werden und schließlich problemlos wieder Rohstoff werden können. Aber auch die Verbraucher schreiben wesentlich an den Stoffgeschichten mit. Dafür benötigen sie Wissen, Umsicht und Aufmerksamkeit, denn das Spannende und Interessante an all den Stoffgeschichten ist: Niemand kennt ihr Ende.

13 Ressourcen für die Rohstoff-wende

Haben wir die Erde von unseren Kindern nur geliehen? Das Bild ist eingängig, aber schief: Etwas zu verleihen ist ein aktiver Prozess, eine bewusste Entscheidung, mit Konditionen und Bedingungen. Niemand verleiht Babykleidung an Freunde und glaubt, er bekomme sie in unverändertem Zustand wieder zurück. Genau das aber wird zu Recht erwartet, wer seinem Nachbarn mal eben das Auto borgt. Was also erwarten unsere Kinder von uns? Eine florierende Wirtschaft und damit ein Leben geprägt von Bequemlichkeit, Konsum, Mobilität? Oder unberührte Landschaften, eine intakte, artenreiche Natur mit einem stabilen Klima? Wer weiß das schon, das mag jeder selbst entscheiden. Darum begreifen wir die Erde nicht als geliehen, sondern als geschenkt. Der Blaue Planet mit seinen unermesslichen Reichtümern ist ein Geschenk an alle: Er war es an die, die schon auf ihm gelebt haben, und er ist es an diejenigen, die auf ihm leben und auf ihm leben werden – mit all den Möglichkeiten und Verpflichtungen, die solch ein Geschenk mit sich bringt.

Seit es Menschen gibt, haben sie die Gaben der Erde genutzt und genossen. Oft ohne zu verstehen, was genau in all den praktischen Steinen, Metallen oder gar unsichtbaren Begleitern wie Mikroorganismen vorging, lernten sie, sie zu bergen, zu bearbeiten und zu verwenden. Zimperlich waren sie dabei nie: Die ersten Bauern haben sich keine Gedanken darüber gemacht, die Fruchtbarkeit ihrer Böden zu erhalten. Gab der Acker nichts mehr her, waren die Wälder im Umkreis geplündert, zogen die Landwirte einfach weiter und ließen gerodete und ausgelaugte Flächen zurück. Rund um die Öfen der frühen Hüttenmänner, die schon vor dreitausend Jahren Eisenerz zu Eisen umformten, bildeten sich giftige Abraumhalden voller Schwermetalle. Vielleicht haben die Arbeiter darüber gerätselt, warum auf diesen Schlackenhügeln keine Pflanzen wuchsen – und wenn doch, dann nur die immer Gleichen. Allerdings: Der Maßstab, in dem Menschen in die Natur eingreifen, hat sich mit dem Zeitalter der Industrialisierung verändert. Der Mensch ist zum erdgestaltenden Faktor geworden, der im Großen Einfluss nimmt auf das Klima und ganze Landschaften und im Kleinen auf das Erbgut von Bakterien und Pflanzen. Wir sind im durch den Menschen irreversibel veränderten und geprägten Erdzeitalter angelangt: im Anthropozän.

Und noch etwas ist anders: Unsere Kenntnis der Stoffe ist unvergleichlich größer und unterscheidet sich sehr von dem empirischen, durch Anwendung über lange Zeiträume, durch Versuch und Irrtum geprägten Wissen früherer Generationen. Elektronenmikroskope, Massenspektrometer und andere komplizierte Analyseinstrumente gewähren uns Einblicke in die Struktur der Stoffe bis hin zu ihrem atomaren Aufbau. Computer mit enormen Rechenleistungen ermöglichen es uns, das Verhalten von Stoffen in bestimmten Verbindungen oder unter verschiedenen Bedingungen vorherzusagen und darzustellen. Während das Expertenwissen über Stoffe und ihre Geschichten enorm zugenommen hat, hat das der Nutzer jedoch in gleichem Maße abgenommen. Für Konsumenten ist die Vielzahl der Stoffe, Produkte und Gerätschaften, von denen sie in ihrem Alltag umgeben sind, nicht mehr zu überblicken; erst recht nicht, wie sie gefördert, verarbeitet und entsorgt werden. Dieses Ungleichgewicht zwischen dem immensen, wenngleich teils eng und disziplinär geführten Fachwissen der Experten und dem weitgehend kenntnisfreien Konsumieren ist zum Problem geworden. Es ist wichtig, dass sich die Konsumenten das Wissen über die sie umgebenden, von ihnen genutzten Stoffe zurückerobern und ihre Geschichten kennen. Das wird ein schwieriges Puzzle; die breite Berichterstattung über die Arbeitsbedingungen in asiatischen Textilfabriken, der zunehmende Verzicht auf Fleisch aus Massentierhaltung in den Industrieländern oder die erstarkende Repair-Bewegung sind Teile davon.

Dass Klimawandel und Artensterben sowie die ungleiche Verteilung von Reichtum und Armut auf der Erde eine Änderung der Ressourcennutzung erfordern, wollen wir einmal als bekannt voraussetzen. Wenn wir uns aber von Erdöl, Kohle und Atomkraft lossagen und die Landwirtschaft mit deutlich weniger fossilen Energiequellen betreiben, wenn wir Metalle in sinnvollen Kreisläufen führen und nachwachsende Rohstoffe nachhaltig nutzen wollen – dann werden sich Wirtschaft und Gesellschaft, wie wir sie heute kennen, wandeln müssen. Dabei greift die Logik der Wachstumskritiker, die so simpel ist wie unumstößlich: Ein stetiges und damit unendliches Wachstum auf einem begrenzten Planeten kann es nicht geben, die Anzahl der planetarischen Geschenke ist nun mal nicht unerschöpflich. Womöglich kann die Biotechnologie mit Mikroorganismen Lösungen für Energie- oder Rohstofffragen der Zukunft anbieten: Aber auch genveränderte Algen und Bakterien folgen dem Rhythmus ihres Stoffwechsels, und der richtet sich nicht nach der Schnelligkeit von Förderpumpen. Die Vorstellung trügt also, Methan oder Ethanol aus Pflanzen oder Kohlendioxid würden in fünfzig Jahren genauso schnell, billig und reichlich durch die Pipelines fließen wie jetzt das Erdöl. Der notwendige Rohstoffwandel wird die Zivilisation der Industrienationen verändern, unsere Art zu produzieren, zu konsumieren, zu arbeiten, zu reisen.

Nun ist es eine Binse, dass die Zukunft dort offen ist, wo Menschen sind – und Binsen helfen bekanntlich nur Korbmachern. In das technisch-naturwissenschaftlich begründete Industriezeitalter ist die Menschheit hineingerutscht, ohne seine Konsequenzen auch nur im Geringsten voraussehen zu können. Bei einer solchen, alles umstürzenden Revolution, die manche nur mit der Neolithischen Revolution, also dem Sesshaftwerden des Menschen und seine Wandlung zum Ackerbauern vergleichen möchten, ist das auch kein Wunder. Solch eine Revolution stellt die Rohstoffwende aber nicht dar. Sicher ist es etwas anderes, ob achtzig Prozent aller deutschen Haushalte ein eigenes Auto mit Verbrennungsmotor besitzen oder ob die Mehrheit kurze Strecken mit dem Fahrrad und lange mit öffentlichen Verkehrsmitteln bewältigt und nur ab und zu das Carsharing-Elektromobil um die Ecke nutzt. Pommesbuden ohne Currywurst, nur alle zehn Jahre ein neues Mobiltelefon und in jedem Stadtteil fünf Schuster, die Schuhe reparieren – das sind tiefgreifende Veränderungen; aber eine Revolution ist das nicht. Ist es also möglich, den notwendigen Wandel nicht als krisenhaften Verlust, sondern als Wandel zu etwas Neuem zu gestalten? Natürlich.

Es gilt, unterschiedliche Entwicklungspfade zu öffnen oder offenzuhalten und dabei stets durchlässig zu bleiben für technische und soziale Innovationen. Dabei auf lokale Wirtschaftskreisläufe in überschaubaren Gemeinschaften zu setzen, auf kleine Produktionseinheiten, auf geldlose Tauschwirtschaften – also resiliente Strukturen –, das könnte für einige ein Weg sein. Eine Perspektive für alle stellt er kaum dar. Menschen fühlen sich seit jeher von großen Agglomerationen wie Städten nicht nur angezogen, weil sie sich Einkommensmöglichkeiten erhoffen; gerade die anonymen, unübersichtlichen Strukturen dort bieten auch Freiheit von sozialer Kontrolle, genau wie Geld einen emanzipatorischen Aspekt besitzt, der soziale Milieus überbrücken kann, wenn es denn einigermaßen gerecht verteilt ist.

Schade, es wäre ja so schön, aber: Es gibt ihn nicht, den einen Weg der Transformation. Der Wandel zu einer anderen Rohstoffbasis und einer nachhaltigen Ressourcennutzung wird auf vielfältige Weise ablaufen, in unterschiedlichen Geschwindigkeiten und Bereichen. Wir werden vielmehr als jetzt verschiedene Lebensentwürfe akzeptieren und finanziell möglich machen müssen; dazu gehört zum Beispiel, dass die Arbeitgeber das Recht auf Teilzeit für Männer und Frauen endlich ernsthaft umsetzen und nicht (vor allem:) derjenige als »lame duck« gilt, der wirklich kürzer tritt. Nur so können Arbeitnehmer überhaupt aus dem durch lange Arbeitszeiten geprägten Konsummodell aussteigen.

Auch in den Entwicklungsansätzen ist Vielfalt gefragt: Ein Hersteller von Naturmode reaktiviert einen lokalen Stoffkreislauf, indem er bei hiesigen Landwirten die vergessene Rohstoffpflanze

Lein nachfragt? Großartig. Aus gentechnisch veränderten Bakterien lässt sich ein künstliches Blatt erzeugen und damit aus Photosynthese Energie? Wunderbar. Für ein gutes Leben für alle werden wir beide Konzepte brauchen. Sie müssen sich auch nicht widersprechen, wenn die politischen und rechtlichen Rahmenbedingungen so gestaltet sind, dass beide umsetzbar sind. Sowohl die Forschungs- und Förderpolitik der Europäischen Union als auch die der Bundesregierung konzentrieren sich seit einigen Jahren auf Hochtechnologielösungen, weil andere in einem Hochlohnland nicht zukunftsfähig seien. Bio-, Nano- und Informationstechnologien werden als Wachstumsträger für morgen mit Milliardensummen gefördert, doch ausschließlich auf sie zu setzen grenzt andere mögliche Zukunftsentwürfe und Lebensmodelle aus. Zukunftsagenturen wie der Bioökonomierat oder die Plattform Industrie 4.0 sind homogen mit Hightech-Vertretern aus Wissenschaft und Industrie besetzt. Das ist zu einseitig, ihr Erkenntnis- und Erfahrungshorizont sind zu schmal. Bürgerinitiativen und Gewerkschaften, Umwelt- und Verbraucherverbände, Entwicklungsorganisationen, interessierte Bürger, Künstler – sie alle gehören in diese Gremien, um ihre Fragestellungen, Erwartungen, Bedürfnisse und Erfahrungen in den Prozess des Wandels einzubringen, und zwar an den Orten, wo Entscheidungen über zukünftige Entwicklungen getroffen werden. Die Gesellschaft muss die Rohstoffwende (er-)tragen, darum muss sie auch an ihrer Gestaltung mitwirken.

Es würden alle davon profitieren, wenn die gesellschaftliche Basis technologischer Entwicklung breiter würde: Wissenschaft und Industrie könnten ihre Ansätze erklären und in die Gesellschaft tragen – und von ihr neue Impulse erhalten. Denn auch meist zivilgesellschaftlich verortete Lowtech-Ansätze verdienen Aufmerksamkeit und finanzielle Förderung. Das erfordert ein Gespräch auf Augenhöhe, eine große Lernbereitschaft auf beiden Seiten und ist daher eine anspruchsvolle Forderung. Wenn Wissenschaftler in einem Beratungsgremium der Bundesregierung das Erneuerbare-Energien-Gesetz abschaffen wollen, weil es nur zu Windrädern, nicht aber zu »Innovationen« geführt habe[1], dann missachten sie genau diesen Bedarf an Vielfalt und unterschiedlichen Geschwindigkeiten und bleiben an alten Denkmustern des 19. und 20. Jahrhunderts kleben, die Fortschritt ausschließlich als technische Innovation begreifen; je komplizierter und aufwändiger, desto besser. So werden wir den notwendigen Wandel nicht meistern.

Wie sollen wir also mit den »Sterntalern«, den planetarischen Geschenken, den natürlichen Bodenschätzen, den nicht-regenerativen Ressourcen umgehen? Wir haben bei der bisherigen Nutzung beziehungsweise beim Verbrauch der Ressourcen nicht nur geprasst, sondern glücklicherweise auch einiges gelernt, wir haben intellektuelle und kulturelle Ressourcen entwickelt – und zu einer Kultur-, Gesellschafts- und Technikgeschichte verwoben. Aber jetzt, im wirtschaftlich beherrschten und gesteuerten Anthropozän, müssen wir in Anbetracht der äußerst ungleichen Verteilung und Nutzungsmöglichkeiten der planetarischen Geschenke und einer entsprechenden untragbaren Polarisierung der Weltbevölkerung in arm und reich nochmals in uns gehen und zum hundertsten Mal die Frage stellen: Gibt es keine anderen, gangbaren und zukunftsfähigeren Wege?

Ohne Zweifel bleiben technische Innovationen auch künftig unabdingbar. Die buchstäbliche Popularisierung kompliziertester technischer Gerätschaften wie Laptops, Autos oder Handys – die Hälfte der Weltbevölkerung ist schon mit einem Mobiltelefon unterwegs, übrigens bislang eines der effektivsten Mittel gegen klassischen Analphabetismus – wird weiter gehen und damit der Verbrauch von natürlichen Ressourcen, vor allem Metallen. Obwohl gerade im Bereich der Mikroelektronik der Materialbedarf stark reduziert und damit effizienter wurde, ist der Rohstoffeinsatz aufgrund der enormen Stückzahlen von Produkten dennoch gestiegen. Dieser sogenannte Rebound-Effekt ist ja auch in der Energienutzung offensichtlich. Neue Techniken beruhen oft darauf, Grundrohstoffe oder schon bekannte Zwischenprodukte auf innovative Weise zu bearbeiten, zu verändern und zu vermischen; so entstehen neue Materialien mit spezifischen Funktionen, die zu Bauteilen (der Konstrukteur sagt: Funktionskomponenten) zusammengefügt werden – und am Ende steht das fertige Produkt. Man stelle sich nur einen einfachen Mittelklassewagen vor: Darin sind etwa 28 000 Funktionskomponenten aus aller Herren Länder zusammengetragen und zu einem funktionierenden Fahrzeug verbaut worden. Wie viele Stoffgeschichten gibt es da zu erzählen? Wie viele menschliche Schicksale sind von der Wiege bis zur Bahre dieses Gefährts betroffen? Wir wissen es nicht.

Was wir aber wissen: In den vergangenen fünfzig Jahren hat die Vielfalt der synthetischen Materialien explosionsartig zugenommen. In der gleichen Zeitspanne haben über vierzig Metalle eine hohe technische Relevanz erreicht, die bislang in der Geosphäre und in Erzen lagernd ihren Dornröschenschlaf hielten. Das Aufwecken und Funktionsfähigmachen dieser Bodenschätze ist nur durch den teilweise wahnwitzig anmutenden Einsatz fossiler Energieträger gelungen. Man bedenke, dass für die Gewinnung eines Kilogramms Platin über zwölftausend Kilogramm Kohlendioxid in die Atmosphäre gepustet werden. Was sich aber wie ein roter Faden durch diese Produktgeschichten zieht: Die notwendigen Rohstoffe, die Ressourcen, kommen irgendwo her; sie haben immer eine Reise hinter und eine Reise vor sich, also eine reale raum-zeitliche Geschichte, die nicht bei der Nutzung aufhört, sondern weiter geht: vielleicht in den Boden, vielleicht auf eine Deponie oder vielleicht in eine Recyclinganlage und von dort wieder in eine Wertschöpfungskette und ein neues Produkt. Um diese Ressourcennutzungsgeschichten in ihrer Wirkweise verstehen zu lernen und transparent zu machen, um ihre räumlich-zeitliche Dimension im Kontext mit ihren Wirkungspotentialen kritisch zu bewerten und um sie dann in effiziente, zukunftsweisende Bahnen zu lenken, sollen am genannten Fraunhofer IWKS mit den Themenfeldern Ressourcenstrategie (Think Tank), Recycling (Technologieentwicklung) und Substitution/Innovation (Grundlagen- und angewandte Forschung) logistische und technologische Konzepte entwickelt und praxistauglich gemacht werden.

Gerade die Produktion und Nutzungsweise moderner, standardisierter und grenzüberschreitend handelbarer Produkte (Globalprodukte) führt in vielen Fällen zu einer Feinverteilung synthetischer Materialien auf der Erdoberfläche, zur Dissipation, die sich nicht von selbst umkehrt. Bei unter großem Einsatz von Energie produzierten oder knappen Metallen ist das hoch problematisch. Hier muss die Dissipation von Stoffen möglichst vermieden werden. Vielleicht lässt sich dieser wichtige Sachverhalt mit der Metapher vergleichen »ein Pullover fluse, eine Fluse pullovere aber nicht«.[2] Einem Wollpulli mag man diese Eigenschaft verzeihen, die wegfliegende Fluse wird das Ökosystem nicht belasten. Ganz anders ist die Bewandtnis mit seltenen Metallen. Sie werden mit großem technischen und energetischen Aufwand gewonnen, in Mikromengen in einem Gerät eingesetzt und gehen nach der Nutzungsphase nicht in ihre Mine zurück, sondern auf der Erdoberfläche verteilt verloren; eigentlich unwiederbringlich und für nächste Generationen kein Geschenk mehr, sondern im schlimmsten Fall eine bedrohliche Altlast.

Wie können wir diese fatale Geschichte umgestalten? Träumen wir von einem Geschenkrat, einem Weltressourcenpanel, das darauf achtet, die Ressourcen effizient und dissipationsminimiert zu verteilen? Vielleicht mit einer Energie- und Dissipationssteuer, die aufgrund des Ressourcenfußabdrucks der Produkte oder auch der Dienstleistungen erhoben würde? Wohl ein Vorschlag, der auf wenig Gegenliebe stößt, da Steuern per se als einschneidend empfunden werden. Nein, es muss ein Bonus-Konzept sein. Natürlich nicht, um damit den Bankern und den CEOs von rein profitorientierten Unternehmen die Taschen noch voller zu stopfen. Boni erhalten Landwirte, die mit geschickten Anbaumethoden, standortgerechten Fruchtfolgen und gegebenenfalls mit Energiegewinnung während der Brache eine positive Energie- und Kohlendioxidbilanz erzielen. So könnten sie mittels Photosynthese mehr Sonnenenergie in wertbringende Biomaterialien umwandeln, als sie in Form von nicht-regenerativen Energieträgern und Chemikalien einsetzen. Boni erhalten auch Recycler oder Unternehmer, denen es gelingt, die Dissipation von Metallen logistisch und technisch zu verhindern, und die damit die Verwirklichung der Stoffkreislaufwirtschaft vorantreiben.

Die Aufgabenstellung für Politik, Zivilgesellschaft, Wissenschaft und Wirtschaft ist klar: Notwendig ist ein Wirtschaftskonzept, das in Konsistenz mit den planetarischen Randbedingungen, also durch geschickte Nutzung der »Sterntaler« wachsen kann. Allerdings nicht beliebig schnell, sondern in Einklang mit den Dynamiken, die uns durch die grundlegenden natürlichen Energie- und Stofftransformationen vorgegeben sind. Gleichermaßen lässt sich auf diesem Weg die Resilienz des irdischen Ökosystems stützen und seine Verwundbarkeit verringern, indem die Biodiversität nicht weiter reduziert wird, indem sich die Dissipation von giftigen Stoffen nicht verstärkt, indem wir vermehrt kaskadenartig strukturierte, in die natürlichen Stoff- und Energietransformationen integrierte Techniken und Ressourcennutzungen anstreben. Die Ökodesign-Richtlinie einer hoffentlich auch nach den Europawahlen noch handlungs- und gestaltungsfähigen EU weist hier den richtigen Weg; eine kleinräumige, ökologische Landwirtschaft, Konzepte, die das Nutzen vor das Besitzen stellen (wie etwa Carsharing), oder dezentral erzeugte, erneuerbare Energien sind ebenfalls Beispiele für zukunftsfähige Konzepte.

Es bleibt dabei, die Erde selbst ist eine Schatzkiste, deren Geschenke wir mit Bedacht und Umsicht nutzen können. Den Rahmen, in dem wir leben, produzieren und konsumieren können, gibt uns die Energie der Sonne vor: die Aufnahmefähigkeit und Belastbarkeit der großen Kohlenstoff-, Wasserstoff-, Sauerstoff-, Stickstoff-, Phosphor- und Schwefelkreisläufe, die Leistungsfähigkeit der Böden und die Zeit, in der Mikroorganismen, Pflanzen und Tiere in ihnen in angemessener Weise wachsen können. Wir besitzen die naturwissenschaftlichen Kenntnisse und technischen Fähigkeiten, um die Geschenke der Erde in diesem Rahmen nutzen und mit einem geschickten, spezifischen kriterienbasierenden Kritikalitätskonzept bewerten zu können; und wir verfügen mit dem ganzen Instrumentarium der starken Zivilgesellschaft in einem pluralistischen, die Kulturdiversität stützenden demokratischen Staat über das Mittel, den angemessenen Weg zu einer nachhaltigen Gesellschaft zu organisieren. Das können runde Tische oder Anwohnerkonferenzen sein, in denen die Ortsräte und Verwaltungen betroffener Gemeinden mit Umweltgruppen, Bürgerinitiativen und Bergbauunternehmen an einem Tisch sitzen und die Bedingungen für Bergbau vor Ort aushandeln. Das können weitgehende Beteiligungsrechte an Anlangen zur Produktion und zum Transport von Energie sein. Oder das kann die Einigung sein auf bestimmte Lebensgrundlagen wie Saatgut oder das Erbgut von Menschen und Tieren, die allen als Allmende zur Verfügung stehen und deshalb nicht patentierbar sind. Wir haben die Erde von niemandem geliehen, sie ist uns in Obhut gegeben. Welch wunderbares Geschenk – und was für eine Verpflichtung.

Anmerkungen

1 Ein reich beschenkter Planet

1 *Handelsblatt*: »Rover Curiosity findet Wasser im Marsboden«, 27.9.2013

2 Nach Paul J. Crutzen et al.: *Das Raumschiff Erde hat keinen Notausgang*, Berlin 2011, Seite 7

3 Markus Huppenbauer und Armin Reller: »Stoff, Zeit und Energie«, *GAIA* 5 (No. 2), 1996, Seiten 103–115

2 Öl – »Dallas« kommt nicht wieder

1 Reuters-Meldung vom 1.11.2013

2 Horst E. Friedrich: *Der PKW-Markt bis 2040: Was das Auto von morgen antreibt*, Stuttgart 2013

3 IGBCE/MWV: Gemeinsame Erklärung »Für eine nachhaltige Entwicklung des Industriestandorts Deutschland«, Hannover, 18.9.2013

4 BGR: *DERA Rohstoffinformationen* 15 (2012). »Energiestudie 2012 – Reserven, Ressourcen und Verfügbarkeit von Energierohstoffen«

5 Internationale Energieagentur: »Energy-Outlook 2010«, sowie Energy Watch Group/Ludwig-Bölkow-Stiftung: »Zukunft der weltweiten Ölversorgung«, 2008

6 dpa, 6.3.2013

7 Reuters-Meldung vom 15.10.2013

8 US Geological Survey: »Circum-Arctic resource Appraisal: Estimates of undiscovered Oil and Gas North of the Arctic Circle«, Fact Sheet 2008–3049

9 Internationale Energieagentur: »Energy-Outlook 2013«, Fact Sheets

10 BGR: *DERA Rohstoffinformationen 15* (2012), »Energiestudie 2012«, Seite 18

11 Günter Pusch et al.: *Die Energierohstoffe Erdöl und Erdgas. Vorkommen – Erschließung – Förderung*, Berlin 1995, Seite 44

12 Deutscher Bundestag: »Schlussbericht der Enquete-Kommission Wachstum, Wohlstand, Lebensqualität – Wege zu nachhaltigem Wirtschaften und gesellschaftlichem Fortschritt in der sozialen Marktwirtschaft«, Drucksache 17/13300

13 Meldung der AFP vom 21.1.14

3 Raps – eine Pflanzenkarriere im Ölzeitalter

1 Udelgard Körber-Grohne: *Nutzpflanzen in Deutschland. Kulturgeschichte und Biologie*, Stuttgart 1987

2 Thomas Miedaner: *Von der Hacke bis zur Gen-Technik. Kulturgeschichte der Pflanzenproduktion in Mitteleuropa*, Frankfurt 2005, Seite 166

3 Körber-Grohne: *Nutzpflanzen in Deutschland,* Seite 155

4 »Mit Raps und Rüben weg vom Erdöl«, Interview in *Die Welt*, 1.2.2005

5 Georg Heinrich Borowski: »Die besten, Ein- und Ausländischen Getreidearten, Futtergewächse, Fabrik-, Gewürz-, Färbe- und Ölpflanzen, in 100 verschiedenen Arten«, Berlin 1789, Bayerische Staatsbibliothek München, Signatur: Oecon. 304, Seite 46

6 *taz*: »Bio-Diesel: Teuer und nicht ökologisch«, 1.4.1992, Seite 6

7 Agentur für Erneuerbare Energien: *Basisdaten Bioenergie Deutschland*, August 2013, Seite 25

8 http://berichte.bmelv-statistik.de/SJT-4021600-0000.pdf

9 FAO: »Food Outlook, Global Market Analysis«, Juni 2013

10 siehe http://www.weltagrarbericht.de/themen-des-weltagrarberichtes/fleisch-und-futtermittel.html (am 15.10.2013)

11 Matthias Finkbeiner: *Indirekte Landnutzungsänderungen in Ökobilanzen – Wissenschaftliche Belastbarkeit und Übereinstimmung mit internationalen Standards*, Berlin 2013, Seite 10

12 nach Angaben der indonesischen Umweltorganisation Sawit Watch

13 aus einer E-Mail von David Laborde an die Autoren vom 5.9.2013

14 Ines Pohl: *Schluss mit Lobbyismus! 50 einfache Fragen, auf die es nur eine Antwort gibt*, Frankfurt 2012, Seite 92

15 www.landwirtschaftskammer.de/landwirtschaft/pflanzenschutz…/ackerbau/pdf/info-clearfield-raps.pdf

4 Lein – den Faden wieder aufnehmen

1 Thomas Miedaner: *Von der Hacke bis zur Gentechnik*, Seite 29

2 Udelgard Körber-Grohne: *Nutzpflanzen und Umwelt im römischen Germanien*, Stuttgart 1979, Seite 32

3 Günther Natho: *Rohstoffpflanzen der Erde*, Seiten 76 ff.

4 siehe www.die-spinnerey.de

5 siehe http://bio-leinen.de/flachsernte2012/ (Abruf am 16.12.2013)

6 Rolf Walter: *Wirtschaftsgeschichte. Vom Merkantilismus bis zur Gegenwart (3)*, Köln 2000, Seite 90

7 Wilfried Wunden: *Die Textilindustrie der Bundesrepublik Deutschland im Strukturwandel*, Tübingen 1969, Seite 9

8 Commerzbank: »Deutsche Bekleidungshersteller«, Branchenbericht, Frankfurt 2013

9 Armin Reller/Heike Holdinghausen: *Wir konsumieren uns zu Tode. Warum wir unseren Lebensstil ändern müssen, wenn wir überleben wollen*, überarbeitete Neuauflage, Frankfurt 2013, Seiten 96 ff.

10 www.biooekonomierat.de/aktuelles/dialog-zur-biooekonomie-erfolg-reich-fortgefuehrt.html (Abruf 25.12.2013)

5 Weizen – von Kern und Korn

1 Erwin Chargaff: *Das Feuer des Heraklit. Skizzen aus einem Leben vor der Natur*, Stuttgart 1979, Seite 246

2 Thomas Miedaner: *Von der Hacke bis zur Gentechnik*, Frankfurt 2005, Seite 32

3 Hansjörg Küster: *Geschichte der Landschaft in Mitteleuropa. Von der Eiszeit bis zur Gegenwart*, 4. Auflage, München 2010, Seite 77

4 Miedaner, Seite 36

5 Walter Achilles: *Deutsche Agrargeschichte im Zeitalter der Reformen und der Industrialisierung*, Stuttgart 1993, Seite 233

6 www.albrecht-daniel-thaer.org/texte/seite.php?id=104680

7 Achilles, Seite 233

8 www.fao.org/docrep/019/i3473e/i3473e.pdf

9 www.sueddeutsche.de/wissen/gruene-gentechnik-schluss-mit-der-scheindebatte-1.1758979

10 Leitungsgruppe des NFP 59: »Nutzen und Risiken der Freisetzung genetisch veränderter Pflanzen«, Programmsynthese des Nationalen Forschungsprogramms 59, Bern 2012, Seiten 181 ff.

11 Reinhard Lieberei/Christoph Reisdorff: *Nutzpflanzen*, 8. Auflage, Stuttgart 2012, Seite 7

12 www.welt.de/wissenschaft/article1319608/Gruene-Gentechnik-ist-keine-Hexerei.html

13 Lioba Weingärtner/Claudia Trentmann: *Handbuch Welternährung*, Frankfurt 2011, Seite 101

14 Silke Helfrich/Heinrich Böll-Stiftung: *Commons. Für eine neue Politik jenseits von Markt und Staat*, Bielefeld 2012, Seite 90

15 Erklärung von Bern: »Agropoly. Wenige Konzerne beherrschen die weltweite Lebensmittelproduktion«, Bern 2011

16 www.saatgutfonds.de

17 Christoph Then: *Cyberkrieg auf dem Acker – was blüht uns da? Kritische*

Bestandsaufnahme einer neuen Dimension der Gentechnik. Im Auftrag von Martin Häusling, Mitglied im Europaparlament/Die Grünen, Wiesbaden 2013, Seiten 17 ff.

6 Holz – ein kunstvoller Stoff

1 Peter Laufmann/Olaf Schulz: *Deutschlands Wälder*, München 2010, Seiten 169 ff.

2 www.bmbf.de/pub/roadmap_bioraffinerien.pdf

3 http://de.wikipedia.org/wiki/Gr%C3%B6%C3%9Fenordnung_%28Vol umen%29#1.000.000_m.C2.B3_bis_1.000.000.000_m.C2.B3_.281_ km.C2.B3.29

4 http://www.bmelv-statistik.de/de/fachstatistiken/forst-und-holzwirt-schaft/

5 Pressemitteilung der Arbeitsgemeinschaft Rohholzverbraucher vom 22.5.2012

6 Jochen Flasbarth: »Von der Senke zur Quelle«, in: *Politische Ökologie: Wald. Politische Spielräume zwischen Baum und Borke*, München 2013, Seite 59

7 Klaus Erler: *Alte Holzbauwerke. Beurteilen und sanieren*, Berlin 1993, Seite 11

8 Laufmann/Schulz: *Deutschlands Wälder*, Seite 177

9 Detlev Arens: *Der deutsche Wald*. Köln 2010, Seite 30

10 www.lanuv.nrw.de/veroeffentlichungen/fachberichte/fabe1/03-01_ Hist_Hauberg_Fellinghausen.pdf

11 Joachim Radkau: *Natur und Macht. Eine Weltgeschichte der Umwelt*, München, 2. Auflage 2012, Seiten 167 ff.

12 ebenda

13 Lutz Fähser: »Eine Schneise für die Mitsprache. Bürgerbeteiligung im Wald«, in: *Politische Ökologie 2013*, Seite 86

14 Joachim Radkau: *Die Ära der Ökologie. Eine Weltgeschichte*, München 2011, Seite 238

15 Dorothea Hauff: »Rauchschäden und Tannenschäden in forstgeschichtlicher Sicht«, in: Erwin Nießlein/Gerhard Voss: *Was wir über das Waldsterben wissen sollten*, Köln 1985, Seite 149

16 ebenda

17 www.lwf.bayern.de/veroeffentlichungen/lwf-wissen/45/w45-04-die-bedeutung-der-weisstanne-in-bayern.pdf

18 Rolf Peter Sieferle: *Der unterirdische Wald. Energiekrise und industrielle Revolution*, München 1989

7 Kohlendioxid spricht für sich

1 www.nova-institut.de/pdf/13-11-20_pm_ccu_nova.pdf

2 www.research.bayer.de/de/23-co2-kunststoffe.pdfx

3 siehe auch: Reller/Holdinghausen: *Wir konsumieren uns zu Tode*, Frankfurt 2013

4 *taz*: »Nur die Sonne war Schuld«, 27.9.2013, Seite 18

5 *taz*: »Die Parasitenwanderung«, 17.2.2014, Seite 10

6 www.zeit.de/2013/29/emissionshandel-unternehmen-umwelt/seite-4

8 Algen – an der Quelle zur Energie

1 Leopoldina: »Stellungnahme. Bioenergie – Möglichkeiten und Grenzen«, Halle 2013, Seiten 73 ff.

2 *FAZ*: »Dichtes Netz von Wasserstofftankstellen angepeilt«, 1.10.2013, Seite 15

3 Horst Reinbothe: *Mensch und Pflanze. Kulturgeschichte und Wechselbeziehung*, Heidelberg 1986, Seite 140

4 www.imo.org/OurWork/Environment/LCLP/EmergingIssues/geoengineering/Pages/default.aspx

5 www.welt.de/wissenschaft/article788506/Das-Oekosystem-Meer-droht-zu-kippen.html

6 www.news.uwa.edu.au/201402106438/international/study-finds-plenty-more-little-fish-sea

7 Doris Freudig/Rolf Sauermost: *Lexikon der Biologie in 14 Bänden,* Band 1, Heidelberg 1999, Seite 183

8 Gert Lange (Hg.): *Eiskalte Entdeckungen. Forschungsreisen zwischen Nord- und Südpol*, Bielefeld 2001, Seite 47

9 Umweltbundesamt: »Eutrophierung der Nordsee«, UBA, 17.7.2013; »Eutrophierung der Ostsee«, UBA, 19.7. 2013

10 Claudia Kemfert: *Kampf um Strom. Mythen, Macht und Monopole*, Hamburg 2013, Seiten 44 ff.

11 World Energy Council: Energie für Deutschland. Fakten, Perspektiven und Positionen im globalen Kontext. Berlin 2013. Seite 91

12 www.wn.de/Muensterland/Kreis-Steinfurt/Steinfurt/400-Mio.-Euro-Investitionen-im-Kreis-Steinfurt-gefaehrdet-Gabriel-schockt-die-Windbauern

13 Uni Lüneburg/Trend-Research: »Definition und Marktanalyse von Bürgerenergie in Deutschland«, Bremen 2013, Seite 42

14 www.sueddeutsche.de/wirtschaft/foerderung-der-energiebranche-oettinger-schoent-subventionsbericht-1.1793957

15 www.regmodharz.de/uploads/tx_sbdownloader/RegModHarz_Ab
schlussbroschuere2012_www.pdf

9 Bakterien – die Zelle lebt

1 www.uni-saarland.de/nc/aktuelles/artikel/nr/10028.html
2 www.biotechnologie.de/BIO/Navigation/DE/Hintergrund/themen
dossiers,did=164006.html?listBlId=74638&
3 ebenda, Seite 9
4 Georg Schön: *Bakterien. Die Welt der kleinsten Lebewesen*, München
1999, Seite 123
5 Gerhart Drews: *Mikrobiologie. Die Entdeckung einer unsichtbaren Welt*,
Heidelberg 2010, Seite 224
6 Andrea Fink-Keßler: *Milch. Vom Mythos zur Massenware*, München 2013,
Seiten 135 ff.
7 ebenda, Seite 235
8 Schön: *Bakterien*, Seite 9
9 Michael T. Madigan/John M. Martinko: *Brock Mikrobiologie*, München,
11. Auflage 2009, Seiten 12 ff.
10 https://commonfund.nih.gov/hmp/index
11 *taz*: »Winzige Helfer im Erzbergwerk«, 26.7.2013, Seite 18
12 Franz-Theo Gottwald/Anita Krätzer: *Irrweg Bioökonomie. Kritik an einem totalitären Ansatz,* Berlin 2014
13 Ralf Fücks: *Intelligent wachsen. Die grüne Revolution*, München 2013
14 Joachim Radkau/Lothar Hahn: *Aufstieg und Fall der deutschen Atomwirtschaft*, München 2013, Seite 13 und Seiten 227 ff.

10 Eisen – alles auf Anfang

1 Wolfgang J. Mommsen: *Das Ringen um den nationalen Staat. 1850 –
1890*, Berlin 1993, Seiten 296 ff.
2 Sylvie Schweitzer: »Der Ingenieur«, in: Ute Frevert/Heinz-Gerhard
Haupt (Hg.): *Der Mensch des 19. Jahrhunderts*, Frankfurt 1999, Seiten
67–85
3 www.bernd-nebel.de/bruecken/index.html?/bruecken/6_technik/
eisen/eisen.html
4 Waldemar Ternes: *Biochemie der Elemente*, Heidelberg 2013, Seiten 107–
127
5 http://minerals.usgs.gov/minerals/pubs/commodity/iron_ore/
6 www.misereor.de/fileadmin/redaktion/Vom_Erz_zum_Auto.pdf und
www.greenpeace.de/node/12870 (Stand 12.3.2014)

7 www.stahl-online.de/index.php/statistiken/2/#stahlmarkt_d

8 *VDI-Nachrichten*: »Auf der Suche nach dem optimalen Stoff der Zukunft«, 14.2.2014, Seite 3

9 www.oeko.de/oekodoc/1496/2012-065-de.pdf

11 Gallium – der Lichtbringer der Zukunft

1 *FAZ*, 9.1.2010

2 www.produktionsarbeit.de/content/dam/produktionsarbeit/de/docu
ments/Fraunhofer-IAO-Studie_Produktionsarbeit_der_Zukunft_-_
Industrie_4.0.pdf

3 Hugh Aldersey-Williams: *Das wilde Leben der Elemente. Eine Kulturgeschichte der Chemie*, München 2011, Seiten 89 ff.

4 Armin Reller et al.: *Materials critical to the energy Industry. An Introduction*, Augsburg 2011, Seite 28

5 *taz*, 31.8.2011: »Im Lichte einer neuen Zeit«, Seite 11

6 *Spiegel*, 14.3.2011: »Die Öko-Falle«, Seite 36

7 Spiegel-Almanach: *Weltjahrbuch 2000. Die Staaten der Erde. Zahlen, Daten, Analysen*, Hamburg 2000, Seite 56

8 *VDI-Nachrichten*, 17.1.2014, Nummer 3, Seite 4

9 http://minerals.usgs.gov/minerals/pubs/commodity/gallium/mcs-2013-galli.pdf

10 Willy Schreiter: *Seltene Metalle*, Band 1, Leipzig, 2. Auflage 1963, Seiten 222 ff.

11 www.sustainable-manufacturing.net

12 www.baua.de/de/Produktsicherheit/Produktgruppen/pdf/Laserpro
dukte.pdf?__blob=publicationFile&v=5

13 www.maketechx.com/

14 www.plattform-i40.de/

15 Henning Kagermann: »Aus Wertschöpfungsketten werden Wertschöpfungsnetze«, in : *Ampere. Das Magazin der Elektroindustrie*, Nr. 1 2013, Seite 15

16 Edgar Grande et al. (Hg.): *Neue Governance der Wissenschaft. Reorganisation – externe Anforderungen – Medialisierung*, Bielefeld 2013, Seite 229

12 Abfall – aus Müll werden schillernder Rohstoffe

1 Michael Thompson: *Die Theorie des Abfalls. Über die Schaffung und Vernichtung von Werten*, Stuttgart 1981, Seite 137

2 Siehe dazu Armin Reller/Luitgard Marschall/Simon Meißner/Claudia Schmidt (Hg.): *Ressourcenstrategien. Eine Einführung in den nachhaltigen Umgang mit Rohstoffen*, Darmstadt 2013, Seite 109

3 Ralf Fücks: *Intelligent Wachsen. Die grüne Revolution*, München 2013, Seiten 31 ff.

4 Tristram Stuart: *Waste. Uncovering the Global Food Scandal: The True Cost of What the Global Food Industry Throws Away*, London 2009

5 http://repaircafe.org

6 www.Ifixit.com

7 Georg Stöger: *Sekundäre Märkte Zum Wiener und Salzburger Gebrauchtwarenhandel im 17. und 18. Jahrhundert*, München 2011, Seiten 20 ff.

8 www.vetrorecycling.ch/subdom_vr/htm/news_detail_1.htm?id=64

9 Siehe www.glasaktuell.de/glasrecycling-kampagne/ (30.12.2013)

10 International Resource Panel: *Metal Recycling. Opportunities, Limits, Infrastructure*, UNEP 2013, Seite 48

11 www.step-initiative.org/index.php/id-2013-12-15-world-e-waste-map-reveals-national-volumes-international-flows.html (30.12.2013)

12 Heinz-Ulrich Bertram: »Ist eine Null-Abfallgesellschaft erstrebenswert?«, in: Karl J. Thomé-Kozmiensky/Daniel Goldmann: *Recycling und Rohstoffe*, Band 5, Neuruppin 2012, Seite 240

13 Ressourcen für die Rohstoffwende

1 www.e-fi.de/fileadmin/Gutachten_2014/EFI_Gutachten_2014.pdf, Seiten 51 f.

2 www.wzu.uni-augsburg.de/download/publikationen/JS_Umweltforschung2004.pdf

Literatur

Walter Achilles: *Deutsche Agrargeschichte im Zeitalter der Reformen und der Industrialisierung,* Stuttgart 1993

Hugh Aldersey-Williams: *Das wilde Leben der Elemente. Eine Kulturgeschichte der Chemie,* München 2011

Detlev Arens: *Der deutsche Wald,* Köln 2010

Agentur für Erneuerbare Energien: *Potentialatlas Bioenergie in den Bundesländern,* Berlin 2013

Helmut Birkhan: *Pflanzen im Mittelalter. Eine Kulturgeschichte,* Wien 2012

Georg Heinrich Borowski: *Die besten, Ein- und Ausländischen Getreidearten, Futtergewächse, Fabrik-, Gewürz-, Färbe- und Ölpflanzen, in 100 verschiedenen Arten,* Berlin 1789
www.nova-institut.de/pdf/08-01-Flachs-Hanf_Buch_Carus_et_al.pdf

Erwin Chargaff: *Das Feuer des Heraklit. Skizzen aus einem Leben vor der Natur,* Stuttgart 1979

Commerzbank: *Deutsche Bekleidungshersteller. Branchenbericht,* Frankfurt 2013

Paul J. Crutzen et al.: *Das Raumschiff Erde hat keinen Notausgang,* Berlin 2011

Deutsche Rohstoffagentur: *DERA Rohstoffinformationen Energiestudie 2012. Reserven, Ressourcen und Verfügbarkeit von Energierohstoffen,* Hannover 2011

Deutscher Bundestag: *Schlussbericht der Enquete-Kommission Wachstum, Wohlstand, Lebensqualität – Wege zu nachhaltigem Wirtschaften und gesellschaftlichem Fortschritt in der sozialen Marktwirtschaft,* Drucksache 17/13300

Volker Drell/Christian Thies (Hg.): *Agro-Gentechnik. Zum Für und Wider einer neuen landwirtschaftlichen Technologie,* Berlin 2008

Gerhart Drews: *Mikrobiologie. Die Entdeckung einer unsichtbaren Welt,* Heidelberg 2010

Andreas Engelhardt: *Schwarzbuch Baumwolle. Was wir wirklich auf der Haut tragen,* Wien 2012

Erklärung von Bern: Agropoly. *Wenige Konzerne beherrschen die weltweite Lebensmittelproduktion,* Bern 2011

Matthias Finkbeiner: *Indirekte Landnutzungsänderungen in Ökobilanzen – Wissenschaftliche Belastbarkeit und Übereinstimmung mit internationalen Standards,* Berlin 2013

Andrea Fink-Keßler: *Milch. Vom Mythos zur Massenware,* München 2013

Gabriele Franzmann: *Die Entwicklung der deutschen Landwirtschaft und Fischerei: ausgewählte Reihen zu Nutzflächen, Tierbeständen, tierischer und pflanzlicher Produktion und zur Hochseefischerei, 1871–2010*

Doris Freudig/Rolf Sauermost: *Lexikon der Biologie in 14 Bänden, Band 1,* Heidelberg 1999

Ute Frevert/Heinz-Gerhard Haupt (Hg.): *Der Mensch des 19. Jahrhunderts,* Frankfurt 1999

Horst E. Friedrich: *Der PKW-Markt bis 2040: Was das Auto von morgen antreibt,* Stuttgart 2013

Ralf Fücks: *Intelligent Wachsen. Die grüne Revolution,* München 2013

Evelyn Gillmeister-Geisenhof: *Spinnen, Weben, Schneidern ist der Weg zu Kleidern. Textilverarbeitung im 19. Jahrhundert am Beispiel Nennslingens,* Ansbach 1989

Franz-Theo Gottwald/Anita Krätzer: *Irrweg Bioökonomie. Kritik an einem totalitären Ansatz,* Berlin 2014

Eckart Grundmann: *Nachwachsende Rohstoffe im Ökologischen Landbau. Schriftenreihe des Instituts für Biologisch-Dynamische Forschung, Band 21,* Darmstadt 2009

Silke Helfrich/Heinrich-Böll-Stiftung (Hg.): *Commons. Für eine neue Politik jenseits von Markt und Staat,* Bielefeld 2012

Friedrich-Wilhelm Henning: *Deutsche Agrargeschichte des Mittelalters 9-15. Jahrhunderts,* Stuttgart 1994

Astrid Hunck-Meiswinkel: *Anspruchsgruppen im Innovationsprozess der grünen Biotechnologie. Analyse und Handlungsempfehlungen für Organisationen,* Baden-Baden 2005

Annette Jensen: *Wir steigern das Brutto Sozial Glück. Von Menschen, die anders wirtschaften und besser leben,* Freiburg 2011

Claudia Kemfert: *Kampf um Strom. Mythen, Macht und Monopole,* Hamburg 2013

Udelgard Körber-Grohne: *Nutzpflanzen in Deutschland. Kulturgeschichte und Biologie,* Stuttgart 1987

Frank Kempken/Renate Kempken: *Gentechnik bei Pflanzen. Chancen und Risiken (4),* Heidelberg 2012

Hansjörg Küster: *Geschichte der Landschaft in Mitteleuropa. Von der Eiszeit bis zur Gegenwart,* München 2010

David Laborde: *Assessing the land use change. Consequences of European Biofuel Policies,* Final Report October 2011

Gert Lange (Hg.): *Eiskalte Entdeckungen. Forschungsreisen zwischen Nord- und Südpol,* Bielefeld 2001

Peter Laufmann/Olaf Schulz: *Deutschlands Wälder,* München 2010

Leitungsgruppe des Nationalen Forschungsprogramms 59 (Hg.): *Nutzen und Risiken der Freisetzung genetisch veränderter Pflanzen. Programmsynthese des Nationalen Forschungsprogramms 59,* Bern 2012

Reinhard Lieberei/Christoph Reisdorff: *Nutzpflanzen,* Stuttgart 2012

Jens Lüning et al.: *Deutsche Agrargeschichte. Vor- und Frühgeschichte,* Stuttgart 1997

Thomas Miedaner: *Von der Hacke bis zur Gen-Technik. Kulturgeschichte der Pflanzenproduktion in Mitteleuropa,* Frankfurt/Main 2005

Erwin Nießlein/Gerhard Voss (Hg.): *Was wir über das Waldsterben wissen sollten,* Köln 1985

Politische Ökologie: *Wald. Politische Spielräume zwischen Baum und Borke,* München 2013

Ines Pohl (Hg.): *Schluss mit Lobbyismus! 50 einfache Fragen, auf die es nur eine Antwort gibt,* Frankfurt/Main 2012

Joachim Radkau/Lothar Hahn: *Aufstieg und Fall der deutschen Atomwirtschaft,* München 2013

Joachim Radkau: *Natur und Macht. Eine Weltgeschichte der Umwelt,* München 2012

Joachim Radkau: *Die Ära der Ökologie. Eine Weltgeschichte,* München 2011

Armin Reller et al.: *Materials critical to the energy Industry. An Introduction,* Augsburg 2011

Armin Reller/Luitgard Marschall/Simon Meißner/Claudia Schmidt (Hg.): *Ressourcenstrategien. Eine Einführung in den nachhaltigen Umgang mit Rohstoffen,* Darmstadt 2013

Armin Reller/Heike Holdinghausen: *Wir konsumieren uns zu Tode. Warum wir unseren Lebensstil ändern müssen, wenn wir überleben wollen,* Frankfurt 2013

Horst Reinbothe: *Mensch und Pflanze: Kulturgeschichte und Wechselbeziehung,* Heidelberg 1986

Georg Schön: *Bakterien. Die Welt der kleinsten Lebewesen,* München 1999

Willy Schreiter: *Seltene Metalle,* Band 1, Leipzig 1963

Rolf Peter Sieferle: *Der unterirdische Wald. Energiekrise und industrielle Revolution,* München 1989

Hans Ferdinand Siegert: *Über das Vorkommen von Gallium, Indium, Thallium und Germanium in Zinkerzen und über den Verbleib dieser Elemente beim Verhüttungsprozess,* Aachen 1959

Spiegel-Almanach: *Weltjahrbuch 2000. Die Staaten der Erde. Zahlen, Daten, Analysen,* Hamburg 2000

Georg Stöger: *Sekundäre Märkte? Zum Wiener und Salzburger Gebrauchtwarenhandel im 17. und 18. Jahrhundert,* München 2011

Tristram Stuart: *Waste. Uncovering the Global Food Scandal: The True Cost of What the Global Food Industry Throws Away,* London 2009

Waldemar Ternes: *Biochemie der Elemente,* Heidelberg 2013

Christoph Then: *Cyberkrieg auf dem Acker – was blüht uns da? Kritische Bestandsaufnahme einer neuen Dimension der Gentechnik. Im Auftrag von Martin Häusling, Mitglied im Europaparlament/die Grünen,* Wiesbaden 2013

Michael Thompson: *Die Theorie des Abfalls. Über die Schaffung und Vernichtung von Werten,* Stuttgart 1981

Karl J. Thomé-Kozmiensky/Daniel Goldmann: *Recycling und Rohstoffe,* Band 5, Neuruppin 2012

Rolf Walter: *Wirtschaftsgeschichte. Vom Merkantilismus bis zur Gegenwart,* Köln 2000

Lioba Weingärtner/Claudia Trentmann/Deutsche Welthungerhilfe (Hg.): *Handbuch Welternährung,* Frankfurt 2011

Wilfried Wunden: *Die Textilindustrie der Bundesrepublik Deutschland im Strukturwandel,* Tübingen 1969